Andrea D. Bührmann, Werner Schneider
Vom Diskurs zum Dispositiv

Andrea D. Bührmann (PD Dr. phil.) ist Privatdozentin an der Universität Münster und derzeit Gastprofessorin an der Universität Wien. Ihre Arbeits- und Forschungsschwerpunkte sind u.a. Gesellschafts- und Wissenschaftsforschung, Diskurstheorie und -analyse, qualitative Methoden der empirischen Sozialforschung, Geschlechterforschung, Entrepreneur und Welfare Studies.
Werner Schneider (Prof. Dr.) lehrt Soziologie an der Universität Augsburg. Seine Arbeits- und Forschungsschwerpunkte sind u.a. Wissens- und Kultursoziologie, Diskurstheorie/-analyse, qualitative Methoden der empirischen Sozialforschung sowie Medizin-/Gesundheitssoziologie (insbes. zu Sterben und Tod), Familiensoziologie, Soziologie der Lebensalter/Lebensphasen.

Andrea D. Bührmann, Werner Schneider

Vom Diskurs zum Dispositiv

Eine Einführung in die Dispositivanalyse

[transcript]

Bibliografische Information der Deutschen Nationalbibliothek
Die Deutsche Nationalbibliothek verzeichnet diese Publikation in der Deutschen Nationalbibliografie; detaillierte bibliografische Daten sind im Internet über http://dnb.d-nb.de abrufbar.

(2., unveränderte Auflage 2012)

Umschlaggestaltung: Kordula Röckenhaus, Bielefeld
Korrektorat: Jennifer Niediek, Bielefeld
Satz: Alexander Masch, Bielefeld
Druck: Majuskel Medienproduktion GmbH, Wetzlar
ISBN 978-3-89942-818-6

Gedruckt auf alterungsbeständigem Papier mit chlorfrei gebleichtem Zellstoff.

Besuchen Sie uns im Internet: *http://www.transcript-verlag.de*

Bitte fordern Sie unser Gesamtverzeichnis und andere Broschüren an unter: *info@transcript-verlag.de*

Inhalt

Vorwort

Mit diesem Buch wollen wir eine Einführung zum Dispositivkonzept geben, die einen Überblick über wesentliche *theoretische* Fundamente und Implikationen dieses Konzepts für all jene bietet, die sich in das Feld der sozialwissenschaftlichen Diskursforschung begeben wollen, dabei aber noch nach einem geeigneten begrifflich-konzeptionellen Standort für die eigenen Frageinteressen suchen, und denen hierfür eine einfache Operationalisierung des Diskursbegriffs nicht ausreichend erscheint. Das Buch soll darüber hinaus *forschungspraktisch* als Orientierungshilfe und Handlungsanleitung für eigene Forschungsunternehmungen hilfreich sein und so das vorliegende Spektrum an sozialwissenschaftlichen Ansätzen und Instrumenten in der *Diskursforschung* und – darüber hinausreichend – im Sinne einer *Dispositivforschung* ergänzen und weiter akzentuieren.

Die auf den folgenden Seiten versammelten Ausführungen und Argumentationen basieren zum einen auf Erfahrungen aus Lehrveranstaltungen und Workshops, die wir unabhängig voneinander jeweils an den Universitäten Augsburg, Dortmund, München, Münster, Salzburg, Wien und anderen Orten gehalten haben. Zum anderen finden sich darin die Ergebnisse aus der gemeinsamen Vorbereitung, Durchführung und Nachbereitung der Forschungswerkstätten zum Thema *Diskursanalyse* im Rahmen der Berliner Methodentreffen.[1] Insgesamt

1 | Die Berliner Methodentreffen (www.qualitative-forschung.de/methodentreffen/) werden vom Institut für Qualitative Forschung in der Internationalen Akademie an der FU Berlin ausgerichtet. Sie sind eine gemeinsame Veranstaltung des Forums Qualitative Sozialforschung, des Fachbereichs Erziehungswissenschaft und Psychologie und des Centers für Digitale Systeme der FU Berlin in Kooperation mit der Hans-Böckler-

konnten wir unsere Überlegungen und Ideen vor allem auch in diesen Veranstaltungen entscheidend fortführen und präzisieren, so dass unser Dank all jenen Teilnehmerinnen und Teilnehmern gilt, die mit ihren Diskussionsbeiträgen dieses Buch befördert haben.[2] Weiterhin möchten wir uns an dieser Stelle insbesondere bei jenen bedanken, die durch hilfreiche inhaltliche Kommentierungen sowie durch ihre praktische Unterstützung zum Zustandekommen dieses Buches beigetragen haben. Eva Jerger, Dr. Tanja Pastrana, Stephanie Stadelbacher und Stefan Stautner haben bei der Literaturrecherche und der Zusammenstellung des Literaturverzeichnisses mitgearbeitet. Liselotte Winterholler hat (wieder einmal) verlässlich und sorgfältig wesentliche Korrekturarbeiten am Manuskript geleistet. Ihnen allen vielen Dank für die Hilfe!

Andrea D. Bührmann, Werner Schneider

Stiftung und der GESIS-Einrichtung Zentrum für Umfragen, Methoden und Analysen (ZUMA).

2 | Um die Lesbarkeit nicht zu erschweren, verwendet diese Publikation vorwiegend die männliche Sprachform. Bei allen männlichen Funktionsbezeichnungen sind stets auch die weiblichen gemeint. Mit dieser Sprachregelung folgen wir einem Vorschlag des Verlags, doch da es bei Texten nicht nur um die bloße Lesbarkeit, sondern auch um ihre Wirkung geht, werden wir im Folgenden an uns inhaltlich wichtig erscheinenden Textstellen hiervon abweichen und dann explizit sowohl die weibliche als auch die männliche Sprachform verwenden.

1. Diskursforschung und Dispositivkonzept

Die Diskursivierung des Dispositivbegriffs

Auch der Diskurs um Diskursforschung ist – in Anwendung eines an Michel Foucault orientierten Diskursverständnisses auf sich selbst (Bührmann 1999) – nicht einfach als Diskussion über Konzepte, Theorien oder Methoden zu fassen. Vielmehr hat er als Zusammenspiel geregelter Aussagepraktiken zu gelten, die ihre je eigenen Wahrheiten, Übereinkünfte und Selbstverständlichkeiten hervorbringen, verstetigen oder auch verändern.[1] In diesem Sinne scheint sich seit einigen Jahren die Diskursforschung zu einem mehr oder weniger fest umrissenen eigenen (Forschungs-)Feld im unübersichtlichen Terrain der vielfältigen Theorieperspektiven und Methoden in den Sozialwissenschaften (und benachbarter Disziplinen) entwickelt zu haben. Im anwachsenden und teilweise durchaus kontroversen Diskurs um Diskursforschung hat sich inzwischen ein erster Kern bzw. Kanon diskursanalytischer Texte herausgeschält, der – mit Thomas S. Kuhn (1967) formuliert – mittlerweile für die Diskursforschungs-›Gemeinde‹ als ›glaubwürdige Quelle‹ bezeichnet werden kann und die Konturen dieses Feldes umreißt.[2] So ist im Verlauf der 1990er Jahre

---

1 | Zur weiteren Präzisierung des Diskursbegriffs siehe Kap. 2 (S. 23ff.).

2 | Kuhn benannte – mit Blick auf die Formierung eines neuen wissenschaftlichen Paradigmas – »wissenschaftliche Lehrbücher«, die »auf ihnen aufgebauten gemeinverständliche[n] Darstellungen und philosophische[n] Arbeiten« (Kuhn 1967: 181) als drei Quellentypen, die der ›Bekehrung von Forschenden‹, die zuvor anderen Paradigmen angehörten, sowie der ›Rekrutierung neuer Forschender‹ für das noch junge

und bis heute nicht nur eine große Zahl diskurstheoretischer Beiträge und diskursanalytischer Arbeiten erschienen,[3] sondern auch eine Reihe von Einführungen und Lehrbüchern, von methodologischen Erörterungen und Übersichtsbeiträgen zur Diskursforschung bzw. zu ihrem jeweils aktuellen Stand. Zu nennen sind hier – mit Blick auf den deutschsprachigen Raum – insbesondere die Einführungen von Hannelore Bublitz et al. (1999), Siegfried Jäger (1999), Johannes Angermüller et al. (2001), Reiner Keller (2007a) sowie ein zweibändiges Handbuch des Augsburger Arbeitskreises Diskursanalyse (Keller et al. 2006, 2004). Zudem informieren schon seit längerem die Zeitschriften ›kultuRRevolution‹ und ›DISS-Journal‹[4] über laufende Forschungen und aktuelle Themen aus kritisch-diskursanalytischer Perspektive. Schließlich diskutiert ein umfangreiches Themenheft im Forum Qualitative Sozialforschung methodologische Entwicklungen und methodische Anwendungen in der sozialwissenschaftlichen Diskursforschung im deutsch-, englisch- und spanischsprachigen Raum (Bührmann et al. 2007, 2008). Die Mehrsprachigkeit dieses Themenheftes zeigt auch die zunehmende Internationalisierung der Diskursforschung. In den dortigen deutschsprachigen Beiträgen werden nicht mehr nur primär Übersetzungen aus dem französischen Sprachraum rezipiert, sondern auch englischsprachige Publikationen, wie etwa die Handbücher zu »Discourse Analysis« von Teun van Dijk (1985), von Schiffrin et al. (2000) oder Ruth Wodaks und Michael Meyers Anthologie zu den »Methods of Critical Discourse Analysis« (2004) sowie beispielsweise Norman Faircloughs Reader »Analysing Discourse« (2003).

Inmitten dieser Normalisierungsprozesse, welche die Diskursfor-

Paradigma und seiner Anwendung als ›normale‹ Wissenschaft dienen. Der Bezug auf Kuhn bietet sich angesichts der zu konstatierenden Besonderung einer Diskursforschung an, sofern sich damit ein eigenes ›Paradigma‹ bzw. Forschungsfeld ›normalwissenschaftlich‹ entwickelt und separiert.

3 | In Anlehnung an Reiner Keller verwenden wir hier für die sozialwissenschaftliche Diskursforschung die begriffliche Unterscheidung in Diskurstheorie und Diskursanalyse: »Während *Diskurstheorien* allgemeine theoretische Grundlagenperspektiven auf die sprachförmige Konstituiertheit der Sinnhaftigkeit von Welt entwickeln, konzentrieren sich *Diskursanalysen* auf die empirische Untersuchung von Diskursen.« [Herv. i. O.] (Keller 2007a: 8; vgl. auch Keller 2005: 171ff)

4 | Vgl. http://zeitschrift.kulturrevolution.de sowie www.diss-duisburg.de/DISS-Journale.htm

schung ebenso wie andere wissenschaftliche Felder aufweist, tauchen seit einiger Zeit immer häufiger die – ebenfalls von Foucault in die Debatte eingebrachten – Begriffe *Dispositiv, Dispositivanalyse* oder auch *dispositive Hervorbringung* auf. Dabei geht es nicht mehr nur gegenstandsbezogen um jene prominenten Dispositive rund um die machtvolle Formierung des Begehrens, der Lüste des Menschen oder seiner Disziplinierung, die sich als Sexualitäts-, Allianz-, Inhaftierungs-, Geständnis- und/oder allgemeiner als Machtdispositive bereits in den entsprechenden Arbeiten Foucaults (1978, 1988a, 1989a, 1989b, 1991b) finden. Nun werden mit dem Dispositivbegriff vielmehr recht unterschiedliche, teilweise disparat erscheinende empirische Phänomene bezeichnet, wobei gerade diese Vervielfältigung seiner Gegenstandsbezüge einerseits die analytische Fruchtbarkeit dieses Begriffs andeutet. Andererseits bleibt jedoch zu fragen, ob damit der – wie noch zu zeigen sein wird – bislang recht uneindeutige konzeptionell-analytische Gehalt des Dispositivbegriffs noch weiter zu verschwimmen droht.[5] Ein kursorischer Blick auf die vorliegende, auf den Dispositivbegriff rekurrierende und damit hantierende Literatur bietet jedenfalls ein recht buntes Bild dessen, was in verschiedenen Forschungsfeldern alles als ›Dispositiv‹ bezeichnet werden kann.

So erfuhr der Begriff des Dispositivs z.B. in der Geschlechterforschung (Gender Studies) zu Beginn der 1990er Jahre – in Auseinandersetzung mit Foucault und auch im Zuge der von Judith Butler angestoßenen Debatten um die Materialität des Geschlechtskörpers – eine breitere Aufmerksamkeit. Dabei wurde zum einen der von Foucault gesetzten Relevanz des Sexualitätsdispositivs schon sehr früh seine weitgehende Substituierung durch ein ›Gen(om)-Dispositiv‹ als einer anderen Form der individuellen wie kollektiven Normierung von

---

5 | Anzumerken ist auch eine Verwendung des Dispositivbegriffs ohne jegliche diskurstheoretische Bezüge, die einfach auf die personelle/materiale Infrastruktur eines bestimmten Handlungsfeldes zielt. So z.B. in einem Bericht des ›Verbandsblatts der Schweizerischen Gesellschaft für Innere Medizin‹ über eine Hausarzt-Demonstration in Bern: »Die Patienten sind auf ein gut funktionierendes ärztliches Dispositiv angewiesen, das eine enge Zusammenarbeit aller involvierten Kreise einschliesst [sic!]. Wenn hier die Hausarztmedizin marginalisiert wird, so fehlt dem Patienten der ärztliche Berater in der Funktion der [sic!] Generalisten. Dies wird unweigerlich dazu führen, dass die Kosten steigen und die Patienten bei der Beurteilung der medizinischen Leistung verunsichter [sic!] werden.« (SGIM-Bulletin 2006: 20; www.sgim.ch/doc/bulletin/0605/SGIM-Bull05-06.pdf)

Körperlichkeit entgegengestellt (Treusch-Dieter 1990, 2004). Zum anderen führte die grundlegende Frage nach dem Ertrag des Dispositivbegriffs für die Analyse der Geschlechterordnungen in modernen Gesellschaften zur Diskussion eines ›Geschlechterdispositivs‹ (z.B. Bublitz et al. 2000; Bührmann 1998, 2004), die – inspiriert von den Postcolonial und Queer Studies[6] – den Geschlechter (re-)produzierenden Zusammenhang von körperlich-materialen Existenzweisen und gesellschaftlichen Macht-/Herrschaftsverhältnissen fokussiert (vgl. Knapp 1992; Maihofer 1995).

Im Bereich der Gouvernementalitätsforschung (Gouvernementality Studies; vgl. S. 69f.) finden sich Arbeiten, die normalistisch-normalisierende ›Führungs‹- bzw. ›Regierungsdispositive‹ im Sinne der Verschränkung von regelnden Eingriffen in soziale, kulturelle wie ökonomische Gegebenheiten, in die Handlungsorientierungen der Individuen, aber auch in kollektive Normalitätsvorstellungen und deren medialer Vermittlungen analysieren (z.B. Becker 2004). Als Beispiele hierfür, die eng mit dem Thema Geschlecht verknüpft sind, können Studien zum institutionellen Umgang mit den veröffentlichten Gewalterfahrungen von misshandelten Frauen im postfrancistischen Spanien (Marugán Pintos/Vega Solis 2003) oder zur Kontinuierung hierarchische Geschlechterdifferenzen entlang eines ›subjektivierenden Führungsdispositivs‹ im Bereich von Schule bzw. bei Schulleitungen (Stroot 2004) genannt werden.

Im Feld der Cultural Studies, die sich mit dem Zusammenhang von Alltagskultur und Alltagsleben beschäftigen, und vor allem in den Medienwissenschaften basiert dispositivanalytische Forschung auf der Überlegung, dass sich machtvolle, weil wahrnehmungs- und handlungsrelevante Wirklichkeitsdefinitionen in ›Medien-Dispositiven‹ bilden und prozessieren. ›Dispositiv‹ wird dabei verstanden als komplexes Zusammenspiel von technischer Apparatur, Medieninhal-

6 | Während sich die Queer Studies primär mit der macht- und herrschaftskritischen Analyse von Zuschreibungen fixierter sexueller Identitäten beschäftigen, widmen sich die Postcolonial Studies verschiedensten kulturellen Phänomenen vor dem Hintergrund bis heute gegenwärtiger Folgewirkungen des Kolonialismus. Beiden (inter- bzw. transdisziplinären) Forschungsrichtungen ist gemeinsam, gleichsam ›von den Rändern her‹ – d.h. ausgehend z.B. von ausgegrenzten Formen sexueller Orientierung oder aus der Perspektive kultureller Randständigkeiten, uneindeutiger kultureller Identitäten etc. – gesellschaftliche Macht und Herrschaftsverhältnisse aufzudecken und nach Möglichkeit zu verändern (vgl. z.B. Kraß 2003; Ashcroft et al. 2007).

ten sowie institutionellen Praktiken ihrer Produktion und vor allem ihrer Rezeption bzw. Nutzung. Hier erläutern dann Analysen zu Radio und Fernsehen (Hickethier 1992, 2003; Spangenberg 2003) oder zum »Kino-Dispositiv« (Brinkmöller-Becker 1994), wie – je nach Medium – die spezifische, darin gleichsam materialisiert zum Ausdruck kommende Mensch-Maschine-Konstellation zu charakterisieren und bezüglich ihrer wirklichkeitsformierenden Wirkungen und Effekte auf die Nutzenden (und Produzierenden) zu deuten ist.

Schließlich ragt der Dispositivbegriff mittlerweile in das Feld der Medizin sowie der Pflegewissenschaft und reicht bis hin zu den sogenannten Rehabilitationswissenschaften, wenn z.B. die Arzt-Patienten-Beziehung oder der Bereich der (Alten-)Pflege grundlegend als Dispositiv gefasst werden (Schroeter 2002, 2005). In diesem Kontext und exemplarisch für das Feld der Disability Studies[7] ist z.B. auch die Rekonstruktion des ›Behandlungsdispositivs der Frühprothetisierung‹ im medizinischen Umgang mit contergangeschädigten Kindern zu nennen. Gerade vor dem Hintergrund dieses Dispositivs können in den biographischen Selbstpräsentationen der heute erwachsenen Contergangeschädigten deren eigensinnige, widerständige Selbstentwürfe, die sich bei der Bewältigung der von Außen kommenden Zuschreibungen und Zurichtungen über den Lebensverlauf hinweg entwickelt haben, empirisch kenntlich gemacht werden (Freitag 2005).

Darüber hinaus finden sich noch viele weitere, aus unterschiedlichen Feldern stammende Arbeiten, die den Dispositivbegriff für verschiedenste Forschungsthemen in Anschlag bringen. So wird z.B. ›institutioneller Rassismus‹ als Dispositiv gesehen (Jäger/Jäger 2002b) oder ein ›Stadtteildispositiv‹ analysiert (Jäger/Jäger 2002a). Da ist die Rede von einem ›Technikdispositiv‹ (Hetzel 2005), einem ›Dispositiv der Postmoderne‹ (Wetzel 2004), einem ›Ästhetik-Dispositiv‹ (Reemtsema 2003), einem ›Dispositiv der Nachhaltigkeit‹ (Timpf 2003) oder einem ›Kindheitsdispositiv‹ (Andresen 2004). Weiter finden sich Arbeiten zu einem in historisch-kulturvergleichender Perspektive rekonstruierten chinesischen ›Autoritätsdispositiv‹ (Klawitter 2005)

---

7 | Anders als im ›klinischen Blick‹ auf Behinderung, der von den als gegeben betrachteten Beeinträchtigungen der ›Behinderten‹ ausgeht, analysieren die ebenfalls inter- bzw. transdisziplinär angelegten Disability Studies – ursprünglich aus der Behindertenbewegung kommend – die historischen Hintergründe, kulturellen Faktoren und sozialen Prozesse, wie und aufgrund welcher Merkmale und Zuschreibungen Menschen ›behindert gemacht‹ werden (vgl. z.B. Waldschmidt/Schneider 2007).

oder zur Modernisierung des modernen ›Todesdispositivs‹ (Schneider 1999, 2007).

Diese, hier nur oberflächlich gezeichnete Skizze soll zeigen: Ähnlich zum Diskursbegriff, der bei seiner theoretisch unbestimmten Verwendung entweder sich fälschlich zum simplen Synonym von ›Diskussion‹ verwandelt oder sich andernfalls gar im Nebel eines ›alles ist Diskurs‹ nahezu auflöst, gerät der Dispositivbegriff bei dieser thematischen Vielfalt und einer solchen kursorischen Rezeption in Gefahr, zu einem unbestimmten ›One Concept Fits All‹ zu werden. ›Das Dispositiv‹ wäre dann weniger ein konkret angebbares analytisches Konzept, sondern würde eher als zunehmend leere bzw. entleerte Begriffshülse dienen, die dadurch umso einfacher beliebig gefüllt werden könnte. Seine Funktion bestünde – ganz im Sinne von Kuhns Überlegungen zur Paradigmenbildung – primär darin, semantische Grenzziehungen eines diskursiven Innen/Außen zu markieren, um in seiner bloßen Verwendung den Mitgliedern der Diskurs- bzw. Dispositivforschungs-Gemeinde, den ›Bekehrten‹ und ›neu Rekrutierten‹, ihre kollektive Identität und Zugehörigkeit zu vergewissern. So gesehen erscheint eine – in die vorliegenden Ansätze und Vorgehensweisen – einführende und systematisierende theoretisch-konzeptionelle Konturierung des Dispositivbegriffs sowie seine methodologisch-methodische Präzisierung als Analysekonzept, wie sie mit diesem Buch vorgenommen wird, als nicht nur sinnvoll, sondern auch notwendig.

Dispositivforschung: Forschungsperspektive und Forschungsstil

Für die Organisation und Strukturierung dieser Arbeit am Dispositivkonzept verwenden wir als Unterscheidungsheuristik die beiden Begriffe ›Forschungs*perspektive*‹ und ›Forschungs*stil*‹, die in der sozialwissenschaftlichen, insbesondere qualitativ orientierten Methodenliteratur zwar immer wieder zu finden, aber bisher keineswegs klar definiert sind (vgl. z.B. Flick 1995: 28ff.; Flick/v. Kardorff/Steinke 2004: 18ff.; Mruck/Mey 2005: 7ff.). Dort werden unterschiedliche Forschungsperspektiven mit je unterscheidbaren Erkenntniszielen, damit verbundenen Basisparadigmen und theoretischen Fundamenten identifiziert, denen dann entsprechende methodische Strategien und Anwendungsfelder zuzuordnen sind. Einem solchen, recht umfassend konnotierten Perspektiven-Begriff steht – wenig trennscharf – der Begriff ›Forschungsstil‹ zur Seite, der häufig die in der qualitativen Sozialforschung eben nicht standardisierbare und nur zu einem gewissen Grad formalisierbare, je eigene Pragmatik des Forschens mit der dahinterstehenden Forschungshaltung (zumeist von Klassikern) bezeichnet. Der Begriff des Forschungsstils zielt also auf den Zusammenhang zwischen der theoretischen Orientierung der Forschenden und der praktischen Ausgestaltung des Forschungsprozesses: Die aus den jeweiligen theoretischen Grundlagen resultierende Forschungshaltung findet gleichsam ihren Ausdruck in der dazugehörenden Forschungspragmatik als je eigene Kombination von Feldzugang, Datenerhebungs- und Datenauswertungsprozeduren bis hin zur Ergebnisdokumentation.[8]

In präzisierender Anlehnung an diesen Begriffsgebrauch umfasst der Begriff *Forschungsperspektive* (vgl. Abb. 1) für uns die erkenntnistheoretischen Grundlagen und begrifflich-theoretischen Bestandteile, die den mit einem näher zu bestimmenden Analysekonzept – hier dem Dispositiv*konzept* – verbundenen ›Denkstil‹ (Fleck 1935) charakterisieren und von anderen Forschungsperspektiven abheben. Selbstredend steht dabei das Erkenntnisinteresse der dispositivanalytisch Forschenden in enger Wechselwirkung zu ihrer Forschungsperspektive, sind die avisierten Forschungsfragen nicht ohne Rekurs auf die theoretischen und konzeptionellen Grundlagen der eingenommenen Forschungsperspektive formulier- und präzisierbar.

Dem zur Seite stehend bezeichnen wir mit *Forschungsstil* die Gesamtheit der mit diesem Analysekonzept verbundenen bzw. aus der so gekennzeichneten Forschungsperspektive resultierenden methodologischen Vorgaben, die damit einhergehenden methodisch-praktischen Instrumente (der Datenerhebung und -auswertung) sowie deren – gemäß entsprechender Gütekriterien zu beachtenden – Einsatzmöglichkeiten und -grenzen. Damit ist es der Forschungsstil als solcher, der die gewonnenen Ergebnisse wesentlich mitbestimmt und der innerhalb der je verfügbaren Instrumente und Strategien – gemäß dem Ertrag in Bezug auf die verfolgten, sich womöglich im Forschungsprozess auch weiterentwickelnden Fragestellungen – in der konkreten Ausgestaltung der empirischen Forschungspraxis angepasst und abgeändert werden kann.

---

8 | So z.B. bei der Kennzeichnung der Grounded Theory als eigenständigen Forschungsstil (vgl. Strauss 1994: 30; Strauss/Corbin 1996; als grundlegenden Überblick siehe auch Strübing 2004: 13ff.).

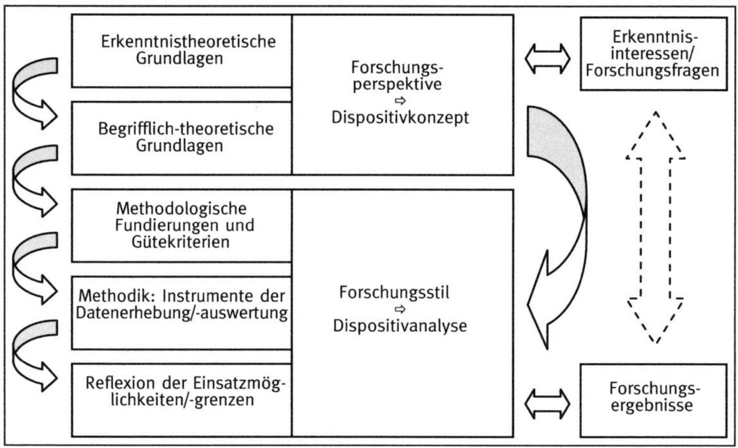

Abbildung 1: Dispositivkonzept/-analyse als Forschungsperspektive und Forschungsstil

Folgt man der hier vorgeschlagenen begrifflichen Unterscheidung, so bezeichnet der Begriff Dispositiv*analyse* – ebenso wie der Begriff Diskursanalyse[9] – keine eigenständige Methode, keine ›geregelte‹ und ›verregelte‹ methodische Vorgehensweise. Vielmehr ist die Dispositivanalyse als ein bestimmter bzw. im Folgenden noch näher zu bestimmender Forschungsstil zu verstehen, der auf dem Dispositivkonzept und der damit eröffneten Forschungsperspektive gründet.

Wenn wir die Dispositivanalyse als einen sozialwissenschaftlichen Forschungsstil (und nicht als eine bestimmte Methode) betrachten, wie dies z.B. exemplarisch Anselm L. Strauss (1994) für die Grounded Theory in Anspruch genommen hat, so meinen wir damit: Ähnlich zur Grounded Theory können entlang des Dispositivkonzepts und der damit markierten Forschungsperspektive im Rahmen von Dispositivanalysen unterschiedliche methodische Techniken und Instrumente

9 | Vor dem Hintergrund seiner Unterscheidung zwischen Diskurstheorien und Diskursanalysen schreibt Reiner Keller: »Mit dem Begriff der Diskurs*analyse* wird allerdings keine spezifische Methode, sondern eher eine Forschungsperspektive auf besondere, eben als Diskurse begriffene Forschungsgegenstände bezeichnet.« [Herv. A.B./W.S.] (Keller 2007a: 8) Dem folgend, aber gemäß unserer Unterscheidungsheuristik wäre im Rahmen der Diskursforschung ›Diskursanalyse‹ als ein spezifischer Forschungs*stil* zu kennzeichnen – und zwar auf der Grundlage der jeweils auszuweisenden, die Forschungs*perspektive* orientierenden Diskurs*konzepte*.

der Datenerhebung, aber auch der Datenauswertung flexibel auf einzelne Forschungsfragen bzw. -prozesse angewendet und entsprechend angepasst werden. Dies kann allerdings nur insoweit geschehen, als dass die noch genauer zu bestimmenden grundlegenden methodologischen Überlegungen zur Dispositivanalyse und die dahinterstehenden (erkenntnis-)theoretischen Grundannahmen nicht konterkariert werden (vgl. dazu ähnlich Diaz-Bone/Schneider 2004). Demnach ist insoweit ein ›unangemessener‹ Einsatz von Forschungsinstrumenten zu vermeiden, als deren jeweilige Kompatibilität mit den theoretischen und methodologischen Grundlagen, wie sie für das Dispositivkonzept auszuweisen sind, noch gewährleistet sein muss.[10] Inwieweit in der Dispositivanalyse – ähnlich zur Grounded Theory mit ›Theoretical Sampling‹, Codieren, Memo-Schreiben, fallkontrastivem Vorgehen u.a. (Strübing 2004: 87ff) – der Einsatz bestimmter Forschungsinstrumente und -vorgehensweisen als unabdingbare Voraussetzung einer ›gelingenden‹ Dispositivanalyse gelten kann und inwieweit hier adäquate Gütekriterien angelegt werden können, wird in den folgenden Kapiteln dieses Buches noch zu diskutieren sein.

Um dem Diskurs über Diskursforschung einen Diskurs über das noch kaum erschlossene Feld der Dispositivforschung zur Seite zu stellen, müssen – die bisherigen Vorüberlegungen zusammengefasst – mindestens folgende zwei Aspekte geklärt werden: Zum einen ist eine grundlegende begrifflich-konzeptionelle Arbeit erforderlich, welche sowohl die (erkenntnis-)theoretischen als auch die daraus resultierenden methodologischen Fundamente der Dispositivanalyse deutlich macht. Zum anderen ist der Ausweis ihrer möglichen methodisch-praktischen Vorgehensweisen unabdingbar. Konkreter formuliert sind entlang der skizzierten heuristischen Leitdifferenz von Forschungsperspektive und Forschungsstil (in Anlehnung an Abb. 1) folgende Fragen zu klären:

---

10 | Jeder Methode liegt ein spezifisches Verständnis ihres Gegenstandes sowie der damit bereits vorgegebenen analytischen Stoßrichtungen zugrunde: Geht es z.B. primär um die beschreibende Exploration von Handlungsfeldern, um die Rekonstruktion subjektiver Sichtweisen, um den praktischen Vollzug der Herstellung und Kontinuierung von Interaktionsordnungen oder um ›dahinter‹ liegende generative Prinzipien und Strukturen u.a.m. (vgl. z.B. Flick 1995: 28ff.). Trotz aller Offenheit und Flexibilität dispositivanalytischer Empirie sind solche methodenkritischen Kompatibilitätsprüfungen, die dann ggf. zu eigenen methodischen Adaptionen führen können, unabdingbar.

- Was ist mit dem vielfältig und recht diffus verwendeten *Begriff des Dispositivs* bzw. der Dispositivanalyse gemeint? Genauer gefragt: Welche *Forschungsperspektive* wird durch das Dispositivkonzept markiert? (Und damit verbunden: Welche Erkenntnisinteressen werden adressiert, welche Forschungsfragen eröffnet?) In welcher Beziehung steht das Dispositivkonzept zum Diskursbegriff und durch welche erkenntnistheoretischen Fundierungen ist es gekennzeichnet? (Kap. 2)
- Worin besteht aufgrund der theoretisch-konzeptionellen Grundorientierungen (und der damit eröffneten Forschungsfragen) auch in *methodologischer* Hinsicht ein mögliches ›Anderes‹ oder gar das ›Mehr‹ von Dispositivanalysen als einem eigens zu kennzeichnenden *Forschungsstil* gegenüber diskursanalytischen Vorgehensweisen? (Kap. 3)
- Was sind die *methodischen* Umsetzungsmöglichkeiten, die mit einer das eigene Erkenntnisinteresse orientierenden und am Dispositivbegriff ausgerichteten Forschungsperspektive sowie mit dem entsprechenden *empirisch-praktischen* Forschungsstil einer Dispositivanalyse einhergehen? (Kap. 4)

Zu diesen Fragenkomplexen existieren zwar eine Reihe einzelner Versuche und Vorschläge der begrifflich-theoretischen Operationalisierung und Einbettung von Dispositivanalysen sowie ihrer forschungspraktischen Umsetzungen in jeweils spezifischen Forschungsvorhaben.[11] Bislang mangelt es jedoch – im Verhältnis zur Diskursforschung insgesamt – an ihrer einführenden, zusammenfassenden Charakterisierung sowie systematisch-vergleichenden Aufarbeitung und Synthetisierung. Denn während im Zuge einer Etablierung der Diskursforschung für Diskursanalysen mittlerweile der Ausweis der theoretischen Grundlagen des verwendeten Diskursbegriffs, der damit verbundenen methodologischen Grundannahmen sowie die Begründung der methodisch-praktischen Schritte weitgehend die Regel ist, gilt dies für Analysen, die mit dem Dispositivbegriff arbeiten, (noch) nicht in gleichem Maße. Deshalb sollen die folgenden Ausführungen dazu dienen, analog zu der Entwicklung, die seit den 1990ern in der Diskursforschung hinsichtlich des Diskursbegriffs beobachtet werden kann, auch für das Dispositivkonzept ein ausgewiesenes be-

11 | Für (Vor-)Arbeiten in diesem Feld, die sich konzeptionell mit dem Dispositivkonzept auseinandergesetzt haben, vgl. z.B. Bührmann (1998, 2004); Bührmann/Schneider (2007); Jäger (2001, 2006); Link (2007); Schneider/Hirseland (2005).

grifflich-theoretisches und methodologisch-methodisches Fundament bereitzustellen, von dem aus dann empirische Forschungsarbeiten begründet und konzipiert werden können. Allerdings ist damit keineswegs der Anspruch erhoben, einen umfassenden und vollständigen Überblick über die gesamte Forschungslandschaft zu geben, die mit dem Dispositivbegriff arbeitet. Die hier verfolgte Zielstellung lautet vielmehr, all jenen, die an der mit dem Dispositivbegriff verbundenen Forschungsperspektive interessiert sind, einen ersten, Orientierung gebenden Einstieg in dieses Forschungsfeld zu vermitteln und strukturbildende Ideen für die eigene empirische Forschungsarbeit zu vermitteln.

Nähert man sich zur Einlösung dieser Vorgaben dem Begriffsfeld der (Diskurs- und) Dispositivforschung aus einer an Foucault ausgerichteten diskurstheoretischen Perspektive, sind dabei vorab insbesondere zwei Aspekte zu bedenken. *Erstens*: Foucault beschreibt zwar die von ihm verfolgte diskursanalytische Vorgehensweise in seiner »Archäologie des Wissens« (Foucault 1988b) hinsichtlich ihrer theoretischen und methodologischen Grundlagen, und er grenzt sich in Bezug auf seine machtanalytischen Überlegungen verschiedentlich und immer wieder von herkömmlichen und etablierten Machttheorien ab. Jedoch entwickelt er an keiner Stelle ein systematisches machtanalytisches Begriffsinstrumentarium, sondern belässt es insbesondere beim Verfahren der Dispositivanalyse schließlich bei der Benennung von (nur recht vage angedeuteten) »Vorsichtsregulativen« (Foucault: 1988a: 119ff.). *Zweitens*: Foucaults Werk zeichnet sich bekanntlich durch ein »vagabundierende[s] Denken« (Ewald 1978: 8) aus, welches sich nicht langsam und kontinuierlich, sondern – wie Gilles Deleuze anmerkt – vor allem auch »durch Krisen vorwärts« (Deleuze 1992: 150) entwickelt hat. Das krisenhafte bzw. vagabundierende Denken drückt sich u.a. darin aus, dass Foucault seine Bezeichnungen für die von ihm erarbeiteten Analysemethoden von ›Diskursanalyse‹ oder ›Aussagenanalyse‹ über ›Archäologie‹ und ›Genealogie‹[12] bis hin zur ›Machtanalyse‹ oder ›Dispositivanalyse‹ variiert und diese jeweils mit divergierenden methodischen Instrumentarien und unterschiedlichen

12 | Zur Erläuterung von ›Archäologie‹ und ›Genealogie‹ als methodologische Ausrichtungen in Foucaults Denken – Erstere zielt primär auf die Analyse von historisch kontingenten Diskursen als geregelte Aussagensysteme, Letztere richtet sich auf die historische Analyse der mit der Entstehung und Entwicklung von Diskursen verbundenen Machtpraktiken und ihren Machtwirkungen auf Individuen – siehe auch Kapitel 3 (S. 87ff.).

Analysegegenständen verbindet (z.B. Foucault 1988c, 1988b, 1991b). Damit sperrt sich Foucaults Denken gegen apodiktische Interpretationen theoretisch-kategorialer sowie methodischer Begrifflichkeiten und impliziert eine »geistige Beweglichkeit« (Angermüller 2007: 209), die sich jeglicher vereinnahmender Fixierungen zu entziehen sucht.

Doch dieser vagabundierende Denkstil Foucaults hat nicht unwesentlich zu einigen begrifflichen Unklarheiten sowohl im Feld der Diskurs- als auch der Dispositivforschung beigetragen. Nicht zuletzt aufgrund der allseits konstatierten Uneindeutigkeit Foucault'scher Begrifflichkeiten und Analyseprozeduren finden sich Positionen, die – jeweils unter Berufung auf Foucault – nur skeptisch-eingeschränkt formulierte eigene methodologisch-methodische Überlegungen als dem Foucault'schen Analysestil angemessen sehen oder gar argumentieren, dass jegliche »Methodo-Logie« (Diaz-Bone 2006, Abs. 6) gegen die originären Grundüberzeugungen Foucaults verstießen (z.B. Brieler 1998; Sarasin 2003; Schrage 1999, 2006). Dem entgegen erscheint es uns sinnvoll, Foucaults Hinweise zur Dispositivanalyse nachzuzeichnen, ohne eine detaillierte Foucault-Exegese zu betreiben und stattdessen vorliegende Ansätze und Anwendungsvorschläge zur Dispositivanalyse zu diskutieren.

Wenn dabei – wie in den folgenden Abschnitten – nicht nur theoretische, sondern auch methodologische Grundlagen sowie methodisch-praktische Umsetzungen der Dispositivforschung dargelegt werden, zielt das nicht darauf, *ein bestimmtes* empirisches Vorgehen zu standardisieren, um damit gleichsam kanonisiert die einzig mögliche dispositivanalytische Methodik entwickeln zu wollen. Dies würde nicht nur die eingangs bereits getroffene Kennzeichnung der Dispositivanalyse als Forschungsstil (und nicht als eine bestimmte Methode) unterlaufen. Eine solche Fixierung würde auch der in Abb. 1 zum Ausdruck kommenden unhintergehbaren Verwiesenheit von Erkenntnisinteressen, den jeweiligen theoretischen Fundamenten und den damit verbundenen Forschungsfragen, den entsprechenden methodologischen Grundlagen und geeigneten Methodiken widersprechen, die ja erst in ihrem Zusammenspiel die erzielbaren und schließlich gewonnenen Forschungsergebnisse herstellen.

Deshalb und diesen einführenden Überlegungen folgend wird ein erster Schritt den Diskurs- und Dispositivbegriff – ausgehend von Foucault und darüber hinaus – erläutern und aufeinander beziehen, um so das begrifflich-theoretische Fundament des Dispositivkonzepts offenzulegen (Kap. 2). Den Ausgangspunkt und die Basis der dortigen Ausführungen bildet eine Exposition verschiedener, bereits vorliegender Versuche, den Dispositivbegriff zu bestimmen und für die Erforschung von Dispositiven fruchtbar zu machen. Der zweite Schritt sichtet und diskutiert die aus den theoretischen Erläuterungen folgenden methodologischen Grundannahmen und entfaltet auf dieser Forschungsperspektive aufbauende Leitfragen, die den dispositivanalytischen Forschungsstil kennzeichnen (Kap. 3). Der dritte Schritt skizziert grundlegende Hinweise zum methodischen Vorgehen und illustriert anhand zweier exemplarischer Forschungsfelder die jeweilige Ausgestaltung eines dispositivanalytischen Forschungsdesigns (Kap. 4). Die abschließende Zusammenfassung wird schließlich noch durch die Benennung der derzeit aus unserer Sicht vorhandenen Forschungsdesiderata ergänzt (Kap. 5).

Vorausschickend sei noch angemerkt, dass die hier vorgelegte Einführung in die Dispositivforschung eine Präzisierung, Konkretisierung und Weiterführung unserer je eigenen vorangegangenen Arbeiten darstellt, die zunächst unabhängig voneinander erfolgten und die wir dann in einem gemeinsamen Aufsatz zur Dispositivanalyse (Bührmann/Schneider 2007) zusammengeführt haben.

2. Das Dispositivkonzept als Forschungsperspektive

Der Dispositivbegriff in seiner derzeitigen sozialwissenschaftlichen Verwendung gründet im Feld der Diskursforschung und ist eng mit dem Diskursbegriff verbunden. Bei der näheren Bestimmung des Verhältnisses beider Begriffe zueinander ist zunächst zu fragen, worauf der Dispositivbegriff zielt, was also als kleinster gemeinsamer Nenner verschiedener Ansätze zum Dispositivkonzept als Ausgangspunkt der folgenden Arbeitsschritte dienen kann.

2.1 Diskurs, Wissen, Macht und gesellschaftliches Sein

Weil der Dispositivbegriff überwiegend im Kontext einer an Michel Foucault orientierten Perspektive der diskursiven Herstellung, Hervorbringung von Wirklichkeit zu finden ist, erschließen sich seine Analyseprogrammatik sowie die darunter liegenden erkenntnistheoretischen und konzeptionellen Fundamente vor allem in seinem Verhältnis zum Foucault'schen Diskursbegriff. Zwar findet man im Feld der sozialwissenschaftlichen Diskursanalyse – trotz seiner vieldeutigen Verwendungsweisen in Foucaults Werk selbst – mittlerweile weitgehende Übereinstimmung, worauf sich der Begriff ›Diskurs‹ richtet; der Dispositivbegriff hingegen bleibt vergleichsweise unbestimmt. Bei der Verhältnisbestimmung von Diskurs und Dispositiv sind allerdings vorschnelle Querverbindungen oder gar In-eins-Setzungen zu vermeiden, die das Verhältnis zwischen Diskursivem und dem, was gemeinhin als gegebene Realität, als objektive Wirklichkeit und ihre subjektive Erfahrung gefasst wird, kurzschließen (Schneider/Hirseland 2005; Bührmann/Schneider 2007). Was also ist mit Diskurs und – dazu in Bezug gesetzt – mit Dispositiv gemeint?

Der Diskursbegriff bei Michel Foucault

In der Diskursforschung dominierten über längere Zeit hinweg zunächst verschiedene linguistisch ausgerichtete Diskurskonzepte, wobei der Diskursbegriff – wie Johannes Angermüller (2001) ausführt – zunächst ganz allgemein zur Bestimmung der grammatikalischen Struktur von Narrativen verwendet wurde und in der Regel die dabei jeweils charakteristische, satzübergreifende Ordnung bezeichnete. Pointierter noch zielte er vor allem in soziolinguistischen und konversationsanalytischen Ansätzen auf die sprachlich-interaktiv hergestellte, in Gesprächssituationen gleichsam Zug um Zug emergierende Sprech-Ordnung. Herrschte in dieser Verwendungspraxis also eine »deskriptiv-fallspezifische Mikroorientierung« (ebd.: 9) vor und erschien der Diskurs auf dieser Grundlage in ein (wie auch immer gefasstes) interaktionistisch ausgerichtetes Modell des Sozialen integriert, so wurde der Diskursbegriff in der Tradition des französischen Strukturalismus und insbesondere Poststrukturalismus als Tiefenstruktur menschlicher Rede- und damit auch Denk-/Wahrnehmungsweisen bestimmt. In diesem Kontext entwickelte sich, ausgehend von verschiedenen Protagonisten wie Roland Barthes, Jacques Lacan, Michel Foucault, Jacques Derrida u.a., eine schillernde Diskussion, aus der heraus ein Diskurskonzept entstand, welches »Kommunikation sowie die Entstehung, Zirkulation und Distribution von Wissen als kontingente Effekte ›überindividueller‹, sozial strukturierter Praktiken« begreift (Keller et al. 2005: 8).

Eine solche, letztlich »stärker gesellschaftstheoretisch fundierte Makroorientierung« (Angermüller 2001: 9) kennzeichnet insbesondere Foucaults deutlich auf ›Praxis‹ bzw. ›Praktiken‹ abzielenden Diskursbegriff.[1] Foucault fokussierte seine Bemühungen um die Erforschung von Diskursen bzw. diskursiven Praktiken dabei gerade nicht auf die alltäglichen Interaktionen zwischen Menschen und die in ihren Rede-, Denk- und Wahrnehmungsweisen zum Ausdruck kommenden subjektiven Deutungen und Sinnsetzungen. Anstatt auf Face-to-Face-Kommunikationen mit ihren interaktiv hergestellten Ab-

---

1 | Vgl. zusammenfassend für die Diskussion rund um ein sozialwissenschaftliches Diskurskonzept z.B. Angermüller et al. (2001); Bublitz et al. (1999); Keller et al. (2004, 2005, 2006); Keller (2005, 2007a, 2007b).

folgemustern zielt das foucaultsche Diskursverständnis als ›überindividuelle Strukturierung‹ auf institutionalisierte, somit geregelte, auf Dauer gestellte diskursive Praktiken in verschiedenen, als zentral erachteten gesellschaftlichen Praxisfeldern und Handlungsbereichen.[2] Mit Jürgen Link (1986) ließe sich dieses Diskurskonzept vielleicht am einfachsten zunächst als aus Aussagen bestehende, geregelte, institutionalisierte Redeweisen fassen, mit denen jeweils Wissen prozessiert wird, welches mittels damit verbundener Handlungsweisen Machteffekte, Machtwirkungen entfaltet (vgl. auch Jäger 2006: 84ff).[3] Wenn demzufolge im Foucault'schen Sinne *Diskurse als institutionalisierte Aussagepraktiken* mit je eigener Strukturierung/Strukturiertheit und Ereignishaftigkeit gefasst werden, ist im Folgenden – in Annäherung an das Dispositivkonzept – über die Frage nach Machteffekten bzw. Machtwirkungen der Begriff der ›Praktik/Praxis‹ noch genauer zu bestimmen.

Als Voraussetzung hierfür ist jedoch die Differenz zwischen Aussage und Äußerung in Foucaults Diskurskonzept zu beachten: Äußerungen sind als Ereignisse zu verstehen, die nicht wiederholt werden (können), da sie nur zu einem bestimmten Ort und zu einer bestimmten Zeit auftreten, wie Foucault in der »Archäologie des Wissens« an-

---

2 | Vgl. hierzu auch entsprechende Anschlussmöglichkeiten der Diskursforschung z.B. zu Pierre Bourdieus Perspektive auf die Analyse des Zusammenhangs von Wissen und Praxis insbesondere entlang seiner Konzepte ›Habitus‹ und ›Feld‹ (z.B. Diaz-Bone 2002; für einen Vergleich von Foucault und Bourdieu vgl. Kajetzke 2008).

3 | Sofern man der – bis dato jedenfalls in der Soziologie immer noch gängigen – analytischen Differenzierung zwischen Mikro- und Makro-Perspektive folgen mag, lässt sich die foucaultsche Diskurskonzeption demnach weder eindeutig der Mikro- noch der Makro-Ebene, sondern wohl am ehesten der Meso-Ebene zuordnen (vgl. dazu auch Bührmann et al. 2007). Damit korrespondiert auch ein – den folgenden Ausführungen unterlegter – wissenssoziologischer Institutionenbegriff (vgl. Berger/Luckmann 1987: 49ff.). Dabei ist eine Institution als soziale Einrichtung zu verstehen, die »soziales Handeln in Bereichen mit gesellschaftlicher Relevanz dauerhaft strukturiert, normativ regelt und über Sinn- und Wertbezüge legitimiert« (Pieper 1992: 265). In Institutionen – also objektiviert in den institutionenspezifischen Leitideen, Legitimationsmustern, Rollenanforderungen und materialen Ausstattungen sowie via Sozialisation über den von Generation zu Generation zu rekrutierenden ›Personalbestand‹ – tradiert sich überindividuelles Wissen über den Zeitverlauf hinweg (vgl. auch Gukenbiehl 2006: 144ff.).

merkt (Foucault 1988b: 115ff). Auch wenn eine Äußerung wortwörtlich wiederholt wird, ist dieser Vorgang als Ereignis nicht mit dem ersten Auftreten dieser Äußerung identisch, da damit eben die Äußerung bereits ein zweites Mal in Erscheinung tritt. Gegenüber Äußerungen als zeitlich-räumlich spezifische Aussagenereignisse fungieren Aussagen gleichsam als Atome, als konstitutive systematische Bestandteile diskursiver Formierungen bzw. Diskursen. Der Begriff der ›Aussage‹ bezeichnet nicht einfach eine Proposition, einen Satz, einen konkreten Sprechakt oder gar einen bestimmten geäußerten Inhalt. ›Die Aussage‹ stellt vielmehr eine Funktion dar, die wiederholbar ist, da sie im Diskurs in der Form sprachlicher Zeichen etwas zu etwas anderem in Beziehung setzt. Insofern bezeichnen Aussagen die ›regel-mäßigen‹, wiederkehrenden zeichenhaften Verkettungen von Bedeutungsrelationen, die zwar als Funktion des jeweiligen Praxis- bzw. Anwendungsfeldes, in das sie eingestellt sind, durch eben dieses Anwendungsfeld, also durch ihren jeweiligen Kontext in ihrer faktischen Wiederholbarkeit begrenzt werden. Infolge der prinzipiell ›wiederholbaren Materialität‹ der Aussagefunktion sind Aussagen jedoch analytisch nicht wie Ereignisse zu behandeln bzw. mit Äußerungen gleichzusetzen (ebd.: 152f; vgl. dazu auch Nonhoff 2006: 34f).[4]

Das Diskursive im Sinne Foucaults bezeichnet aber nicht einfach nur zeichenhafte Verkettungen von ›Bedeutungsrelationen‹, sondern jene geordneten und geregelten (Re-)Produktionsprozesse von Aussagensystemen, in und mit denen (in gesellschaftlichen Praxisfeldern) die gesellschaftliche Herstellung und Sicherung von *Wahrheit* im Sinne *geltenden Wissens über die Wirklichkeit* erfolgt (Hirseland/Schneider 2006; Keller 2005).[5] Die diskursive Praxis kann so als ein ›Wahr-Spre-

4 | Allein aber mit der ›regel-mäßigen‹ Wiederholung von Äußerungen ist bereits die Möglichkeit von Verschiebung, Abweichung, Veränderung in der Bedeutungsrelation der Aussagefunktion gegeben: »Der Zwang zur Stabilisierung der symbolischen Ordnung durch Wiederholung impliziert, dass die Performativität von Sprechakten die symbolische Ordnung zwar stabilisiert, in der wiederholenden Verschiebung aber immer auch unterminiert.« (Bublitz 2003: 16) Zum Problem der Definition von Aussagen bei Foucault vgl. u.a. Deleuze (1992); Dreyfus/Rabinow (1987); Kammler (1990) und Angermüller (2007).

5 | Deshalb macht Diskursanalyse »die impliziten sprachlichen *und* institutionellen Voraussetzungen zum Gegenstand, die aus Äußerungen einen Diskurs machen, nämlich eine komplex strukturierte, machtbasierte Matrix zur Generierung von Sprachhandlungen mit Wahrheitsanspruch« [Herv. i.O.] (Bublitz 2003: 10).

chen‹ (Dire-Vrai) verstanden werden, welches Wirklichkeit herstellt, absichert oder auch verändert. »Was wir von der Wirklichkeit wissen und über sie sagen, das prägt sich aus in Diskursen.« (Konersmann 1998: 80)

Aus diskurstheoretischer Perspektive ist ›Wahrheit‹ – verstanden als gültiges, Geltung beanspruchendes Wissen über die Welt, an dem sich Handeln orientiert und damit Wirklichkeit schafft – der *Effekt diskursiver Praktiken*, mithin also nichts anderes als das Resultat aus machtvollen Wahrheitsspielen und dahinter stehenden Wissenspolitiken.[6] Nicht die Gegenstände, nicht die Objekte des Denkens (gedacht als das ›tatsächlich Gegebene‹, als Phänomene ›an sich‹) initiieren und formieren die darüber geführten Diskurse, sondern umgekehrt: Diskurse produzieren und formen ihre Gegenstände, Objekte, indem sie entlang ›machtvoller Regeln‹ über sie sprechen, und indem die jeweiligen diskursiven Praktiken bestimmen, was in welchem Diskurs gesprochen, was verschwiegen, was als wahr anerkannt und als falsch verworfen wird. So hat

»jede Gesellschaft ihre eigene Ordnung der Wahrheit, ihr [sic!] ›allgemeine Politik‹ der Wahrheit: d.h. sie akzeptiert bestimmte Diskurse, die sie als wahre Diskurse funktionieren lässt; es gibt Mechanismen und Instanzen, die eine Unterscheidung von wahren und falschen Aussagen ermöglichen und den Modus festlegen, in dem die einen oder anderen sanktioniert werden; es gibt bevorzugte Techniken und Verfahren der Wahrheitsfindung; es gibt einen Status für jene, die darüber zu befinden haben, was wahr ist und was nicht.« (Foucault 1978: 51)

Damit kann selbstverständlich auch und gerade die Transformation dieses (›wahren‹) Wissens, also nicht nur seine Ordnung als (vor-)herrschende Wahrheiten, sondern auch seine Infragestellung, seine Umordnung oder gar Neuordnung einhergehen, so dass der Diskursbegriff ein grundlegendes ›Sowohl-als-Auch‹ umfasst: Einschränkung und unvorhersehbares Ereignis, Grenze und Überschreitung, Verbot

6 | Der Begriff ›Wissenspolitik‹ verweist in diesem diskurstheoretischen Kontext nicht nur auf die Produktion und Verteilung von (wissenschaftlichem) Wissen im Sinne einer »politischen Alltagsfrage«, die in der Wissensgesellschaft entlang politischer und ökonomischer Erwägungen gleichsam permanent zu bearbeiten ist (Stehr 1994: 514). Gemeint ist hier eine hegemonialisierend wirkende ›Wahrheitspolitik‹ als machtvolle institutionelle Durchsetzung von als ›wahr‹ geltendem Wissen (Schneider 2007).

und Übertretung (Konersmann 1998: 74ff; vgl. auch Bublitz 2006; Bublitz et al. 1999).

Die *Wahrnehmungsweisen*, mit denen sich Menschen ihre Welt als (real) gegeben erschließen, lassen sich auf der Grundlage eines solchen Diskursverständnisses als Ausdruck der jeweils vorherrschenden, *objektivierten Wissensordnungen* fassen, welche diese Wahrnehmungsweisen im Zuge von Sozialisation gleichsam in die Menschen ›einsetzen‹. So wird, in Anlehnung an Peter L. Bergers und Thomas Luckmanns Wissenssoziologie-Entwurf (1987) formuliert, die mittels Diskurse als objektiv gegeben erscheinende Wirklichkeit zur subjektiven und – im alltäglichen Austausch mit anderen – zur intersubjektiv geteilten Wirklichkeit.[7] Allerdings mahnt François Ewald in seiner Einleitung zur Textsammlung »Dispositive der Macht« (Foucault 1978):

»Die Wahrheit, der Diskurs und das Wissen sind nicht mit dem Sein, mit dem Objekt, der Realität oder den Dingen in Beziehung zu bringen, sondern mit den Machttechniken, die sie ermöglichen, produzieren, ihnen die Bedingungen ihrer Möglichkeit geben und sie zugleich legitimieren und konsolidieren.« (Ewald 1978: 16)

Damit weist Ewald über einen (zu) engen, einseitigen Fokus auf die ›Ordnung des Diskurses‹ (Foucault 1991a) und das dabei gleichzeitig zu allgemein bleibende Diktum der wirklichkeitsstiftenden, weil bedeutungsschaffenden und -reproduzierenden Macht von Diskursen hinaus, indem der empirische Blick auf das Diskursive immer auch die umfassende, auf konkrete *soziale Praktiken und gesellschaftliche Verhältnisse* zielende *Machtanalyse* zu beinhalten hat. Denn es sind nicht einfach ›die Diskurse‹, die Wirklichkeit – das was Menschen als Welt, in der sie leben, individuell wie kollektiv erfahren – konstituieren, auf Dauer stellen oder verändern und damit das gesellschaftliche Sein der Menschen determinieren.[8] Ihre wirklichkeitsschaffenden

---

7 | Für erste wissenssoziologische Perspektivierungen des Diskursbegriffs vgl. Keller (1998) und Schneider (1993, 1999); zur systematischen Verbindung von Wissenssoziologie und Diskursforschung im Sinne einer ›Wissenssoziologischen Diskursanalyse‹ vgl. grundlegend Keller (2005).

8 | So konstatiert auch Bernhard Waldenfels am Ende seines Aufsatzes zur ›Ordnung in Diskursen‹: »Wenn Diskurse als ›Gesamtheiten diskursiver Ereignisse‹ zu betrachten sind, so nur als Gesamtheit solche Ereignisse, die nie *völlig* durch den Diskurs formiert sind. Auch die Dinge wären mithin nicht völlig in der Gewalt der Diskurse. Wären sie und wir völlig in deren Gewalt, so bliebe nur die Wanderung von einem Gefängnis

Machtwirkungen entfalten sie erst über die durch sie prozessierten Wissensordnungen, die durch institutionalisierte diskursive Praktiken im Sinne von Wissenspolitiken hergestellt, durchgesetzt, stabilisiert oder verändert, umgestürzt werden, und die schließlich als vorherrschende Bedeutungen, Sinngehalte, Deutungsmuster das alltägliche Denken und Handeln der Menschen als gesellschaftliche Praxis orientieren.

Zur Analyseprogrammatik des Dispositivbegriffs

Dass eine solche Analytik von Machtbeziehungen und Machtpraktiken folglich auf mehr als nur auf das Diskursive zielen soll, lässt sich in Foucaults Arbeit zu »Überwachen und Strafen« (Foucault 1991b) sowie vor allem in seinem Projekt einer ›anderen Geschichte der Sexualität im Abendland‹ (Foucault 1988a, 1989a, 1989b) nachvollziehen. Dort, im Vorwort zum ersten Band von »Sexualität und Wahrheit«, der dieses Projekt programmatisch skizzieren soll und in dem er einen längeren Abschnitt mit »Das Dispositiv der Sexualität« (Foucault 1988a: 95ff) überschreibt, erläutert er:

»Ich wollte nicht die Geschichte der sexuellen Verhaltensweisen in den abendländischen Gesellschaften schreiben, sondern eine viel nüchternere und beschränktere Frage behandeln: wie sind diese Verhaltensweisen zu Wissensobjekten geworden? Auf welchen Wegen und aus welchen Gründen hat sich der Erkenntnisbereich organisiert, den man mit dem relativ neuen Wort ›Sexualität‹ umschreibt? Es handelt sich hier um das Werden eines Wissens, das wir an seiner Wurzel fassen möchten: in den religiösen Institutionen, in den pädagogischen Maßnahmen, in den medizinischen Praktiken, in den Familienstrukturen, in denen es sich formiert hat, aber auch in den Zwangswirkungen, die es auf die Individuen ausgeübt hat, sobald man sie davon überzeugte, sie hätten in sich selbst die geheime und gefährliche Kraft einer ›Sexualität‹ zu entdecken.« (Ebd.: 7)

---

oder einem Narrenschiff zum anderen, über die nicht viele Worte zu verlieren wären. Doch wenn es so ist, dass sich die diskursiven Ereignisse nie definitiv einer Ordnung fügen, so ist es auch der ›weiße Raum‹, von dem aus Foucault zu sprechen vorgibt und der, wie er sagt, ›langsam in einem Diskurs Form annimmt‹ [...], ein Ort, der prekär und unbestimmt *bleibt*, weil er nicht völlig in die Ordnungen der Diskurse eingeht.« [Herv. i. O.] (Waldenfels 1991: 294)

Damit problematisiert Foucault gleich zu Beginn seiner Analysen zur ›Sexualität‹, dass mit dem zweigesichtigen, um Sprache als begrenzende wie ermöglichende Aussagepraxis zentrierten Diskursbegriff und seiner analytischen Macht-Wissen-Programmatik es nicht lediglich um eine Rekonstruktion der Beschreibung von sexuellen Verhaltensweisen und ihrer (unterdrückenden) Normierungen oder gar um eine (wahre) Geschichte des (richtigen und angemessenen) Umgangs mit sexuellem Begehren geht. Vielmehr richtet sich seine ›beschränktere‹ Frage auf mehr als das: auf eine spezifische *Hervorbringungs- und Formierungsweise* des modernen Individuums *als Subjekt*. Was sind die produktiven Wissens- und Macht-Praktiken, mit denen ›der Sex‹ nicht nur zu einem diskursiv bearbeiteten ›Problem‹ wird, sondern zu einem zentralen Knotenpunkt, der moderne Individuen in ihrer Selbstwahrnehmung ebenso wie in ihren institutionalisierten Formen des alltagspraktischen sozialen Austauschs untereinander als sexualisierte Wesen hervorbringt, bestimmt und zu Begehrens-Subjekten macht (Foucault 1978: 176ff.) – sei es in der Privatheit der intimen Paarbeziehung und bürgerlichen Kleinfamilie, sei es in der Öffentlichkeit von Beruf oder Freizeit u.a.?

Deutlicher noch wird diese Analyselinie, wenn Foucault im zweiten Band von »Sexualität und Wahrheit« (1989a) diese zwar rhetorisch als »andere Arbeit« von seinen vorgängigen (Diskurs-)Analysen abzugrenzen sucht, mit der umrissenen Fragestellung jedoch die von ihm avisierte Stoßrichtung gerade in ihrem Zusammenhang mit früheren Arbeiten erkennen lässt:

> »Nach dem Studium der Wahrheitsspiele in ihrem Verhältnis zueinander – am Beispiel einiger empirischer Wissenschaften im 17. und 18. Jahrhundert – und nach dem Studium der Wahrheitsmechanismen im Verhältnis zu den Machtbeziehungen – am Beispiel der Strafpraktiken – schien sich mir eine andere Arbeit aufzudrängen: das Studium der Wahrheitsspiele im Verhältnis seiner selber zu sich und der Konstitution seiner selber als Subjekt – im Einzugsbereich und Untersuchungsfeld dessen, was man die ›Geschichte des Begehrensmenschen‹ nennen könnte.« (Ebd.: 12f.)

Doch wie sind hier, im Kontext der Frage nach spezifischen Subjektkonstitutionen, die Begriffe Praxis bzw. Praktiken zu verstehen und zueinander in Bezug zu setzen? Mit *Praxis* kann – Karl Hörning (2004: 27) folgend – zunächst ganz allgemein jenes Handeln bzw. jener gesellschaftliche Prozess bezeichnet werden, »mit bzw. in dem Menschen sich die Bedingungen ihrer historisch vorgefundenen Wirklichkeit aneignen und transformieren«. Dieser weite Praxisbegriff löste im

Zuge des sogenannten ›Practice Turns‹ bzw. ›Practical Turns‹[9] einen insbesondere auch in der Soziologie vertrauten engeren Praxisbegriff ab, der – in der philosophischen Begriffstradition auf Aristoteles' Unterscheidung von Poiesis und Praxis, dem herstellenden und praktischen Handeln zurückgehend – die Dimension der herstellenden, produzierenden, gegenständlichen Zweckgerichtetheit von Handeln (gegenüber dem Handeln als Selbstzweck) in den Vordergrund rückte. In diesem engeren Sinne verstand etwa Karl Marx – so Étienne Balibar (1991: 59) – unter Praxis eine »*äußere* Produktion, die ihre Effekte außerhalb ihrer selbst und Subjektivierungseffekte in deren weiterem Vollzug hervorbringt« [Herv. i. O.]. Damit rückte die Dimension der Poiesis, die primär auf das tätige Herstellen, Hervorbringen von etwas Gegenständlichem, ›Äußerem‹ und dem damit verbundenen Bewirken von etwas zielt, die aristotelische Dimension der Praxis, die sich auf ein ›sittliches Sein‹, eine ›angemessene‹ Lebensführung und -gestaltung richtet, in den Hintergrund.

Nach Balibar setzt Foucault dagegen in seinen Arbeiten zur dispositiven Hervorbringung moderner Subjektivierung sein Verständnis von Praktiken, die als solche nicht nur auf die ›Dinge‹ wirken, sondern eben auch auf die Menschen und ihre Körper selbst und so bestimmte Weisen des Handelns, Fühlens und Erlebens ermöglichen, unterstützen oder auch verhindern können. Für Foucault geht es somit auch und vor allem um machtvolle Praktiken im Sinne von Handeln, welches »dabei als erstes auf eine Individualisierung oder eine Subjek-

9 | Vgl. Schatzki/Knorr-Cetina/v. Savigny (2001); anders als in einem marxistischen Praxisverständnis ist damit – grob umrissen – eine im Zuge des ›Cultural Turn‹ sich herausbildende Sichtweise benannt, nach der gesellschaftliche und kulturelle Phänomene aus konkreten, mehr oder weniger ›vorstrukturierten‹ Handlungsprozessen heraus zu verstehen sind, die es ›im Tun‹ zu analysieren gilt (vgl. zusammenfassend z.B. Keller 2005: 59ff). Damit verbunden ist die sozialkonstruktivistische Annahme, dass Strukturen, regelmäßige Muster im Handeln von Menschen, in ihren Interaktionen eben nicht ›objektiv‹ gegeben sind, sondern sich im Sinne eines ›Doing Culture‹ immer nur im konkreten praktischen Vollzug manifestieren und perpetuieren (Hörning/Reuter 2004; Reckwitz 2000, 2003). Kurzum: Gesellschaftliche Ordnung ist, angelehnt an Giddens (1995), somit das Resultat strukturierter und strukturierender Praktiken von Akteuren, die – je nach theoretischer Orientierung – einmal als »regelinterpretierende Subjekte«, ein andermal als »taktische Vollzieher« oder gar als »regelausführende Träger der Praktiken« gefasst werden (Keller 2005: 62).

tivierung (*a limine* eine ›Selbstpraktik‹ oder eine Praktik ›des Selbst‹) abzielt und im weiteren Vollzug Objektivitäts- und Wissenseffekte hervorbringt« [Herv. i. O.] (ebd.). Damit aber wirkt die Praxis nicht mehr nur wie bei Marx als und über etwas ›Äußeres‹ auf die Individuen ein, sondern Individuen werden in und durch von ihnen ausgeübte Praktiken als Individuen erst hervorgebracht. Diese Dimension von Praxis – verstanden im obigen weiten Sinn – beleuchtet dann ein (praktisches) Handeln als Selbstzweck, welches eben auch zum ›Selbst‹-Zweck wird und damit jene Subjektkonstitutionen bzw. Subjektivitätstypen hervorbringt (z.B. als ›Begehrensmenschen‹, als individualisierte Individuen in der Moderne), die für eine gesellschaftliche Praxis in einer bestimmten historischen Situation kennzeichnend sind.

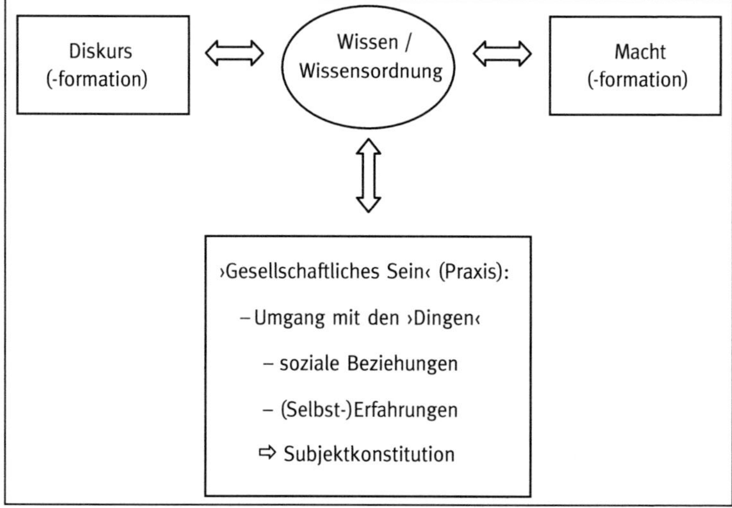

Abbildung 2: Dispositivbegriff – Analyseprogrammatik

Zusammengefasst: Mit dieser – zunächst nur angedeuteten und im Weiteren noch präziser auszuarbeitenden – Analyseprogrammatik adressiert das Dispositivkonzept als Forschungsperspektive die (begrifflich-theoretisch wie jeweils empirisch-forschungspraktisch vorzunehmende) Bestimmung des je über *Wissen* vermittelten Verhältnisses von *Diskurs, Macht* und dem *gesellschaftlichen Sein* (vgl. Abb. 2). – ›Das Sein‹ ist hier zu verstehen als sinnlich-materiale gesellschaftliche Praxis, die die sozialen Beziehungen zwischen Menschen, ihren Umgang mit den sie umgebenden ›Dingen‹[10] sowie ihre damit jeweils verbun-

10 | Wie Herbert Blumer (1981) in seiner ›methodologischen Standort-

denen (Selbst-)Erfahrungen – als Subjekte – konstituiert und formiert. Diese Praxis ist orientiert an und eingebunden in die je geltende(n) Wissensordnung(en), womit die jeweiligen Diskurse ihre Machteffekte entfalten können, weil und indem sie im Denken – im ›(Für-)Wahrnehmen‹ – und Handeln der Menschen wirksam werden (Schneider/ Hirseland 2005).

Erkenntnistheoretische Fundierungen

Mit den bisherigen Überlegungen ist eine Blickrichtung auf Wirklichkeit und deren wissenschaftliches Erkennen angelegt, die sich vor dem Hintergrund unterschiedlicher wissenschaftstheoretischer Grundströmungen weder einer positivistisch-strukturalistischen noch einer verstehend-hermeneutischen oder einer kritisch-theoretischen Wissenschaftstradition eindeutig zuordnen lässt. Foucault selbst kennzeichnete seine Position in der Gesamtschau seiner Arbeiten als *kritische Ontologie,* die eine ›Ontologie der Gegenwart‹ unserer Kultur in ihren historischen (Dis-)Kontinuitäten bzw. eine ›Ontologie unserer

---

bestimmung‹ des Symbolischen Interaktionismus erläutert hat, handeln Menschen allen ›Dingen‹ der Welt gegenüber entsprechend den Bedeutungen, die diese Dinge für sie besitzen. Diese Bedeutungen sind aus sozialen Interaktionen abgeleitet und werden in einem interpretativen Prozess von den Akteuren im alltäglichen Umgang, in der alltäglichen Auseinandersetzung mit diesen sie umgebenden Dingen erlernt, eingesetzt, bestätigt oder verändert, verworfen, durch neue ersetzt. ›Dinge‹ meint in diesem Zusammenhang alles, was »der Mensch in seiner Welt wahrzunehmen vermag« (ebd.: 81): physische Gegenstände (Baum, Stuhl, Werkzeug) genauso wie andere Menschen bzw. Kategorien anderer Menschen (Mutter, Verkäufer, Freunde oder Feinde); deren Wünsche, Einstellungen ebenso wie ihre Handlungen, Institutionen genauso wie Leitbilder, Gesetze oder alltägliche Erlebnisse. Die Frage nach den Dingen und ihrer Bedeutung im Kontext des Dispositivkonzepts ist in den folgenden Kapiteln noch weiter aufzugreifen. Entscheidend ist hier: Das, *was* der Mensch in *seiner* Welt *wie* – als alltägliche oder außeralltägliche Erfahrung, wie vertraut oder befremdlich auch immer – wahrzunehmen vermag, resultiert aus und manifestiert sich ausschließlich in der/den jeweils vorherrschenden (und/ oder ggf. konkurrierenden) Wissensordnung/-en. Diese geben – diskurs-/ dispositivtheoretisch formuliert – den Raum des Sagbaren bzw. des Sichtbaren (und damit des Bedeutbaren) vor, innerhalb dessen das Erleben ›der Dinge‹ zu ›eigensinnigen‹ – d.h. normalen, anormalen, abweichenden, widersprüchlichen etc. – Erfahrungen werden kann.

selbst‹, unseres Bezugs zu den anderen und zu uns selbst als jeweils historisch bestimmte Form der Subjektkonstitution betreibt.[11] Was ist damit gemeint?

Gesellschaftliche Phänomene als Forschungsgegenstände können weder als einfach existierende, als ahistorische Gegebenheiten betrachtet werden, hinter denen oder durch die universal gültige Strukturen des Zusammenlebens von Menschen wirken, noch als Resultat von zwangsläufig ablaufenden historischen Gesetzmäßigkeiten, die das Denken und Handeln von Menschen wirkmächtig determinieren. Ebenso wenig kann deren Erforschung von einem objektiven, neutralen – gleichsam außerhalb der je geltenden Macht-/Wissensordnungen im Sinne eines ›jenseits von Diskursen‹ positionierten – Beobachtungsstandpunkt aus betrieben werden, den Forschende, ausgerüstet mit ihren wissenschaftlichen Methoden und nichts anderem als der wissenschaftlichen Wahrheit verpflichtet, nur einzunehmen bräuchten, um wissenschaftliche Erkenntnisse zu produzieren. Vielmehr ist auf der Grundlage einer als sozialkonstruktivistisch zu bezeichnenden Perspektive davon auszugehen, dass (die zu analysierende) Wirklichkeit prinzipiell gesellschaftlich konstruiert (Berger/Luckmann 1987) bzw. der (alltagspraktische wie wissenschaftliche) Zugang zu ihr immer gesellschaftlich vermittelt ist. Diese sozialkonstruktivistische Perspektivierung führt im Rahmen einer an Foucault orientierten Diskurstheorie dazu, die Frage, unter welchen Bedingungen wir überhaupt etwas für wirklich halten, im Blick auf Diskurse zu beantworten, also Wirklichkeit als diskursiven Effekt zu fassen (Keller 2005: 124ff.). Die Wirklichkeit, wie wir sie als Gesellschaftsmitglieder in ihrer ontologischen Qualität, also in ihrem So-und-nicht-anders-Sein wahrnehmen, besteht folglich aus historisch kontingenten Erscheinungen als Resultat des Zusammenspiels von Machtprozessen mit Wissens- bzw. Praxisformen, deren So-geworden-Sein – als Effekt ihrer Institutionalisierung – sich in der Regel unserem Alltagsdenken entzieht.[12] Genau dieses Geworden-Sein einer als gegeben wahr-

---

11 | Foucault (1990a, 1990b, 1994); grundlegend zur ›kritischen Ontologie‹ vgl. noch immer Schäfer (1995); für eine umfassende Diskussion der erkenntnistheoretischen Probleme Foucault'schen Denkens in der Auseinandersetzung mit Strukturalismus, Phänomenologie und Hermeneutik vgl. Dreyfus/Rabinow (1987); kritisch ergänzend siehe auch Diaz-Bone 2007 [Abs. 54]; zum Aspekt ›Kritik‹ vgl. als kurze Einführung Neumeister (2001); zum Aspekt ›Subjekt‹ vgl. auch Schäfer (1995: 26); Bührmann (2004: 27ff.).

12 | Ihre sozialkonstruktivistische Perspektive auf Gesellschaft illu-

genommenen gesellschaftlichen Ordnung als Resultat grundsätzlich kontingenten menschlichen Handelns, gilt es (sozial-)wissenschaftlich in seinen Bedingungen, Möglichkeiten und Auswirkungen empirisch zu rekonstruieren.

Gleichermaßen gegen eine objektivistische Sichtweise, die jenen neutralen, gewissermaßen außerhalb der Welt angesiedelten Sonderstatus für den wissenschaftlich Beobachtenden unterstellen muss, wie gegen eine subjektivistische, individualistisch-reduktionistische Perspektive, die individuelle Akteure als erkennende Subjekte ins Zentrum rückt und die Welt, in der diese Akteure leben, von ihnen her als erklärbar setzt – gegen beide erkenntnistheoretischen Sichtweisen entwirft Foucault seine Forderung einer ›kritischen Ontologie‹. Von Immanuel Kants (2004) Verhältnisbestimmung von (sinnlicher) Erfahrung, Verstand und Vernunft für den Erkenntnisprozess bis hin zu Karl Mannheims (1952, 1964) wissenssoziologischem Diktum von der

---

strieren Berger und Luckmann in ihrer Antwort auf die Frage, wie gesellschaftliche Ordnung überhaupt entsteht: »Sowohl nach ihrer Genese (Gesellschaftsordnung ist das Resultat vergangenen menschlichen Tuns) als auch in ihrer Präsenz in jedem Augenblick (sie besteht nur und solange menschliche Aktivität nicht davon abläßt, sie zu produzieren) ist Gesellschaftsordnung als solche ein Produkt des Menschen.« (Berger/Luckmann 1987: 55) Auch wenn Menschen – über den Prozess der Institutionalisierung (des Durchsetzens, Normalisierens, Auf-Dauer-Stellens von Wissens-/Praxisformen) hinweg – die ›Produkte‹, die Objektivationen ihres Handelns so wahrnehmen, als wären sie etwas anderes als menschliche Produkte: Naturgegebenheiten, Resultate kosmischer Gesetze oder absoluten göttlichen Willens, ja auch »wenn der Mensch die Welt als Verdinglichung erlebt, läßt er nicht davon ab, sie zu erschaffen« (ebd.: 96). Dem zur Seite steht bei Berger/Luckmann jedoch – wie Hubert Knoblauch (2004) im Rückgriff auf Luhmann argumentiert – dann ein nur noch ›halber Konstruktivismus‹, wenn in Anlehnung an Helmuth Plessner u.a. zwar die ›(gesellschaftlichen) Inhalte‹ einer wie auch immer gedeuteten ›Natur des Menschen‹ hinterfragt, dabei aber selbst anthropologische Konstanten wie Weltoffenheit, Instinktarmut und Triebüberschuss als menschliche Natur gesetzt werden. »So kann man zwar sagen: der Mensch hat eine Natur. Treffender wäre jedoch: der Mensch macht seine eigene Natur – oder noch einfacher: der Mensch produziert sich selbst.« (Berger/Luckmann 1987: 51f) Mit Foucault gesprochen geht es genau darum, solche Vorstellungen über die ›eigene‹, ›wahre‹ Natur des Menschen und ihre Problematisierungsweisen zu erforschen.

›Seinsverbundenheit‹ jeglichen Wissens[13] bedeutet dies zunächst: Die Welt, in der wir leben, ist für uns nicht ›an sich‹ zu erkennen. Sie ist für uns nur gebunden an Raum und Zeit wahrnehmbar, entsprechend der jeweiligen sozialen Bezüge und kulturellen Kontexte, in denen wir als Gesellschaftsmitglieder wie als ›Forscher-Subjekte‹ leben. Dies gilt letztlich sowohl für das Verständnis des Alltagssubjekts in seinem alltäglichen Tun als auch für das forschende Subjekt in seinem wissenschaftlichen Forschungsprozess.

Das Ziel der Foucault'schen ›kritischen Ontologie‹ besteht nun darin, das vermeintlich Gegebene und Vernünftige, Rationale in unserem Erkennen von Welt – selbst nichts anderes als ›Diskurseffekt‹ der Aufklärung – *anders* wahrzunehmen, nämlich so, dass es als grundsätzlich kontingent in Erscheinung tritt und in den historisch spezifischen Bedingungen seiner Möglichkeiten und seiner ›positiven‹ (also tatsächlichen) Realisierungen ›ent-deckt‹ werden kann (vgl. auch Foucault 1990a: 37ff). Damit kennzeichnet der Begriff der ›kritischen Ontologie‹ eine Analysehaltung, die Gewissheiten und Evidenzen in Frage stellt und deren Herkunft zugleich erforscht. Im Zentrum stehen hierbei die jeweiligen Konnexionen von Macht und Wissen, die uns bestimmte ›Wahrheiten‹ intelligibel und auch akzeptabel erscheinen lassen (vgl. dazu Lemke 1997: 394). In erkenntnistheoretischer

---

13 | Mannheim zielte mit seiner Wissenssoziologie auf die Erforschung der standortabhängigen ›Bewusstseinsstrukturen‹ von Menschen als Angehörige von Gruppen, Schichten, Klassen oder Generationen und den damit verbundenen Handlungsmustern. Die unaufhebbare, weil aus der Verankerung in den jeweils gegebenen historisch-gesellschaftlichen Prozess resultierende Perspektivität von Denken, Wissen und den darauf beruhenden Aussagen, Handlungen gilt dabei sowohl für weltanschauliche bzw. politische Ideen wie auch für wissenschaftliche Theorien und ihre Erkenntnismethoden. Die grundsätzliche Seinsverbundenheit des Denkens führt Mannheim konsequent weiter zu der Erkenntnis der ebensolchen sozialen Bedingtheit des je eigenen (auch soziologischen) Denkens bzw. des eigenen (wissenschaftlichen) Erkennens: Die Wissenssoziologie hat die ›soziale Gleichung‹ auch für sozialwissenschaftliches Wissen herauszuarbeiten (als ›Soziologie der Soziologie‹) auf der Basis eines damit ebenso für die Wissenschaft als sozial generiert gedachten, relationistischen (nicht relativistischen!) Wahrheitsbegriffs. Nicht ›richtig‹ versus ›falsch‹ sind für die Wissenssoziologie die relevanten Analysekategorien, sondern für sie ist jede Aussage (ob im Alltag oder in der Wissenschaft) mit ihrem Aussagegehalt in Beziehung zu setzen (zu relationieren) mit der sozialen ›Seinslage‹, in die sie eingebettet ist (vgl. auch Hirseland/Schneider 2006).

Hinsicht steht also nicht das Problem im Zentrum, wie zu den Phänomenen ›als solchen‹ zu gelangen ist. Als erkenntnistheoretischen Ausgangspunkt zu beachten und als Aufgabenstellung zu bearbeiten gilt es vielmehr, jegliches ›transzendente‹ Erkenntnis-Apriori (sei es Gott, die Natur oder die Vernunft) als ein historisches Apriori zu fassen, offenzulegen und als solches auszuweisen. Die erkenntnistheoretische Fundierung der eigenen wissenschaftlichen Perspektive auf Wirklichkeit kann demnach nicht im Rekurs auf eine Wesenslehre menschlicher Existenz als prinzipiell erkenntnisfähigem Vernunftwesen erfolgen, sondern verlangt, dieses ›Wie‹ des Erkennens als ebensolchen Effekt derjenigen diskursiv vermittelten Wissensordnungen zu fassen, die rekonstruiert und in ihrem ontologischen Charakter dekonstruiert, de-ontologisiert werden sollen.

Die entscheidende Voraussetzung für dieses reflexive Bewusstsein der eigenen Erkenntnisposition bildet ein epistemologischer Bruch,[14] bei dem es im Forschungsprozess *nicht* einfach darum geht, den gewohnten empirischen Blick auf die Forschungs›gegenstände‹, z.B. auf Diskurse, auf Praktiken, auf die beforschten Subjekte mit ihren Alltagserfahrungen, weiter zu schärfen. Denn zu hinterfragen sind auch die Strukturen – die ›Episteme‹ (Foucault 1988c) als je vorherrschende Wissens- und Erkenntnisformen –, die das *eigene* wissenschaftliche Denken als systematisches und methodisch zu kontrollierendes Erkennen von Welt formen.[15] Episteme sind keine abstrakten metaphysi-

14 | Zur Rekonstruktion der Argumentationslogik des epistemologischen Bruchs in der Tradition der Epistemologie Gaston Bachelards und Georges Canguilhems vgl. Diaz-Bone (2007).

15 | Ähnlich dazu stellen Bourdieu/Chamboredon/Passeron (1991: 15) fest, dass der »wissenschaftliche Tatbestand« erst »gegen die Illusion unmittelbaren Wissens errungen« wird. Gerade eine unhinterfragte Vertrautheit mit der zu erforschenden sozialen Welt stellt aus ihrer Sicht für die Soziologie das Erkenntnishindernis schlechthin dar, »da diese Vertrautheit unablässig nicht nur fiktive Konzeptionen oder Systematisierungen hervorbringt, sondern auch die Bedingungen ihrer Glaubwürdigkeit«. Aus der hermeneutischen Tradition kommend, aber auf die gleiche Problematik zielend, lässt sich die Forderung des systematisch herzustellenden Bruchs mit der ›Vertrautheit des Verstehens‹ durch die methodische Applikation einer (erkenntnis-)theoretischen ›Attitüde der künstlichen Dummheit‹ lesen (Hitzler 1991). Durch eine solche »methodologische Haltung systematischen Zweifels gegenüber dem je Selbstverständlichen [...] läßt sich klären, *wie* alltägliches Wissen um und über unsere Erfahrungen sich *konstituiert*« [Herv. i. Orig.] (ebd.: 297). Mithin ermöglicht erst die

schen Prinzipien, sondern Praxisprinzipien, die die konkrete materiale und kognitive Erkenntnispraxis gesellschaftlicher Wissensordnungen mit ihren darin enthaltenen Wissenschaftskulturen, ihren Regeln und Vorgaben der kontrollierten und kontrollierenden Wissensproduktion und -durchsetzung, ihren jeweiligen Positionen der ›Wissenden‹ als Experten und Expertinnen mit ihren Expertisen und den dazugehörigen ›unwissenden‹ oder ›aus eigener Erfahrung wissenden‹ Laien usw. strukturieren.

Foucault wollte mit der Forderung des Hinterfragens und Ausweisens des jeweiligen ›historischen Apriori‹ den durch die Aufklärung tradierten Vorstellungen von Fortschritt, historischer Kontinuität, vom Wesen, von der Natur des Menschen sowie von (letztgültiger) Wahrheit und Freiheit gleichsam den Boden entziehen (Gander 1998: 203), um sein Projekt der Aufklärung über die diskursiv vermittelten Macht-/Wissen-Formationen sowie den damit einhergehenden Subjektkonstitutionen profilieren zu können. Dabei – so Hans-Helmuth Gander – ging es ihm durchgehend um »drei große Problemtypen« (Foucault 1990b: 134): dem der Wahrheit (was ›wirklich‹ ist), dem der Macht und dem des (individuellen, wertbezogenen, normierenden und normierten) Handelns. Entscheidend dabei ist, dass die drei Erfahrungsbereiche des wissenschaftlich Forschenden wie des Alltagssubjekts nur im Verhältnis zueinander verstanden werden können:

»Erstens eine historische Ontologie unserer selbst im Verhältnis zur Wahrheit, durch das wir uns als Subjekte des Wissens konstituieren. Zweitens eine historische Ontologie unserer selbst im Verhältnis zu einem Machtfeld, durch das wir uns als Subjekte konstituieren, die auf andere einwirken; drittens eine historische Ontologie im Verhältnis zur Ethik, durch das wir uns als moralisch Handelnde konstituieren.« (Foucault 1994: 275; vgl. Gander 1998: 206)

Zusammengefasst: Ausgehend von diesen erkenntnistheoretischen Grundorientierungen sind jedwede Formen gesellschaftlichen Seins – der Umgang mit ›den Dingen‹, Handlungsmuster und soziale Beziehungen sowie (Selbst-)Erfahrung und die damit verbundene Konstitution als Subjekt – als historisch konkrete Aktualisierungen von diskursiv vermittelten Macht-/Wissensordnungen zu verstehen. Deren zugrunde liegende Bedingungen, ihre sie (re-)produzierenden

Distanz zum Selbstverständlichen, der ›Bruch‹ mit dem ›Vor-Gewussten‹ das Explizitmachen jener Prinzipien, die uns das, was wir glauben immer schon zu wissen, als Wissen vermitteln (vgl. auch Kap. 3, S. 84ff.).

oder verändernden Praktiken und ihre (Aus-)Wirkungen wie Folgen gilt es für eine Dispositivforschung empirisch zu bearbeiten. Da die Dispositivforschung (ebenso wie die Diskursforschung) sich gemäß des Reflexivitätspostulats ihres (Selbst-)Anteils bei der Herstellung der von ihr beforschten Wirklichkeit vergewissern muss, sieht sich das ›Forscher-Subjekt‹ – infolge der eigenen (erkenntnis-)theoretischen Fundamente vielleicht mehr als in anderen Forschungsperspektiven – gezwungen, die Grundlagen der eigenen wissenschaftlich-analytischen Konstruktionen selbst in Frage zu stellen. Hierzu muss die sozialwissenschaftliche Dispositivforschung bei der Umsetzung ihrer Analyseprogrammatik, bei der Analyse von Dispositiven immer auch ihre eigene Forschungstätigkeit historisieren und (gesellschaftstheoretisch und zeitdiagnostisch) kontextualisieren.

Möglichkeiten und Grenzen von Kritik

Mit dem hierin bereits angedeuteten bzw. dem in der Rede von einer kritischen Ontologie enthaltenen *Kritikbegriff* verschiebt sich in dieser Perspektive auch der Ansatzpunkt jeglicher sich als ›kritisch‹ verstehender Wissenschaft. Wenn das Diktum einer allgemeinen Politik der Wahrheit als diskursiv prozessierte und vermittelte, je (bereichs-)spezifische Wissenspolitiken für verschiedenste gesellschaftliche Praxisfelder gilt, betrifft es auch den Bereich Wissenschaft. Nur wie lässt sich dann ›Kritik‹ in wissenschaftlichen Diskursen – im Sinne des ›Aufdeckens‹ von Ungesehenem, des ›Ent-deckens‹ von Latentem, des ›Dekonstruierens‹ und ›De-ontologisierens‹ von Naturalisiertem, also von jenem, was, wie z.B. Geschlechts- oder ethnische Zugehörigkeit, als ›natürlich gegeben‹ und in ihren (Aus-)Wirkungen auch als ›wesensmäßig fixiert‹ gesellschaftlich konstruiert wird – noch begründen?

Folgt man dem skizzierten erkenntnistheoretischen Horizont, kann im Kontext von Wissenschaft Kritik, genauso wenig wie auf politisch-ideologische Wertsetzungen begründet, nicht mehr im simplen Rückgriff auf universelle Wahrheiten geäußert werden. D.h.: Eine kritische Position lässt sich diskurstheoretisch nicht mehr auf der Ebene von inhaltlichen Ergebnissen im Sinne wahrer, weil wissenschaftlicher Aussagen über Wirklichkeit begründen, sondern – einem Vorschlag von Peter V. Zima (1989, 1992) folgend – ausschließlich über das Zustandekommen dieser Aussagen, also über die (Verfahrens-) Form des (wissenschaftlichen bzw. theoretischen) Diskurses selbst (vgl. Hirseland/Schneider 2006).[16]

---

16 | Dies erinnert zunächst an Jürgen Habermas' Diskursethik.

Versucht man, wissenschaftlich-theoretische Diskurse von ›unwissenschaftlichen‹ bzw. ›ideologischen‹ Diskursen zu unterscheiden, so ist der ideologische Diskurs gekennzeichnet durch entsprechende narrative Verfahren, die strikt dichotomisierende wahr/falsch-Aussagen erzeugen sowie dadurch, dass sein Aussagesubjekt seine semantischen und syntaktischen Verfahren nicht ausweist und reflektiert. Stattdessen stellt dieser Diskurs seine Aussagen gleichsam »[...] monologisch als die einzig möglichen (wahren, natürlichen) dar und identifiziert sie mit der Gesamtheit seiner wirklichen und potentiellen Referenten« (Zima 1992: 58) – greift also gleichsam hegemonial auf immer weitere (Aussage-/Praxis-)Felder und Bereiche über.

Dem gegenüber handelt es sich bei theoretischen Diskursen der Wissenschaften zwar selbstredend um aus ideologischen Diskursen hervorgegangene spezielle Diskurse, und auch die dichotome Unterscheidung von ›wissenschaftlich/unwissenschaftlich‹ ist selbst zunächst nichts anderes als Ausdruck einer praktischen Wissenspolitik, die ›Wissenschaft‹ sicherstellen soll. Aber entgegen ideologischen Diskursen sucht diese Wissenspolitik den Aussagesubjekten – den Forschenden – eine dialogische, reflexiv-kritische Positionierung zu ermöglichen, indem durch die Institutionalisierung von Zweifel und Kritik an der eigenen (wissenschaftlichen) Aussage diese vom Aussagesubjekt systematisch eingefordert (und nicht wie im ideologischen Diskurs verhindert) wird.

»Im Gegensatz zum ideologischen Aussagesubjekt stellt das theoretische Subjekt den Dualismus der theoretischen Rede dialektisch in Frage und reflektiert seinen sozialen und sprachlichen Standort sowie seine semantischen und syntaktischen Verfahren, die es in ihrer Kontingenz zum Gegenstand eines offenen Dialogs macht: Dadurch strebt es eine Überwindung der eigenen Partialität durch dialogische Objektivierung und Distanzierung an.« (Ebd.: 59)

Vereinfacht ausgedrückt besteht die somit nahegelegte innere Haltung der theoretisch sprechenden Subjekte erstens darin, selbstreflexiv nicht nur die Differenzen, sondern auch die Gemeinsamkeiten ihres theoretischen Diskurses mit den untersuchten (ideologischen) Diskursen in den Blick zu nehmen und nach Möglichkeit offenzulegen. Zweitens

---

Aber dem entgegen ist hier nicht eine ›formalpragmatische Lebenswelt‹ gemeint, aus der ›ideale Sprechsituationen‹ zu generieren wären, sondern Zima (2000: 36f.) geht von einer grundsätzlich konflikthaften Lebenswelt ohne die Möglichkeit der Schaffung idealer Sprechsituationen aus.

gilt, dass die Kategorien, Definitionen und Klassifikationen theoretischer Diskurse – wie auch die Unterscheidung zwischen ›theoretisch‹ und ›ideologisch‹ als solche – auf einem (reflexiven) Verfahren der Objektkonstruktion beruhen und sich von daher von dem ideologischen Verfahren der Naturalisierung unterscheiden (sollten).[17] Damit kommt als Drittes hinzu, dass die Aussagesubjekte des theoretischen Diskurses – die teilnehmenden Forschenden – sich der ›sprachlichen Situationen‹, aus denen heraus der (theoretische) Diskurs gebildet wurde, vergewissern. Ähnlich zu Mannheims Forderung nach ›Relationierung der eigenen Aussage‹ bedeutet dies, sich die gesellschaftlichen Rahmenbedingungen des eigenen Sprechens (ebd.: 61) sowie die eigene, wertbezogene Positionierung im (wissenschaftlich-theoretischen wie ideologischen) Diskursgeschehen zu vergegenwärtigen.

Für die eigene aktive Positionierung in diesem Geschehen bleibt in diesem Zusammenhang – im Anschluss an den Analyseprozess – also ›nur noch‹ die Strategie der ›reflektierten Optionen‹ für normative Kriterien der Kritik, zwischen denen sich das Forscher-Subjekt entscheiden kann. Mit Foucault ist deshalb für eine Form der Kritik zu plädieren, die Erkenntnisgrenzen als spezifische Grenzen des gegenwärtigen historisch konkreten Seins begreift. Dabei handelt es sich nicht mehr nur um die theoretische Frage nach den universalen, allgemeinen und notwendigen Grenzen der Erkenntnis und des Wissens, sondern auch um die (forschungs-)praktische Frage nach dem Singulären und Kontingenten in bzw. an dem, was gemeinhin als universell, allgemein und notwendig auftritt.

So wie kritisierende Wissenschaftler und Wissenschaftlerinnen mit ihrer Kritik nicht außerhalb der Diskurse stehen können, da sie ansonsten das Konzept Diskursanalyse selbst in Frage stellen (vgl. auch Jäger 2006: 85), gilt auch im Kontext der Dispositivforschung: Neben der wahrheitskritischen, weil de-ontologisierenden Funktion, die diesen beiden Forschungsperspektiven per se innewohnt, können Forschende in ihren eigenen kritischen Perspektiven zwar durchaus auf bestimmte Werte, Normen rekurrieren. Aber dies kann nur als Wertentscheidung außerhalb der Analyse (und sollte vor ihr) erfolgen, sind jene doch genauso in diskursiven Praktiken erst hervorgebracht, im Rahmen dispositiver Prozesse ›ver-wirklicht‹ und gestützt und

---

17 | Die Differenz zwischen wissenschaftlicher Praxis und Alltagspraxis in der jeweiligen Logik der ›Begriffsarbeit‹ hat z.B. auch Alfred Schütz umfassend mit seiner Unterscheidung von Konstrukten erster Ordnung und Konstrukten zweiter Ordnung ausgeführt (Schütz 1971; vgl. auch Knoblauch 1995: 13).

deshalb im Grunde ebenso kontingent wie die analysierten Macht-/Wissensformationen. In der Konsequenz können sich dann mögliche Parteinahmen auch nicht auf (letzte) Gewissheiten oder Wahrheiten – seien sie noch so einleuchtend – berufen, sondern sie sind selbst als Effekt historisch spezifischer Praktiken zu fassen und entsprechend auszuweisen. Allein auf dieser Grundlage können kritische Wissenschaftler und Wissenschaftlerinnen sich – wiederum als zu treffende Wertentscheidung – dann selbst in ›diskursive Kämpfe‹ hineinbegeben, eigene (politische) Positionen entwickeln und verteidigen.

Vor dem Hintergrund der skizzierten Analyseprogrammatik des Dispositivkonzepts und seiner erkenntnistheoretischen Fundierung werden in einem nächsten Schritt das Verhältnis der Begriffe Diskurs und Dispositiv zueinander genauer diskutiert sowie die theoretisch-konzeptionellen Fundamente des Dispositivbegriffs geklärt.

2.2 Diskurs und Dispositiv – eine erste theoretisch-konzeptionelle Verhältnisbestimmung

Diskursive Praxis – Zur Totalität des Diskursiven

Wie bereits kurz angedeutet, erläutert Foucault seinen Diskursbegriff einschließlich methodologischer Überlegungen zur Diskursanalyse ausführlich in seiner ›Archäologie des Wissens‹ (Foucault 1988b). Ausgehend von der ›positiven‹ Existenz von Aussagen schlägt er vor, eine Menge von Aussagen Diskurs zu nennen, »insoweit sie zur selben diskursiven Formation gehören« (ebd.: 170). In ihrem jeweiligen Aussagegehalt unterschiedliche, aber ähnlich streuende Aussagen verketten sich für Foucault dann zu einer diskursiven Formation, oder kurz: zu einem Diskurs (ebd.: 128ff), wenn diese begrenzte Zahl von Aussagen sich durch je angebbare Regeln ihrer praktischen Hervorbringung ausweisen lässt. *Diskursive Praxis* (hier als die Gesamtheit diskursiver Praktiken zu verstehen) meint demnach konsequenterweise eben nicht z.B. ein wie auch immer geartetes expressives Tun oder ein willentliches rationales Sprechen eines Individuums oder gar prinzipiell jegliches Sprechen-Können eines Subjekts. Vielmehr bezeichnet Foucault damit die »Gesamtheit von anonymen, historischen, stets im Raum und in der Zeit determinierten Regeln, die in einer gegebenen Epoche und für eine gegebene soziale, ökonomische, geographische oder sprachliche Umgebung die Wirkungsbedingungen der Aussagefunktion definiert haben« (ebd.: 171).

Der Analysefokus richtet sich folglich keineswegs primär auf die Inhalte von Aussagen, sondern – gemäß dem Hinweis auf Regeln, welche die Wirkungsbedingungen der Aussagefunktion definieren – auf die Bedingungen, die »endgültig [in einer bestimmten Situation und damit auch: bis auf weiteres; Anm. A.B./W.S.] darüber entscheiden, was – gemessen am unbegrenzten Angebot der Sprache [und in Bezug auf das, was gesagt werden könnte; Anm. A.B./W.S.] – zu einer Zeit und an bestimmter Stelle tatsächlich gesagt wird« (Konersmann 1998: 77). Insofern fragt der Foucault'sche Diskursbegriff nicht nur nach dem Verhältnis zwischen Gesagtem und Ungesagtem bzw. Gesehenem und Ungesehenem als Raum des Sagbaren bzw. Sichtbaren, sondern letztlich auch nach den »zones du non-pensée«, die als konstitutive Gegenstücke der Diskursformationen und mit ihnen zusammen die Bedingungen, Umrisse und Grenzen des Wissens, des Denkens, des Wahrnehmens und damit auch des Handelns festlegen. Folgt man dieser Begriffsbestimmung, ist empirisch zu klären, wie und weshalb, aufgrund welcher historischen Entwicklungen und gesellschaftlichen Situationen diese diskursiven Praktiken entstehen und welche intendierten, vor allem aber auch nicht-intendierten Nebenfolgen sie für die damit verbundenen gesellschaftlichen Wissensordnungen sowie für die alltäglichen Austauschprozesse der Menschen – kurzum: für die gesellschaftliche Praxis – haben.

Bei diesem Fokus auf diskursive Praktiken, auf das, was sie hervorbringt und was sie selbst hervorbringen, bleibt allerdings die analytische Differenz zwischen Konstruieren und Strukturieren, Konstrukt/Konstruktion und Struktur zu beachten. Diskurstheoretisch betrachtet, kann zwar potenziell ›alles‹ (alle sozialen Phänomene) als durch Diskursives strukturiert und somit auf Diskurse rückführbar konzipiert werden, aber nicht alles kann deswegen empirisch-analytisch hinreichend als diskursive Konstruktion gefasst werden. Vermittelt über unterschiedliche (nicht-diskursive) Praktiken können ›Dinge‹ – z.B. beobachtbare Handlungsergebnisse, materiale Erscheinungen als solche, durch bloßes Tun tradierte Erfahrungswissensbestände – als Objektivationen von im umfassenderen Sinne dispositiven Herstellungs- und Hervorbringungsprozessen dem diskursiven Prozess vorenthalten bleiben oder entzogen werden. Und dennoch oder gerade deshalb können diese ›Dinge‹ strukturierend wirken, indem sie gleichsam als gelebte – um mit Keller (2005: 60) zu formulieren: aus Subjektperspektive vielleicht ›sinn-lose‹, aber deswegen nicht unbedingt bedeutungslose – Praxis auf diskursive Konstruktionsprozesse einwirken.

Insofern erscheint eine kategorische Abkehr von der kategorialen Unterscheidung zwischen konstruiertem Gegenstand und den (strukturierten/strukturierenden) Praktiken seiner diskursiven und/oder nicht-diskursiven Herstellung als wenig hilfreich, auch wenn im weiteren Verlauf des Diskurses über Diskursanalyse zu diesem Primat des Diskursiven – je nach Foucault-Lesart – durchaus kontroverse Positionen hinsichtlich einer eher handlungs- gegenüber einer eher strukturtheoretischen Fassung von Diskursen zu finden sind. Ohne hier im Detail auf diese Grundsatzdiskussionen eingehen zu können, ist jedoch – sofern man diese Unterscheidung beibehält – zu fragen: Wie wäre das Verhältnis von diskursiven und nicht-diskursiven Praktiken zu fassen bzw. was könnten nicht-diskursive Praktiken überhaupt sein? Und: Gibt es eine Praxis, ein Sein außerhalb von Diskursen bzw. gar außerhalb des Diskursiven schlechthin?

Um diese Fragen diskutieren zu können, erscheint ein kurzer Blick auf den diskurstheoretischen Ansatz von Ernesto Laclau und Chantal Mouffe hilfreich,[18] der sich grundlegend von sozialwissenschaftlichen Theoriekonzeptionen unterscheidet, welche zwischen einer sozialstrukturellen, materialen, kulturellen und diskursiven Ebene differenzieren, indem er das Soziale schlechthin als Diskursives fasst. In dieser Sozialtheorie geht es folglich nicht um die Untersuchung von Diskursen als sprachliche Aussagen. Mit Diskurs wird vielmehr »die aus der artikulatorischen Praxis hervorgehende strukturierte Totalität« (Laclau/Mouffe 1991: 155; vgl. auch Laclau 1990, 1996; Laclau/Zac 1994) bezeichnet, die Sinn generiert, Bedeutungen zuweist und damit symbolische Ordnung prozessiert. Somit erscheint prinzipiell jede Praxisform als diskursiv, weil jeglichen sprachlichen wie nichtsprachlichen Praktiken die Produktion von Sinn, das Vermitteln von Bedeutung inhärent ist.

»Unter dem ›Diskursiven‹ verstehe ich nichts, was sich im engen Sinne auf *Texte* bezieht, sondern das Ensemble der Phänomene gesellschaftlicher Sinnproduktion, das eine Gesellschaft als solche begründet. Hier geht es nicht darum, das Diskursive als eine Ebene oder eine Dimension des Sozialen aufzufassen, sondern als gleichbedeutend mit dem Sozialen als solchem [...]. Folglich steht nicht das Nicht-Diskursive dem Diskursiven gegenüber, als handelte es sich um zwei verschiedene Ebenen, denn es gibt nichts Gesellschaftliches, das außerhalb des Diskursiven bestimmt

18 | Für eine Einführung vgl. z.B. Torfing (1999: 113 ff.), Stäheli (1999) sowie Nonhoff (2006); kurze Skizzen finden sich z.B. in Hirseland/Schneider (2006: 392ff.) sowie Keller (2005: 159ff.). Für eine Diskussion zur Unterscheidung von diskursiven/nicht-diskursiven Praktiken vgl. auch Wrana/Langer (2007).

ist. Die Geschichte und die Gesellschaft sind also ein unabgeschlossener Text.« (Laclau 1981: 176; vgl. hierzu auch Jäger 2006: 94)

Diskurse umfassen dabei konkret nicht nur sprachliche Elemente, sondern zugleich immer auch soziale Handlungen, Dinge und verschiedene Akteure, wie sich am Beispiel eines Fußballs und des Fußballspielens zeigen lässt. Wird irgendwo ein rundes Ding mit dem Fuß herumgetreten, dann handelt es sich bei diesem Tun zunächst einfach um eine physische Tatsache, ohne dass der fragliche Gegenstand deswegen bereits ein Fußball wäre. Zu einem solchen wird das runde Ding jedoch in jenem Moment, in dem es ein System mit anderen Gegenständen (mit einer Spielfläche, Toren etc.) bildet. Deren Relationen lassen sich nicht aus der bloßen materialen Existenz der Dinge ableiten, sondern aus den jeweiligen, in und durch die Praxis und entlang jeweiliger Differenz- und Äquivalenzketten sozial konstruierten Bedeutungen. Diese wiederum beruhen auf regelgeleiteten Praktiken (dem Fußballspiel) sowie auf dem Vorhandensein entsprechender Akteure als Spielende oder auch Zuschauende etc.:

»This systematic set of relations is what we call discourse [...] it is the discourse which constitutes the subject position of the social agent [...] the same set of rules that makes that spherical object into a football, makes me a player.« (Laclau/Mouffe 1987: 166)

Der Fußball ›ist‹ folglich kein Fußball, sondern wird zum Fußball, in dem mit ihm – den diskursiven ›Bedeutungs-Regeln‹ gemäß – Fußball gespielt wird, was diejenigen, die dieses vollziehen, erst zu Fußballspielenden macht. Im Umkehrschluss bedeutet dies auch: Die Praxis des Fußballspielens, die darin erfolgende Verwendung und Nutzung der Dinge, verweist auf die dahinter liegende symbolische Ordnung dieses Tuns – so z.B. in der Ähnlichkeit wie in der Differenz zwischen dem spontanen Fußballspiel einer Kindergruppe auf der Straße mit einer Blechdose als Ball im Verhältnis zu einem ›richtigen‹ Länderspiel; in der Ähnlichkeit der bei diesem Länderspiel auflaufenden Fußballer als Profis und der Differenz zwischen den ›kämpferischen Deutschen‹ und den ›brasilianischen Ballzauberern‹ etc.

Diskurse lassen sich also ganz allgemein als Differenzsysteme verstehen, welche es ermöglichen, das Soziale zunächst unter dem Gesichtspunkt der Sinnerzeugung zu betrachten und so soziale und kulturelle Identitäten als durch diskursive Artikulationsprozesse, d.h. durch den Zusammenschluss verschiedener Elemente in einem diskursiven System hergestellt, zu begreifen. Aus dieser Sicht beruht

›Identität‹ (im Sinne von Identifizierbarkeit von Agierenden, Handlungen, Gegenständen) nicht auf irgendeinem referenziellen Fundament, sondern ergibt sich einerseits aus den daher prinzipiell kontingenten Beziehungen der konstitutiven Elemente untereinander – dem, was in einem Diskurs zusammengeführt, gleichsam ›fixiert‹ wird –, die andererseits aber gerade auch dadurch ›be-deuten‹, dass andere Elemente aus dem Diskurs (logisch) ausgeschlossen bzw. (praktisch) ausgegrenzt werden. So begründet sich für Laclau und Mouffe das für sie paradoxale Problem, dass der Diskurs seine Grenzen zum Außen in seinem Inneren ziehen muss, somit einen konstitutiven Riss im Diskurs selbst produziert, der nie vollständig ›vernäht‹ werden kann und deshalb nach immer neuen Akten konstitutiver, d.h. Differenz setzender Praktiken verlangt. In dieser Perspektive wird dann das Soziale als eine prinzipiell offene (in ihrem Sinn- und Deutungsgehalt nie abschließbare) Struktur aufgefasst, »die immer wieder aufs Neue hegemonial [meint: im Anspruch und in der Tendenz als ›umfassend‹, allgemeingültig, totalisierend; Anm. A.B./W.S.] artikuliert werden muss« (Angermüller 2005: 37).

Wenn nun jegliche Sinnproduktion, jegliche soziale Ordnung als in diesem Sinn diskursiv hergestellt und vermittelt verstanden wird, wenn also von der grundsätzlichen diskursiven Formierung *jeglicher* Praxis schlechthin auszugehen ist, dann erscheint in diskurstheoretischer Hinsicht die kategoriale Unterscheidung zwischen diskursiv und nicht-diskursiv in der Tat als aufgebbar bzw. gar unsinnig. Für eine solche Sichtweise auf das Diskursive wäre in letzter Konsequenz auch ein Dispositivbegriff überflüssig, da er nichts eröffnen könnte, was nicht per se schon immer mit dem Diskurskonzept erfassbar und somit auf diskursive Prozesse analytisch rückführbar wäre. Allerdings ist zu fragen, inwieweit diese Sichtweise mit ihrem Postulat der Totalität des Diskursiven in der Gefahr schwebt, die Folgen diskursiver Prozesse, deren materiale und symbolische Objektivationen, die sich in gesellschaftlichen Institutionen sowie in den daran orientierten Mustern sozialer Austauschprozesse manifestieren, in ihrer je eigenen Evidenz wie Faktizität für die betreffenden Subjekte auszublenden (vgl. auch Keller 2005: 162). Zudem wäre damit letztlich auch eine Abstraktion von Zeitlichkeit verbunden, indem jene Evidenz und Faktizität, die selbst wiederum nur eine historisch-situational spezifische sein kann, gar nicht mehr in den Blick gerät. Schließlich wäre freilich auch noch genauer zu klären, inwiefern Unterschiede zwischen dieser Sichtweise und der Unterscheidung von Diskursivem/Nicht-Diskursivem auf grundsätzliche Inkompatibilitäten zurückzuführen sind. Oder ob es sich hier nicht eher um diskurstheoretische Ungenauigkeiten in der Unterscheidung zwischen einem als prinzipiell (un-)denkbaren Außer-Diskursiven und einem für Laclaus und Mouffes Konzeption denknotwendigen diskursiven Außen handelt – verstanden als ein empirisch zu bestimmendes Außen/Innen von vorherrschenden, dominierenden oder konkurrierenden bzw. randständigen Diskursen.

Diskursive und nicht-diskursive Praktiken als analytische Differenz

Ebenso diskurstheoretisch begründbar und durchaus an Foucaults Überlegungen in der »Archäologie des Wissens« angelehnt, können die genannten Fragen nach der Reichweite des Diskurskonzepts beantwortet werden, indem diese Unterscheidung zwischen ›diskursiv‹ und ›nicht-diskursiv‹ als analytische Differenz gefasst und so das Verhältnis zu einer empirisch zu klärenden Frage wird (vgl. z.B. Bührmann 2004; Diaz-Bone 2002; Keller 2005, 2007a; Schwab-Trapp 1996). *Nicht-diskursive Praktiken* – nach Laclau und Mouffe als Elemente von symbolischen Ordnungen – bezeichnen dann jene Äußerungen, Artikulationen bzw. Praktiken, die als nicht-sprachliche zu einem gegebenen Zeitpunkt keinen Bestandteil einer geregelten, institutionalisierten Redeweise bilden, d.h. noch keinem Diskurs zugehörig sind oder nicht mehr diskursiv vermittelt werden bzw. sich von Diskursen »mehr oder weniger unabhängig und eigendynamisch entwickeln« (Keller 2007a: 64). Gleichwohl können dem gegenüber nicht-diskursive Praktiken auch mit bestimmten diskursiven Praktiken bzw. angebbaren Diskursen in Bezug stehen. Unterstellt wird also die Möglichkeit einer sinnvollen analytischen Differenzierung zwischen dem Diskursiven und Nicht-Diskursiven als für die Empirie fruchtbare Heuristik, um damit das Verhältnis zwischen beiden überhaupt untersuchen zu können.

Auch Foucault – anders als bisweilen nahegelegt (vgl. dazu etwa Kammler 1986: 168; Stroot 2004: 74) – unterscheidet zwischen diskursiven und nicht-diskursiven Praktiken (z.B. in seinen Analysen zu ›Überwachen und Strafen‹ sowie zu ›Sexualität‹). Er hält allerdings diese Unterscheidung als eine um ihrer selbst willen (damit gleichsam als theoretische ›Glaubensfrage‹) – und vor allem in Bezug auf den in diesem Kontext von ihm platzierten Dispositivbegriff (vgl. dazu den folgenden Abschnitt) – für wenig relevant. In einer Fachdiskussion mit Kollegen angesprochen auf die Unterscheidung zwischen ›diskursiv/nicht-diskursiv‹ konstatiert Foucault, es sei »kaum von Bedeutung, zu sagen: das hier ist diskursiv und das nicht« (Foucault 1978: 125). So erläutert er – im Gespräch eher ungehalten wirkend (vgl. hierzu die

Schilderung bei Jäger 2006: 90ff.) – über die ›Natur‹ der Differenzierung zwischen diskursiv und nicht-diskursiv (siehe auch Schneider/Hirseland 2005: 261):

»Vergleicht man etwa das architektonische Programm der École Militaire von Gabriel mit der Konstruktion der École Militaire selbst: Was ist da diskursiv, was institutionell? Mich interessiert dabei nur, ob nicht das Gebäude dem Programm entspricht. Aber ich glaube nicht, daß es dafür von großer Bedeutung wäre, diese Abgrenzung vorzunehmen, alldieweil mein Problem kein linguistisches ist.« (Foucault 1978: 125)

Wichtig sei vielmehr der analytische Blick, der z.B. das (diskursiv vermittelte) Wissen bzw. das hinter dem architektonischen Programm eines Gebäudes stehende normative Handlungsmuster mit seiner konkreten Ausgestaltung, Vergegenständlichung und ›praktischen Nutzung‹ vergleicht (Foucault 1978: 121ff.). Entscheidend ist also vielmehr, das Netz zwischen den einzelnen diskursiven oder eben nicht-diskursiven Elementen zu erforschen.[19]

Bernhard Waldenfels fasst die Kritik, die auch in dem hier angesprochenen Gespräch durchschimmert, folgendermaßen zusammen:

»[...] [S]o ist unklar, wie die Grenze zwischen diskursiven und nichtdiskursiven Praktiken gezogen und wie sie überbrückt wird, ja, es bleibt unklar, ob sie überhaupt gezogen werden muß. Ich denke, Foucault hat sich selber in eine gewisse Sackgasse manövriert, indem er die Ordnungsformationen der Geschichte in seiner Theorie zunächst als Wissensordnungen (Epistemai), dann als Redeordnungen (Discours) konzipiert hat, anstatt

19 | In ähnlicher Weise argumentiert auch Reckwitz (2008: 138), wenn er schreibt: »Generell scheint es heuristisch nicht sinnvoll, von einem Dualismus zwischen nicht-diskursiven Praktiken und Diskursen auszugehen« – und damit die auch aus seiner Sicht unfruchtbare theoretische Trennung von zwei als voneinander unabhängig zu denkenden Praxisbereichen meint. Stattdessen will er der (offenbar empirischen) Frage nachgehen, »welche Praxis-/Diskursformationen, d.h. Netzwerke miteinander verflochtener (aber natürlich möglicherweise in sich heterogener und widersprüchlicher) Praktiken und Diskurse, bestimmte Subjektformen befördern«. In dieser Formulierung muss er jedoch zwangsläufig bereits wieder eine klärungsbedürftige Unterscheidung von ›Diskurs‹ und ›Praktik‹ einziehen, die terminologisch noch mehr Probleme aufwirft, als die Unterscheidung von diskursiven und nicht-diskursiven Praktiken. Denn beinhaltet ›Diskurs‹ nicht auch ›Praktiken‹?

von einer Ordnung auszugehen, die sich auf die verschiedenen Verhaltensregister des Menschen verteilt, auf sein Reden und Tun, aber auch auf seinen Blick, auf seine Leibessitten, seine erotischen Beziehungen, seine technischen Hantierungen, seine ökonomischen und politischen Entscheidungen, seine künstlerischen und religiösen Ausdrucksformen und anderes mehr. Es ist nicht einzusehen, warum *irgendein* Bereich von der Funktionalität verschont sein soll, die Foucault einseitig von der Aussage her entwickelt.« [Herv. i. Orig.] (Waldenfels 1991: 291; vgl. dazu auch Jäger 2006: 96; Bublitz 1999).

Auf der Grundlage der bisherigen Ausführungen zum Diskursiven bzw. der Unterscheidung von diskursiv/nicht-diskursiv und vor dem Hintergrund dieser Kritik kann festgehalten werden: Das Diskursive kann als eine je angebbare Formierung von sprachlichen wie nichtsprachlichen Praktiken bezeichnet werden, die auf zu identifizierende soziale Anlässe zurückgeführt werden kann und die zwar keine prinzipiell außer-diskursiven, aber – neben diskursiven gleichwohl möglicherweise nicht-diskursive Folgen im Sozialen – in den Selbst-Verhältnissen von Menschen wie in deren Austauschprozessen – aufweist.[20] Dabei können nun diskursive und nicht-diskursive Praktiken, ihre Ursachen, Wirkungen, Folgen und Verflechtungen entlang ihrer analytischen Trennung systematisch beschrieben werden, so wie z.B. Reiner Keller mit folgenden begrifflichen Differenzierungen vorschlägt: Zunächst bezeichnet ›Diskurs‹ für ihn die Gesamtheit »eine[r] nach unterschiedlichen Kriterien abgrenzbare[n] Aussagepraxis bzw. die Gesamtheit von Aussageereignissen«, mit der je spezifische Wissensordnungen prozessiert werden (Keller 2007a: 64). Diskurse, empirisch je nach untersuchtem Forschungsfeld aus dokumentierten bzw. prinzipiell dokumentierbaren Äußerungen bzw. Aussageereignissen (sprachliche Materialisierungen eines Diskurses als Diskursfragmente) bestehend, können so »im Hinblick auf institutionell stabilisierte gemeinsame Strukturmuster, Praktiken, Regeln und Ressourcen der Bedeutungserzeugung untersucht« werden (ebd.: 64).

Mit Praktiken werden dabei »sozial konventionalisierte Arten und Weisen des Handelns, also typisierte Routinemodelle für Handlungsvollzüge [bezeichnet], die von unterschiedlichsten Akteuren mit mehr

---

20 | Beispiele für solche ›Netz- bzw. Verflechtungszusammenhänge‹ wären die Schädigungen durch globale Umweltgefahren und deren jeweilige, praktisch relevante Risiko-Folgen oder die diskursiven Transformationen des ›War on Terrorism‹ seit 09-11 mit all ihren praktischen Folgen in verschiedenen Lebensbereichen (vgl. z.B. Beck 2007: 163ff.).

oder weniger kreativ-taktischen Anteilen aufgegriffen, ›gelernt‹, habitualisiert und ausgeführt werden« (Keller 2005: 250). Solche Praktiken sind »in allen gesellschaftlichen Handlungsfeldern und auf allen Ebenen des individuellen und kollektiven Handelns« (ebd.) zu finden, können aber entlang folgender analytischer Dimensionierung unterschieden werden (ebd.: 250ff.):

1. Zunächst zu nennen sind *diskursive und nicht-diskursive Praktiken* der mehr oder weniger direkten *Diskurs(re-)produktion* im Sinne einer aktiven Teilnahme von individuellen oder kollektiven Akteuren am Diskursgeschehen. Diskursive Praktiken bezeichnen dabei jene Muster des Sprach- bzw. Zeichengebrauchs, die es ermöglichen, als Sprechende in einem Diskurs zu fungieren und Gehör zu finden (z.B. Kommentare erstellen, Aufsätze schreiben, Festreden vortragen). Nicht-diskursive Praktiken hingegen umfassen solche symbolisch aufgeladenen Handlungsweisen oder Gesten innerhalb eines Diskurses, die durch ihren Vollzug den Diskurs stützen, aktualisieren oder auch verändern (wie etwa das Segnen der Gläubigen durch eine Priesterin am Ende des Gottesdienstes, der Schweigemarsch einer Bürgerbewegung als Straßen-Demo etc.).
2. Dem gegenüber stehen *diskursgenerierte Modellpraktiken*, die insofern als Diskurseffekte zu fassen sind, als sie nicht aktiv – d.h. als Praktiken von Diskursakteuren – den Diskurs adressieren bzw. das Diskursgeschehen fortführen, sondern als normative Handlungsprogramme die jeweilige Wissens(an-)ordnung reproduzieren. Beispiele für diskursive Praktiken, also solche, die sich auf Kommunikationsprozesse beziehen, sind hier ärztliche Diagnosen, Beratungsgespräche, die Beichte u.a., während in diesem Sinne als nicht-diskursive Praktiken nicht-sprachliche bzw. nicht-zeichenbezogene Handlungsvollzüge wie den Müll sortieren, einen Organspende-Ausweis mit sich führen etc. zu nennen sind.
3. Von 1. und 2. zu unterscheiden sind wiederum *diskursexterne Praktiken*, die auf einer »relativ diskursunabhängigen« (Alltags-) Ebene angesiedelt sind und in verschiedensten gesellschaftlichen Praxisbereichen bzw. Handlungsfeldern »die alltäglich tradierten und routinisierten Arten und Weisen, etwas zu tun« (ebd.: 252) bezeichnen. Diskursive bzw. sprachliche/zeichenförmige Praktiken hierbei sind z.B. Alltagsgespräche, Klatschen oder Tratschen in der Bäckerei um die Ecke etc.; nicht-diskursive bzw. nicht-zeichenförmige Praktiken umfassen die jeweiligen Rituale und Routinen des Alltags (Gehen, Essen, Körperpflege etc.).

Ohne hier die Trennschärfe (z.B. von diskursgenerierten Modellpraktiken und Alltagsroutinen) genauer diskutieren zu wollen, verdeutlichen die illustrierenden Beispiele, dass es sich hierbei um eine analytische Differenzierung handelt, die keine (diskurstheoretisch auch kaum zu argumentierende) prinzipielle Entkoppelung oder gar Unabhängigkeit zwischen diskursiven und nicht-diskursiven bzw. sprachlichen/zeichenförmigen und nicht-sprachlichen/nicht-zeichenförmigen Handlungsmustern behauptet. Vielmehr geht es darum, das jeweilige Bestimmungsverhältnis zwischen Diskursivem und Nicht-Diskursivem empirisch in den Blick zu nehmen und aufzuklären zu können.

Damit impliziert diese analytische Differenzierung von Praktiken allerdings auch ein doppeltes Akteurskonzept, indem der Akteursbegriff zum einen auf die individuellen oder kollektiven Produzenten von Diskursen bzw. auf die am Diskursgeschehen aktiv Beteiligten zielt – gemeint sind also Diskursakteure. Ebenso geht es aber auch um jene anderen Akteure in sozialen Zusammenhängen, die weder direkt ›im Diskurs stehen‹ noch ›außerhalb‹, aber in einem ›irgendwie‹ gearteten, ebenfalls empirisch dann noch näher zu bestimmenden Verhältnis zum Diskursgeschehen positioniert sind (vgl. hierzu genauer S. 55ff).

Dispositive der Macht: Das Dispositiv als Diskurs-Infrastruktur?

Dieses, in der Gesamtheit über Diskurse im engeren Sinn hinausreichende, wenngleich mit ihnen verbundene und recht unbestimmt erscheinende Praxis-Akteursverhältnis wird – Foucault zufolge – durch den Dispositivbegriff adressiert. Aus dem Französischen entlehnt, beschreibt er dort im Alltagsgebrauch – wie etwa Anne Waldschmidt (1999), Andreas Hetzel (2005) oder auch Jürgen Link (2007) bemerkt haben – eine Vorrichtung oder auch ein System, das etwas bezwecken, bewirken soll. So erläutert Joannah Caborn den Begriff des Dispositivs folgendermaßen: Im Alltagsgebrauch würde der Begriff ›Dispositiv‹ im Französischen genutzt, um ein System zu beschreiben:

»[...] set up for a specific purpose. For example, an alarm system, consisting to say motion and/or heat sensors installed in the place where you want to apprehend burglars, attached the alarm itself by cables, and a control panel inside the house for which only the owner knows the code to arm and disarm, would be labelled a ›dispositif d'alarme‹. An intercom to enter a block of flats is known as a ›dispositif de communication‹.« (Caborn 2007: 113)

Diskurstheoretisch formuliert gelten Dispositive vielfach als »die materielle und ideelle Infrastruktur« von Diskursen bzw. diskursiven Formationen[21] und umfassen somit »Maßnahmenbündel, Regelwerke, Artefakte, durch die ein Diskurs (re)produziert wird und Effekte erzeugt« (Keller 2005: 230; vgl. insbes. auch 253ff.). Als solche Infrastruktur-Beispiele können Texte wie Gesetze, Verhaltensanweisungen wie Hausordnungen, aber auch Gebäude, Messgeräte usw. genannt werden.

Dieses Dispositiv-Verständnis scheint auf den ersten Blick recht nah an dem Foucaults zu sein. Für Foucault besteht ein Dispositiv ganz allgemein aus diskursiven und nicht-diskursiven Praktiken, die sich aus höchst heterogenen Elementen wie etwa »Diskursen, Institutionen, architekturalen Einrichtungen, reglementierenden Entscheidungen, Gesetzen, administrativen Maßnahmen, wissenschaftlichen Aussagen, philosophischen, moralischen oder philanthropischen Lehrsätzen, kurz: Gesagtem ebensowohl, wie Ungesagtem [...]« zusammensetzen können (Foucault 1978: 119).

Liest man bei Foucault nach, welche Analyseabsichten er mit dem so diffus wirkenden Dispositivkonzept für seine Forschungsaktivitäten verbindet, so fallen einige, theoretisch als wesentlich erscheinende und auch methodologisch relevante (Er-)Weiterungen auf, wenn von Dispositiven als formierenden Netzen mit machtstrategischer Funktion die Rede ist (Foucault 1978: 119ff.; Bührmann 2004: 36ff.; Schneider/Hirseland 2005: 258ff.). *Erstens* bezeichnet der Dispositivbegriff nicht nur die Gesamtheit von infrastrukturellen Bestandteilen – es geht also nicht um eine einfache Bestandsaufnahme von allem, was sich bei näherem Hinsehen als Voraussetzung für oder Folge von Diskursen identifizieren lässt. Wenn Foucault mit Dispositiv ein »heterogenes Ensemble« von solchen unterschiedlichen Elementen wie Diskursen, Institutionen, architekturalen Einrichtungen, reglementierenden Entscheidungen, Gesetzen usw. bezeichnet, bildet nicht die Summe dieser Elemente das Dispositiv, sondern das analytische Konzept Dispositiv soll das Augenmerk auf »das Netz, das zwischen

21 | Diskursformationen bzw. diskursive Formationen umfassen für Keller einen »abgrenzbaren Zusammenhang von Diskurs(en), Akteuren, Praktiken und Dispositiven (z.B. die moderne Reproduktionsmedizin)« (Keller 2007a: 64). Keller subsumiert also unter die von ihm als Oberbegriff gesetzte Diskursformation – neben Diskursen – auch Dispositive (vgl. dem entgegen unsere Übersicht S. 93f.).

diesen Elementen geknüpft werden kann«, richten (Foucault 1978: 119f.). Dies ist insofern mehr als nur eine sprachliche Spitzfindigkeit, als dass damit ein wichtiger Hinweis auf die Relevanz von Macht für die Analyse gegeben wird.

Denn mit dem Dispositivkonzept verknüpfen sich für Foucault – *zweitens* – diskursive und nicht-diskursive Elemente zu »Strategien von Kräfteverhältnissen, die Typen von Wissen stützen und von diesen gestützt werden«. Insofern konstituieren Dispositive Möglichkeitsräume für gültiges, ›wahres‹ Wissen und sind selbst aber in diesem Sinne immer schon Effekte von Machtbeziehungen. Das bedeutet: Die zentrale strategische Funktion von Dispositiven liegt nach Foucault darin, dass sie »zu einem gegebenen historischen Zeitpunkt [...] auf einen Notstand (Urgence)« antworten, in gewisser Weise also als Operatoren zur Bearbeitung, Lösung gesellschaftlicher Problemlagen und Transformationsphasen verstanden werden können. Insofern ist das Dispositiv – wenn man so will – als Problemlösungsoperator »immer in ein Spiel der Macht eingeschrieben, immer aber auch an eine Begrenzung oder besser gesagt: an Grenzen des Wissens gebunden, die daraus hervorgehen, es gleichwohl aber auch bedingen« (ebd.: 123). D.h. natürlich auch, dass die Formierung von Dispositiven die De-Formierung anderer Dispositive bzw. des Zusammenspiels anderer diskursiver und nicht-diskursiver Praktiken impliziert. Für diese deformierenden Prozesse und Praktiken hat sich im Anschluss an Foucaults Überlegungen insbesondere Gilles Deleuze (1991, 1992) interessiert und sie als »Riss-, Spalt-, aber auch Bruchlinien« (Deleuze 1991: 157) beschrieben (auf die sich dann Laclau und Mouffe beziehen). Denn Dispositive lassen sich nicht restlos und widerspruchsfrei totalisieren; so existieren in der sozialen Praxis immer ›Risse‹ und damit unterschiedliche Aneignungs- wie Umdeutungsmöglichkeiten. Deshalb sind Dispositive in sich heterogen wie heteronom verfasst, gerade weil in ihnen vielfältige ›Kräftelinien und Kräfteverhältnisse‹ mit ihren unterschiedlichen Wirksamkeiten konvergieren und so niemals (voraus-)gesetzte Intentionen einzelner Akteure einfach nur durchgesetzt werden können.

Damit eng zusammenhängend entstehen Dispositive – *drittens* – also weder zufällig, noch sind sie intentional oder von abstrakten, allgemeingültigen gesellschaftlichen Ursache-Wirkungs-Zusammenhängen bedingt, sondern sie antworten mit einer ›strategischen Zielsetzung‹ auf eine historisch spezifische Situation. Hier verweist Foucault auf die Vorstellung einer ›Strategie ohne dahinter stehenden Strategen‹, was keineswegs bedeuten soll, dass an diesem Geschehen beteiligte, in diese Wahrheits-/Machtspiele eingebundene Akteure nicht versuchen, ihre Interessen zu verfolgen. Behauptet wird vielmehr, dass allein aus den (Herrschafts-)Interessen von individuellen oder kollektiven Akteuren und ihrer möglichen Durchsetzung heraus sich das, was als Erfahrungs-Zusammenhang die Selbst-Verhältnisse von Subjekten und ihre Beziehungen untereinander als je historisch spezifische konstituiert und formiert, nicht hinreichend erklären lässt (Foucault 1978: 132ff.).[22]

Der für den Dispositivbegriff damit augenscheinlich konstitutive Konnex zwischen der Frageperspektive der Diskursanalyse und der Machtanalyse (z.B. Bührmann 1995; Timpf 2003) kennzeichnet – so Andrea Seier – bei Foucault einen Perspektivenwechsel,

> »der von der Aufgabe der Identifizierung einzelner Diskurse, wie sie die ›Archäologie des Wissens‹ nahelegt, zur Identifizierung von Machtstrategien führt, in denen die Diskurse einen Bestandteil (neben anderen) bilden« (Seier 1999: 80).

Die vorherrschende Analyserichtung weist nun nicht mehr eindeutig von der Ordnung des Diskurses mit ihren diskursiven Praktiken, Regeln und Aussagesystemen auf die von dort aus in den analytischen Blick zu nehmenden nicht-diskursiven Praktiken. Vielmehr sollen nun – *viertens* – mit dem Dispositivbegriff »Diskurse, Praktiken, Institutionen etc. als Bestandteile von Machtstrategien« betrachtet werden: »Verknüpfen die Diskurse einzelne Aussagen nach bestimmten Formationsregeln, stellen die Dispositive Verknüpfungen von Diskursen, Praktiken und Macht dar.« (Ebd.: 80) Die Funktionsweise der Dispositive selbst beschreibt Foucault als wesentlich produktiv: In ihnen werden beispielsweise gemäß entsprechender historisch-strategischer Erfordernisse über spezifische Diskurs- und Machttechniken nicht nur materiale Vergegenständlichungen, Objektivationen diskursiver Prozesse (als festgefügte und objektivierte Regelwerke, Rituale, Artefakte, Gebäude usw.), sondern auch und vor allem bestimmte Subjektivitätsformen bzw. -typen hervorgebracht – wie z.B. im Sexualitätsdispositiv die des modernen Begehrens-Subjekts. Gerade mit diesem Subjektivierungstypus zeigt sich, dass der Dispositivbegriff nicht entlang einer rationalistisch-instrumentellen Logik, wie sie etwa eine einfache Infrastruktur-Metaphorik impliziert, auf gesellschaftliche Macht-/

22 | In diesem Kontext spricht Foucault auch von einer funktionellen Überdeterminierung von Dispositiven einerseits und einer strategischen Wiederauffüllung (wenn z.B. die gleiche Praxis neu definierten Zielsetzungen folgt) andererseits (Foucault 1978: 121ff.).

Herrschaftsverhältnisse als bloße institutionelle Arrangements verkürzt werden darf (vgl. hierzu auch Lyotard 1978).[23]

Mit Dispositiven (vgl. Abb. 3) sind folglich sowohl die – in diesem Sinne als machtvoll zu verstehenden – Effekte der diskursiv erzeugten und vermittelten Wissensordnungen auf die (nicht-diskursiven) Praktiken in den betreffenden Praxisfeldern wie auch die (Rück-)Wirkungen dieser Praktiken auf die diskursiven ›Wahrheitsspiele‹, auf die Wissenspolitiken selbst gemeint, die als solche immer in eine historisch spezifische gesellschaftliche Situation eingebettet sind. Auch wenn das mit dem Dispositivbegriff adressierte Verhältnis zwischen diesen (An-)Ordnungen hier (noch) unklar bleibt, so wird damit doch im Vergleich zum Diskursbegriff der Analyseraum umfassender für solches, nicht-diskursives Wissen geöffnet, das nicht (noch nicht oder nicht mehr) Gegenstand diskursiver Praktiken ist. Neben den Praktiken – im Sinne von (überindividuellen) Handlungs-/Interaktions(an-)ordnungen, die Praxisfelder strukturieren und die von Diskursen bzw. den diskursiv vermittelten Wissens(an-)ordnungen adressiert, aber nicht determiniert werden (können) – sind darüber hinaus als eigenständige Analyseebenen miteinbezogen ihre symbolischen Objektivierungen und materialen Vergegenständlichungen sowie Fragen nach Subjektivationen/Subjektivierungen und ihren möglichen (Trans-) Formierungen. Schließlich öffnet sich mit diesem Verständnis von Dispositiv auch der Blick für den (gesellschaftlichen) Anlass und die Folgewirkungen der Formierung eines Dispositivs.

23 | Dementsprechend notiert Deleuze die Dimensionen des Sichtbaren und Sagbaren, der Macht und des Selbst als konstitutiv für Foucaults Dispositivbegriff und die er als Kurven bzw. Linien in einem Raum beschreibt: die Kurven der Sichtbarkeit und des Aussagens, Kräftelinien und Subjektivierungslinien (Deleuze 1991: 153ff.; vgl. hierzu erläuternd Link 2007: 222).

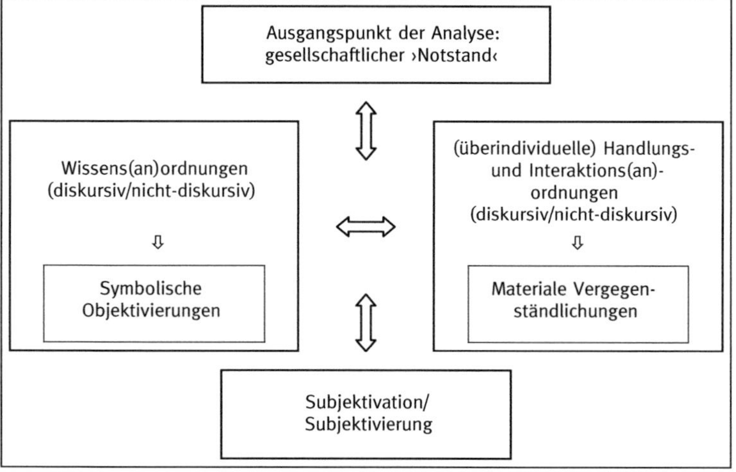

Abbildung 3: Dimensionen des Dispositivbegriffs nach Foucault

2.3 Theoretische Fundierungen und Ansätze der Dispositivanalyse

Die bislang vorliegenden, mehr oder weniger theoretisch-konzeptionell ausbuchstabierten Ansätze zum Dispositivbegriff bewegen sich hinsichtlich ihrer diskurstheoretischen Fundamente innerhalb unterschiedlicher Referenzrahmen, die in einem Dreieck aus poststrukturalistischer, kritischer sowie wissenssoziologischer Diskurstheorie bzw. Diskursanalyse einzustellen sind. Die folgenden Ausführungen sollen, auf der Grundlage der vorangegangenen, das Dispositivkonzept dimensionierenden Überlegungen unterschiedliche Konzeptualisierungen des Dispositivbegriffs skizzieren und diskutieren.

Diskurs, Praxis, Materialitäten

Basierend auf der begrifflichen Auseinandersetzung mit der (aus seiner Sicht eher missverständlichen und häufig missverstandenen, weil nicht als zusammenhängend gefassten) Unterscheidung von diskursiven und nicht-diskursiven Praktiken und ihren jeweiligen Vergegenständlichungen, entwickelte Siegfried Jäger (2001: 88) »Anregungen« zur Analyse von Dispositiven. Seine Überlegungen sollen dazu dienen, »das (jeweils gültige) *Wissen der Diskurse* bzw. der *Dispositive* zu ermitteln, den konkret jeweiligen Zusammenhang von

Wissen/Macht zu erkunden und einer Kritik zu unterziehen« [Herv. i. Orig.] (Jäger 2006: 83). Er schlägt eine Vermittlung zwischen einerseits dem Diskurs als Sagbarem bzw. Gesagtem und andererseits den nicht-diskursiven Praxen als Tätigkeiten (Jäger spricht durchgängig von ›Praxen‹) und schließlich den Sichtbarkeiten als den Produkten dieser Tätigkeiten – als Gegenstände – vor (vgl. Abb. 4). Die beiden letztgenannten Aspekte seien wiederum über »menschlich-sinnliche Tätigkeiten oder Arbeit« (ebd.: 93) verbunden. Dabei begreift er Sichtbarkeiten als Vergegenständlichungen bzw. Resultate von Tätigkeiten und nicht-diskursive Praxen als das tätige Umsetzen von Wissen, welches diese Sichtbarkeiten hervorbringt (vgl. Jäger 2001: 82ff). So stehen für Jäger auf der einen Seite die diskursiven Praxen, die primär Wissen transportieren. Auf der anderen Seite finden sich jene Handlungen als nicht-diskursive Praxen, die zwar auch Wissen transportieren bzw. besser: denen Wissen vorausgeht, die aber primär als ›Dinge produzierende Tätigkeiten‹ letztlich zu Sichtbarkeiten/Vergegenständlichungen führen. Diese ›Dinge‹ stellen folglich »das Resultat der Vergegenständlichung diskursiver Wissens-Praxen durch nicht-diskursive Praxen [dar], wobei die Existenz der Sichtbarkeiten (Gegenstände) nur durch diskursive und nicht-diskursive Praxen aufrechterhalten bleibt« (ebd.: 83).

Die Dispositivanalyse nach Jäger erkundet demnach den Zusammenhang zwischen einerseits bedeutungsgebenden Diskursen und andererseits ›den Dingen‹ sowie den darum gruppierten Tätigkeiten selbst. Die grundlegende Annahme lautet: Diskurse lassen ›die Dinge‹ überhaupt erst wahrnehmbar werden, indem sie den Menschen diese bedeutsam machen, sie mit (Gebrauchs-)Wissen, mit normativen Skripts zu ihrem ›rechten Gebrauch‹ überziehen. Dabei begreift Jäger (2006: 93) die Vermittlung zwischen Diskurs und ›Ding‹ als Arbeit/Tätigkeit im Sinne nicht-diskursiver Praxen und betont so die Eigenständigkeit und wohl auch Eigensinnigkeit dieses Vermittlungsprozesses. Mit *Dispositiv* bezeichnet Jäger also einen »prozessierenden *Zusammenhang von Wissenselementen*, die in Sprechen/ Denken – Tun – Gegenständen/Sichtbarkeiten eingeschlossen sind« [Herv. A.B./W.S.], so dass die Grundfigur des Dispositivs – bildlich gesprochen – als »ein Dreieck oder als ein rotierende[r] und historisch prozessierende[r] Kreis mit drei zentralen Durchlauf-Punkten bzw. Durchgangsstationen« gezeichnet werden kann: Diskurs, nicht-diskursive Praxen und Sichtbarkeiten/Vergegenständlichungen (Jäger 2001: 83, 2006: 108ff.).

Abbildung 4: Das Dispositiv nach Siegfried Jäger (entnommen aus Jäger 2006: 109)

Offen bleibt bei Jägers ›Anregungen‹, *wie* jenes Dreieck bzw. jener rotierende und historisch prozessierende Kreis zwischen diskursiven und nicht-diskursiven Praxen, aber auch die darin enthaltenen bzw. hervorgebrachten Sichtbarkeiten im Sinne von Objektivationen (die durch Praxen hergestellten ›Dinge‹) sowie damit verbundene Subjektivierungen (das her- und dargestellte Selbst)[24] systematisch analysiert werden sollen. Zwar führt Jäger Sichtbarkeiten/Vergegenständlichungen als eigenständige Analysereferenz in seine Dispositivkonzeption ein und sieht wohl auch deshalb Dispositive nicht mehr nur im Diskursiven aufgehoben, sondern vielmehr umgekehrt: die diskursiven Praxen aufgehoben im und konstitutiv für das Dispositiv. Doch nicht zuletzt infolge der graphischen Darstellung, die als Illustration des Dispositiv-

24 | Jäger weist im Kontext seines Dispositivbegriffs darauf hin, dass das Subjekt über seine Arbeit/Tätigkeiten als Bindeglied zwischen Diskurs und Wirklichkeit fungiert, wobei menschliches Bewusstsein diskursiv, also durch Wissen vermittelt ist und dieses ›Bewusst- und Körpersein (Krafthaben)‹ in und durch Tätigkeit gestaltend wirksam wird. »Die Subjekte sind es im übrigen auch, die verselbständigtes Wissen immer wieder ins Spiel bringen« (Jäger 2001: 82), wobei zu fragen ist, welches Wissen sich wie ›verselbständigt‹.

begriffs unterschiedliche, nicht direkt erkennbar zusammenhängende ›Dinge‹ und Praxen vermengt – Zahnbehandlung, Schule/Kirche (?), Getuschel auf der Straße (?) –, erscheint der Bezug zwischen den drei Ecken zwar theoretisch abstrakt im Sinne von Wissenselementen nachvollziehbar, analytisch-praktisch aber ungeklärt. Hierzu wäre vielleicht eine Darstellung nachvollziehbarer gewesen, die z.B. als diskursive Praxis den Bereich der Zahnmedizin als wissenschaftliche Disziplin (Vorlesungen etc.) mit der nicht-diskursiven Durchführung der Zahnbehandlung als solcher und den symbolischen wie materialen Vergegenständlichungen dieser ›Praxen‹ (von den Krankenkassenvorschriften zu regelmäßigen Vorsorgeuntersuchungen über die apparative Ausstattung von zahnärztlichen Behandlungszimmern bis hin zum künstlichen Gebiss) in Bezug gesetzt hätte.

Neben dem *wie* als Analyse*zusammenhang* bleibt ebenso das *wo* und *wann* als konkreter historisch-gesellschaftlicher Kontext dessen, was der Dispositivbegriff in den Blick rücken soll, in seinem Konnex zur Frage nach dem *wer*, d.h. nach den Akteuren zu klären. Zu denken wäre bei Letzterem z.B. an Diskursakteure in der Zahnmedizin als Wissenschaftsbetrieb bis hin zur Zahnärztin in ihrer (auch massenmedial unterstützten) qua Expertenstatus ›machtvollen Vermittlungsrolle‹ eines alltagsrelevanten Wissens um die Bedeutung von gesunden Zähnen. Hinzu käme der Patient, der z.B. auch um die symbolische Relevanz (und damit handlungsmächtige Wirkung) von strahlend weißen Zähnen als Ausdruck eines sich als ökonomisch potent und hygienisch einwandfrei präsentierenden Selbst im sozialen Austausch mit anderen weiß. Dieser dispositive Macht-Wissen-Praxis-Zusammenhang wäre schließlich historisch zu kontextuieren und gesellschaftstheoretisch zu deuten bezüglich der Frage nach dem gesellschaftlichen ›Notstand‹, auf den ein solchermaßen skizziertes medizinisch-hygienisches Dispositiv (z.B. in Verbindung mit Ökonomie, Wissenschaft, Medien etc.) ›antwortet‹ und welche sozialen und kulturellen Folgen damit verbunden sind oder sein können. So wird mit Jäger deutlich, dass mit dem Dispositivbegriff entlang der Achse ›Wissen/Macht‹ – neben Diskursen – einerseits eine Analyse der ›Dinge‹ als umfassende Konstitutionsanalyse von Objektivationen verbunden ist (ihrer materialen Herstellungs- und Verwendungspraktiken sowie der darin zum Ausdruck gebrachten symbolischen Gehalte). Andererseits sind die von Jäger über den Arbeits-/Tätigkeitsbegriff eingeführten Subjekte – dabei auf der Praxisseite von Dispositiven die Dimension der Poiesis betonend – noch genauer hinsichtlich der Frage nach Subjektivationen/Subjektivierungen in den Blick zu nehmen. Damit adressiert der Dispositivbegriff also vor allem auch die empirische Frage nach der praktischen Verselbstständigung (deutlicher noch als ›Ver-Selbst-ständigung‹) von Wissen über sich und die Welt.

Diskursanalytik und Machtanalytik

Dem Problem der Hervorbringung von Subjektivitäten geht Andrea D. Bührmann (1998, 2004) in ihrem Dispositivkonzept nach. Sie entwickelt ihr Vorgehen exemplarisch anhand der von Foucault in seinen Arbeiten nicht systematisch berücksichtigten (Sozial-)Strukturkategorie ›Geschlecht‹, indem sie nach der historischen Formierung wie Transformierung von Geschlechtlichkeit als spezifisch moderner Subjektivierungsweise fragt und dabei den Begriff des Geschlechterdispositivs konzipiert (Bührmann 2004: insbes. 226ff.; siehe auch Kapitel 4.2.1, S. 96ff.). Der Begriff der *Subjektivierungsweise* kann dabei verstanden werden als die gesellschaftlich vorgegebene, über Dispositive produzierte und vermittelte Art und Weise, wie sich Individuen im Verhältnis zu und im sozialen Austausch mit anderen bzw. mit der Welt selbst wahrnehmen, (leibhaftig) fühlen und in ihren verkörperten Praktiken mehr oder weniger habitualisiert präsentieren (vgl. auch Bührmann 2007: 642).

Im Verfahren der Dispositivanalyse treten – nach Bührmann – neben die Analyse diskursiver Beziehungen eine Analyse der Machtbeziehungen und eine Analyse ihres *Zusammenspiels* in Form von Diskurs- *und* Machtformationen. Somit unterscheidet Bührmann (2004: 31ff.; vgl. Abb. 5) analytisch zwischen einer Diskurs- und einer Machtseite, so dass die Dispositivanalyse auf der einen Seite die Analyse von Beziehungen in Diskursformationen umfasst (verstanden als Set von komplexen institutionalisierten Redeweisen). Auf dieser Diskurs-Seite der Dispositivanalyse ist mit Foucault ›archäologisch‹ nach den Aspekten zu fragen, nach denen ein Gegenstand bzw. Erkenntnisbereich diskursiv hervorgebracht wird; nach welcher Logik die Begrifflichkeiten konstruiert werden; wer autorisiert ist, über den Gegenstand zu reden; und schließlich, welche strategischen Ziele in einem Diskurs verfolgt werden. Für die Analyse der diskursiven Beziehungen unterscheidet sie also – wie Foucault – zwischen den folgenden Untersuchungsebenen: der Ebene des Gegenstands, der Ebene der Äußerungsmodalität, der Ebene der Begriffskonzeption und der Ebene der strategischen Wahl. Auf der anderen Seite geht es um die Analyse von institutionalisierten sozialen Beziehungen in Machtformationen – d.h.: Hier gilt es (›genealogisch‹) herauszuarbeiten, »über welche Autorisierungsinstanzen sowie Machttechniken diese diskursiven Praktiken in welchem Feld der Machtverhältnisse gestützt bzw. durchgesetzt werden und welchen machtstrategischen Zielen sie dienen« (ebd.: 37). Hierfür unterscheidet sie die Ebene des Feldes der Machtbeziehungen, die Ebene der Autorisierungsinstanz, die Ebene der Machttechniken und die Ebene der Machtstrategie. Beim Referenzbereich geht es um die Verbindung zwischen Gegenstand und Feld der Machtbeziehungen, bei der Regulationsinstanz um den Zusammenhang zwischen Äußerungsmodalität und Autorisierungsinstanz, beim Regulationsverfahren um die Verbindung zwischen Begriffskonzeption und Machttechniken und schließlich bei dem strategischen Imperativ um die Verbindung zwischen strategischer Wahl und Machtstrategie. Alle diese Ebenen sind interdependent, also durch wechselseitige Abhängigkeiten miteinander gekennzeichnet; dennoch sind ihre handelnden Akteure sowie ihre Praxen voneinander zu unterscheiden.

Für die an Foucault ausgerichtete Frage nach der Wechselwirkung zwischen Wissen und Macht bei der Hervorbringung, Reproduktion, Transformation von Erkenntnisobjekten (wie z.B. Körper, Geschlecht) bilden die entsprechenden Subjektivierungsweisen gleichsam das material existierende, verkörperte Produkt der jeweiligen diskursiven und nicht-diskursiven Praktiken. Damit greift für Bührmann der Dispositivbegriff insbesondere in seiner Machtdimension über den Diskursbegriff hinaus: auf Praktiken, die ›außerhalb‹ des Diskurses, aber nicht bzw. nie ›außerhalb‹ von Machtverhältnissen stehen (ebd.: 28f.). Darüber hinaus verweist Bührmann auf die Notwendigkeit einer (von Foucault vernachlässigten bzw. mitunter nur zwischen Mikroprozessen und makrostrukturellen Phänomenen kurzschlüssig angedeuteten) gesellschaftstheoretischen Einbettung von Dispositivanalysen. Zwar lassen sich gerade aus soziologischer Sicht Foucaults Arbeiten generell mit einem modernisierungstheoretischen Rahmen konfrontieren, allerdings erfordert der Dispositivbegriff mit seiner Konnotation der ›Reaktion‹ auf eine soziale, gesellschaftliche ›Dringlichkeit, Notlage‹ für konkrete Forschungsfragen geradezu deren gesellschaftstheoretische Einordnung. Bührmann zufolge muss deshalb die konkrete empirische Analyse eines Wissens-Praxisfeldes die Kontextualisierung und Historisierung sowohl der einzelnen Formationsebenen als auch ihres Zusammenspiels in einem historisch spezifischen Dispositiv im Feld der komplexen und widersprüchlichen gesellschaftlichen Macht- bzw. Herrschaftsverhältnisse leisten (ebd.: 39ff.).

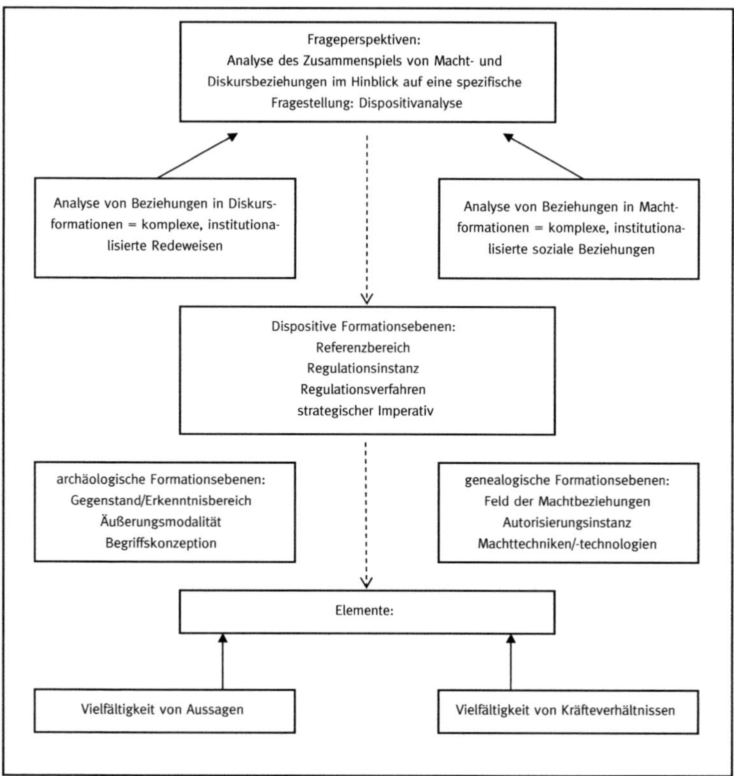

Abbildung 5: Diskursanalytik und Machtanalytik im Anschluss an Foucault (entnommen aus Bührmann 2004: 38)

(Inter-)Diskurs, Subjektivität und Macht-/Wissensteilung

Jürgen Link lenkt mit seinem Vorschlag zum Dispositivkonzept die Aufmerksamkeit noch weiter in Richtung auf die Frage nach Subjektivität im Zusammenhang mit – wie er es nennt – disponierender oder disponierter Praxis.[25] Ein wesentliches Merkmal von Dispositiven liegt in ihrem ›topischen Element‹, verstanden als »Kombination hetero-

---

25 | Generell weist Link auf die mit Rekurs auf Foucault festzuhaltenden Merkmale und Eigenschaften von Dispositiven hin, die er – erstens – in ihrer ›strategischen‹, also disponierenden Funktion sieht; zweitens in der Kombination mehrerer Diskurse; drittens in der Kombination zwischen diskursiven und praktischen (auch nicht-diskursiven Elementen) und schließlich – viertens – in der Kombination von Wissen und Macht (Link 2007: 223).

gener Elemente, die im strategischen Gebrauch als ebenso viele zur Disposition stehende Optionen quasi instrumenteller Intervention erscheinen« und worin auch disponierte Subjektivitäten enthalten sind (Link: 2007: 224). Dieser Optionen bedienen sich andere, um zu disponieren, womit nicht nur Disponierte, sondern zugleich Disponenten dieser Dispositive in Dispositiven hervorgebracht werden, die beide in einem stetigen Rückkopplungsverhältnis zueinander stehen. Anders ausgedrückt: Dispositive schaffen sich ihr über Macht-/Wissen-Relationen zueinander in Bezug gesetztes ›Personal‹, welches ihnen dient und sich ihrer bedient, ohne dass dieses ›Personal‹ jedoch die Dispositive bestimmen könnte. Wie ist das zu verstehen?

Den Ausgangspunkt seiner Überlegungen zum Dispositiv (vgl. Abb. 6) bildet die Opposition zwischen einem ›objektiven‹, instrumentellen Topik-Pol und einem ›subjektiven‹ Verfügungs-Pol. Bereits hier ist unübersehbar, dass Link das Dispositiv ebenfalls nicht lediglich als Infrastruktur von Diskursen konzipiert, sondern Dispositive auch mit ›Verfügungs-Macht‹ (über Dinge, Menschen, Handlungsweisen, Deutungen etc.) einhergehen, die mittels ›quasi instrumenteller Optionen‹ ausgeübt werden kann. »Mit Subjektpol ist dabei die Subjektivität des ›Disponierenden‹ gemeint, d.h. des Verfügenden über das Dispositiv, des Strategen, des Mächtigen.« (Ebd.: 220) Damit sind zwei unterschiedliche Formen von Subjektivitäten konstituiert – eine, die als Effekt des Dispositivs sich dessen, was es zur Verfügung stellt (›Klaviatur‹, ›Menü‹), bedienen und dabei andere Subjektivitäten gleichsam ›instrumentalisiert‹ disponieren kann; und eine andere, die als disponierte Subjektivität sich als bloßer Effekt der Machtkonstellationen des Dispositivs einstellt, dabei als ›integrierendes Element‹ der instrumentellen Topik fungiert. Letztere, so bemängelt Link, steht beim Dispositivbegriff zumeist explizit oder implizit im Zentrum, so dass unter dem Fokus auf die subjektivitätsproduzierende Funktion von Dispositiven die erstgenannte Subjektivitätsform als Machteffekt bislang unterbelichtet blieb. Pointiert mit Hegel formuliert: Dispositivanalytisch schob sich der ›Knecht‹ auf Kosten des ›Herrn‹, beide als Effekte von Dispositiven zu verstehen, in den Vordergrund.[26] Dem

26 | Dieser im Diskurs um Diskurs- und Dispositivanalyse vorherrschende Blickwinkel kann nach Link (2007: 220) bis zu Jacques Lacans ›Spiegelstadium‹ und Louis Althussers ›Interpellation‹ durch ›ideologische Staatsapparate‹ zurückverfolgt werden (vgl. auch Fußnote S. 68), die sich exemplarisch z.B. in dem für die Diskussion des Dispositivbegriffs in den Medienwissenschaften grundlegenden Aufsatz von Jean-Louis Baudry (1986) finden (vgl. zusammenfassend Parr/Thiele 2007).

gegenüber sind aber auch die Disponierenden zu beachten, denn – wenngleich sie ›das Dispositiv‹ nicht beherrschen (wie obiges Zitat missverständlich nahelegt), so ›herrschen‹ sie doch in und durch dispositive Konstellationen – deren Subjektivitäten dürfen eben nicht in eins gesetzt werden mit jenen disponierten Subjektivitäten. Kurzum: Der Unterschied zwischen beiden Subjektivitäten, »die beide im Dispositiv funktionieren, liegt genau darin, das die letztgenannten keinen Zugang zur ›Klaviatur‹ haben« (ebd.: 224).

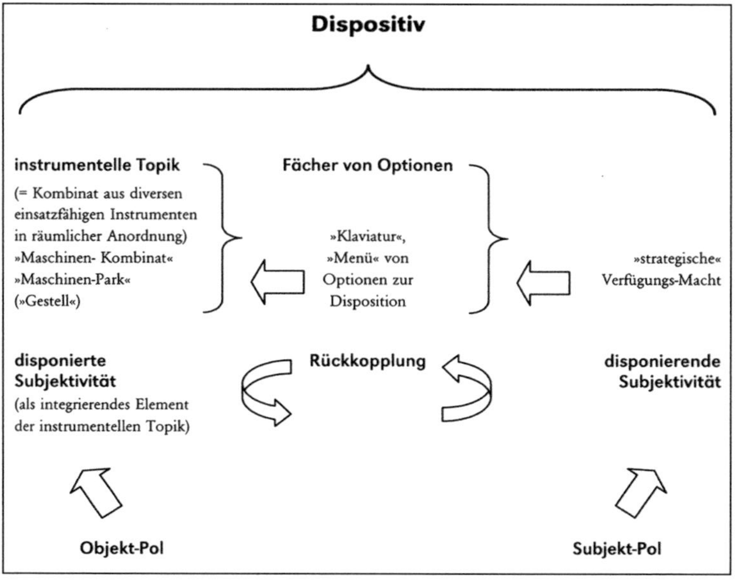

Abbildung 6: Das Dispositiv als Zusammenhang von instrumenteller Topik und Subjektivitäten (entnommen aus Link 2007: 221)

Wie lässt sich aber nun das Prozessieren solcher Unterschiede bzw. Ungleichheiten in sozialen Austauschverhältnissen von Menschen konzeptionell fassen? Hierfür arbeitet Link das Verhältnis, die Kombination bzw. Koppelung von Wissen und Macht als einer zentralen Analyseachse von Dispositiven ›interdiskurstheoretisch‹ weiter aus (vgl. Abb. 7). Zur Klärung dieses Verhältnisses – unter Rekurs auf Luhmann, Bourdieu und Foucault – unterscheidet er zwischen einer vertikalen Achse der Machtteilung und einer horizontalen Achse der Wissensteilung. Die zentrale Frage zielt auf die (ungleich verteilten) Möglichkeiten miteinander gekoppelter Monopolisierungen von Wissen und Macht: »Es kann im Extremfall machtloses Wissen und unwissende (ignorante) Macht geben, in der Regel generieren Wissensmonopole Macht und Machtmonopole Wissen.« (Ebd.: 227)

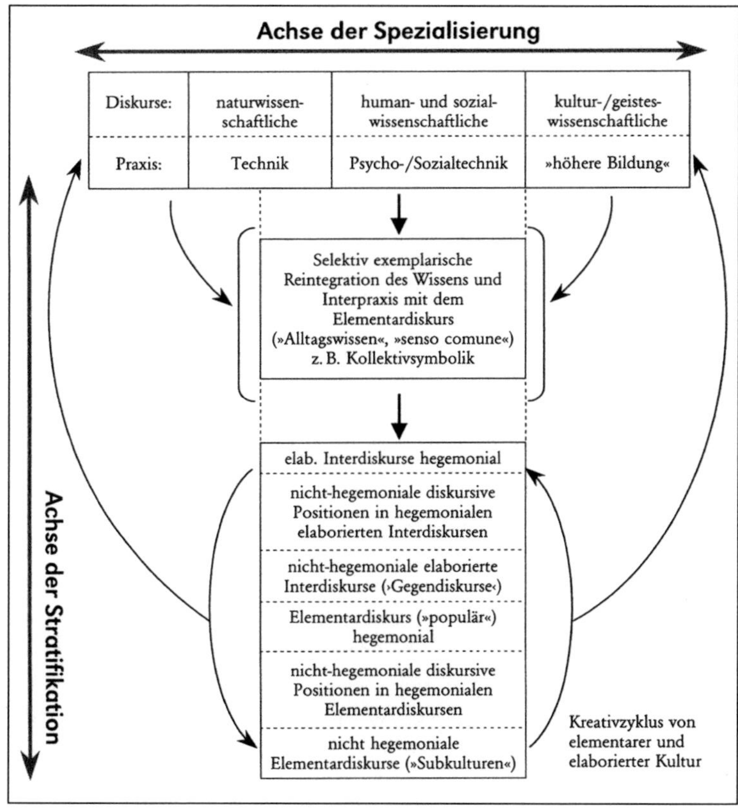

Abbildung 7: Spezial-, Inter- und Elementardiskurse (entnommen aus Link 2007: 231)

Hierzu argumentiert Link diskurstheoretisch, indem er Foucault folgend Diskurse als »Räume einer historisch begrenzten Sagbarkeit bzw. Wissbarkeit« fasst, womit die Reflexion auf die Grenze der Sagbarkeit bereits die im Dispositivbegriff angelegte Machtanalytik vorbereitet. Darüber hinaus entfaltet er diese Analytik – basierend auf die auf Foucault, Pêcheux und ihn selbst zurückgehende Unterscheidung in Spezialdiskurs, Interdiskurs und Elementardiskurs (vgl. hierzu auch Link 1986, 2005) – auch praxisbezogen: Er ordnet den von ihm unterschiedenen wissenschaftlichen Spezialdiskursen (Naturwissenschaften, Human-/Sozialwissenschaften, Kultur-/Geisteswissenschaften) jeweilige Praxisbereiche zu, so dass den naturwissenschaftlichen Diskursen das Technikfeld als Praxisebene entspricht; den Human-Sozialwissenschaften Psycho-/Sozialtechniken wie z.B. Medizin oder Versicherungswesen sowie den Kultur-/Geisteswissenschaften der Bereich der Bildung im Sinne der ›höheren Bildung‹, z.B. als entsprechendes Schulwesen, Theaterpraxis, Ausstellungen.

Spezialdiskurse sind dabei themenbezogene, disziplinspezifische Wissensbestände mit ihren je eigenen Produktionsregeln, während *Interdiskurse* aggregierte Gesamtheiten von aus den verschiedenen Spezialdiskursen stammenden und nun in besonderen Redeformen bzw. Darstellungsweisen (z.B. anhand sprachlich oder bildlich vermittelter Kollektivsymboliken) mit totalisierendem und integrierendem Charakter selektierten ›Allgemein-Wissens‹-Beständen bezeichnen. Dieses Wissen unterliegt keinen expliziten und systematischen (spezialdiskursiven) Regelungen, verweist aber in seiner Strukturiertheit auf die Dominanzverhältnisse zwischen den Spezialdiskursen und auf die jeweiligen Wertepräferenzen. Interdiskurse halten entsprechende subjektive Identifikationsangebote bereit und diffundieren so Wissen in die Alltagswelten der Subjekte (Link 1986: 5). Mit *Elementardiskurs* adressiert Link im kritischen Bezug auf Berger und Luckmann schließlich das ›Alltagswissen‹ (Link 2005: 84ff.), welches ihm zufolge in seiner (inter-)diskursiv-dispositiven Komposition und Stratifiziertheit zu analysieren ist. Denn die interdiskursive Vermittlung (Populärwissenschaften, Literatur etc.) spezialdiskursiven Wissens schlägt sich selektiv in ›vertikalen Stufen‹ abwärts bis zu den für die Subjekte und deren Alltagswelten konstitutiven Elementardiskursen mit ihren subjektiven ›Praxis-Applikationen‹ (z.B. ›Allgemeinbildung‹) nieder. Dabei gibt es einerseits einen Wissensfluss abwärts in die Elementar-/Alltagskultur, andererseits wirken aber auch umgekehrt Projektionen individueller und sozialer Akzentuierungen und Identifikationen ›aufwärts‹ in die elaborierten Interdiskurse, »was dort womöglich zu Konflikten und weiterer Wissensproduktion führt« (Link 2007: 232). Damit kennzeichnet Link zwei Kulturbereiche – einen elementaren und einen elaborierten, die über diesen Kreislauf ständig reproduziert und in Bewegung gehalten werden.

In kritischer Auseinandersetzung mit dem Link'schen Begriff des Elementardiskurses haben Waldschmidt et al. (2007) vorgeschlagen, diesen ihrer Ansicht nach bei Link eher »unspezifischen Begriff [...] um den des Alltagsdiskurses zu erweitern« (ebd.: Abs. 23):

»In den Linkschen Schriften bleibt der Elementardiskurs – im Unterschied etwa zum Interdiskurs – merkwürdig blass. Weder werden Elementar*diskurs* und Elementar*kultur* explizit unterschieden [...], noch verschiedene

Wissensbestände und -formen genauer herausgearbeitet. Der Elementardiskurs scheint vorzugsweise ›elementarer‹ Bestandteil des Interdiskurses zu sein – nicht mehr und nicht weniger.« [Herv. i. Orig.] (Ebd.: Abs. 21)

Ebenfalls in Rekurs auf Berger und Luckmann betrachten sie den Alltagsdiskurs »als die entscheidende gesellschaftliche Institution zur strukturellen Verkopplung von Subjekt, Wissen und Macht« (Abs. 31), denn für das darin prozessierte Alltagswissen charakteristisch ist,

»dass [es] sich auf der Grundlage subjektiver Erfahrungen im Alltag herausbildet; gleichzeitig ist [es] durch sowohl strukturierende Merkmale (Rezeptcharakter, Typisierung) als auch durch das ›Wuchern des Diskurses‹ (›Ereignis‹, ›Zufall‹) gekennzeichnet. Subjektive Erfahrungen basieren auf ›gelebter Wirklichkeit‹, sie sind höchst persönlich und ihr ›Wert‹ wird nicht durch den wissenschaftlichen Code von ›wahr/falsch‹, sondern durch individuelle Relevanzstrukturen bestimmt. Sie sind auch nicht generalisierbar, sondern bringen ein Wissen hervor, das im Raum des ›objektiven‹ bzw. ›wahren‹ Wissens unsagbar geblieben wäre. Während der Erfahrungshorizont des Spezialdiskurses also entsubjektivierend ist, hat das Alltagswissen als subjektives Erfahrungswissen eine eigene Legitimationskraft: Dem Verweis auf eigene Erfahrungen – ob ›am eigenen Leibe‹ oder als Erzählung ›aus zweiter Hand‹ – wohnt im [sic!] Alltagsdiskurs eine hohe Glaubwürdigkeit inne.« (Ebd.: Abs. 34)

Basierend auf seinen Überlegungen handelt es sich bei einem Dispositiv für Jürgen Link um »ein spezifisches, historisch relativ stabiles Koppelungs-Kombinat aus einem spezifischen interdiskursiven Kombinat (›horizontal‹)« – bestehend aus Wissenselementen aus Spezialdiskursen – sowie einem »spezifischen Macht-Verhältnis (›vertikal‹)«, das sich »längs einer Polarität von disponierender und disponierter Subjektivität aufbaut« (Link 2007: 233); und das – so ist mit Waldschmidt et al. (2007) zu ergänzen – bis hinein in die Alltagswelten der Menschen, in ihre alltagsweltlichen Beziehungen, Selbst- und Weltverständnisse reicht. Damit will Link der spezifischen Verfasstheit moderner, funktional differenzierter Wissensgesellschaften bei gleichzeitig ungleicher sozialstruktureller Positionierung von Individuen bzw. Kollektiven dispositivanalytisch Rechnung tragen, wobei für ihn vor allem auch die Rolle von Dispositiven bei Koppelungen von Macht- und Wissens-Monopolisierungen bzw. hinsichtlich der Möglichkeiten zu Resistenz bzw. des Machtumsturzes von Interesse ist (vgl. Link 2007: 234ff.).

Macht-/Wissen – Subjektivität/Subjektivation – gesellschaftliche Erfahrung

Die bisherigen Ausführungen zusammenfassend, kann festgehalten werden: *Dispositive* sind als *Ensembles* zu verstehen, welche *Diskurse, Praktiken, Institutionen, Gegenstände und Subjekte* als Akteure als Individuen und/oder Kollektive, als Handelnde oder ›Erleidende‹ umfassen. Sie bezeichnen mithin komplexe Ausschnitte einer historisch gewordenen Sozialwelt mit ihrem (je typischen) Sagen und Tun, ihren spezifischen symbolischen Sichtbarkeiten wie materialen Vergegenständlichungen (von den uns umgebenden, sinnlich-material erfassbaren Alltagsdingen bis hin zu unseren leiblich erfahrbaren Körpern) und den in all diesem erscheinenden, machtvollen Regeln ihrer ›Wahr‹-Nehmung, ihrer Gestaltung, ihres Gebrauchs. Im Dispositivbegriff verschränken sich also die verschiedenen Dimensionen von Foucaults Machtkonzept als strukturierte und strukturierende Wirkungen auf Wirklichkeitskonstruktionen (Wissen), institutionelle Handlungsfelder (Praxis) und individuelle Handlungspräferenzen (Subjektivitäten) (vgl. Ziai 2005: 22f.). Doch worin besteht nun der Erkenntnisgewinn, ein mögliches ›Anderes‹ oder ›Mehr‹ der Dispositivanalyse gegenüber herkömmlichen Konzeptualisierungen von Diskursanalysen? Die Antwort lautet: Das Dispositivkonzept öffnet nicht-diskursives ›Praxis-Wissen‹ (im Verhältnis zum diskursiv vermittelten Wissen) sowie Sichtbarkeiten/Vergegenständlichungen dieser Wissensformen und damit einhergehende Prozesse der Subjektivation/Subjektivierung als zwar zusammenhängende, aber eigenständige und -sinnige Analysegegenstände einer relationalen Macht-Analyse.

In den vorangegangenen Ausführungen wurde bereits wiederholt von Subjekten gesprochen, und zwar immer dann, wenn sie in den Diskursen als solche im Sinne Althussers (1970) ›angerufen‹ worden sind.[27] Allerdings ist nun die Rede von den Subjekten weiter zu fassen.

---

27 | Für Althusser (1970) erschaffen von ihm so bezeichnete ›ideologische Staatsapparate‹ – in das Alltagsleben eingreifende Institutionen wie Religion, Bildungseinrichtungen, Familie, Medien etc. – erst jene ›Subjekte‹, welche die moderne kapitalistische Gesellschaft zur Reproduktion ihrer Produktionsverhältnisse benötigt. Dies geschieht dadurch, dass Individuen als je spezifische Subjekte adressiert, ›interpelliert‹ (›angerufen‹) werden – als Kinder ihrer Familie, Mitglieder ihrer Religionsgemeinschaften, Lernende, Beschäftigte, Bürgerinnen und Bürger eines Staates etc. – und so, mit einer bestimmten Identität versehen, in die zur Aufrechterhaltung der Produktionsverhältnisse notwendigen Beziehungs-

Unter dem Stichwort Subjektivation/Subjektivierung sind – wie gezeigt – nicht nur individuelle Handlungspräferenzen und/oder individuelle Identitätsmerkmale zu fassen, sondern es umfasst einerseits *Subjektformierungen und Subjektpositionierungen*, andererseits *Subjektivierungsweisen* (vgl. Abb. 8). Unter diesen Begriffen ist sowohl die Art und Weise zu verstehen, wie Individuen von Diskursen als (z.B. disponierende oder disponierte) Subjekte adressiert werden, als auch deren dazu in Beziehung zu setzendes Bewusstsein als ›Selbst‹ (z.B. als Disponierende oder Disponierte). Anders formuliert: Die diskursiv vermittelten Subjektformierungen und -positionierungen enthalten Wissen darüber, wer der einzelne im Verhältnis zu anderen sein soll, welche Praktiken dabei zu verfolgen sind und welche Bewertungen damit einherzugehen haben. Dabei ist nicht nur dieses diskursiv vermittelte Subjekt-Wissen empirisch zu rekonstruieren, sondern auch empirisch zu klären, was von alledem von Individuen wie (über welche Selbst-Praktiken) angeeignet und in Alltagshandeln umgesetzt wird.

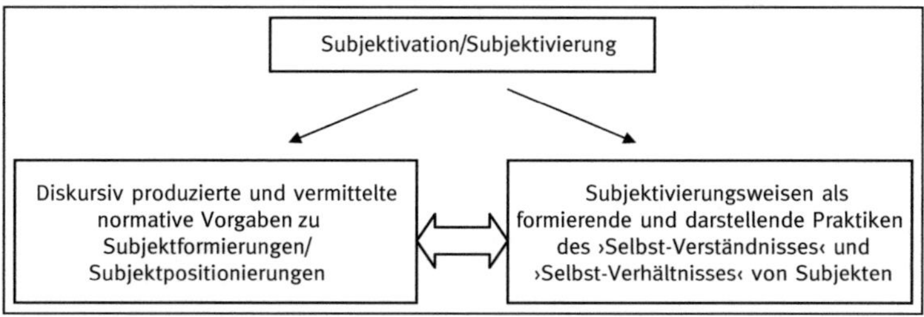

Abbildung 8: Subjektivation/Subjektivierung

Mit Subjektivierung im Sinne einer Subjektformierung und -positionierung (vgl. auch z.B. Harré/van Langenhove 1999) haben sich in letzter Zeit vermehrt zum einen Studien aus dem Feld der sogenannten Gouvernementalitätsforschung und zum anderen kultursoziologische Untersuchungen auseinandergesetzt. Die Gouvernementalitätsforschung interessiert sich – so Foucault (2004a, 2004b) in einer

geflechte von Beruf, Familie, Freizeit etc. eingebunden werden. Der ›ideologische Effekt‹ besteht nach Althusser darin, dass diese Apparate bei den zu vergesellschaftenden Individuen die Bereitschaft zur quasi-freiwilligen Übernahme ihrer jeweiligen Funktionen zu erzeugen suchen und dass die so formierten Subjekte sowohl die Praktiken dieser Einbindung als auch die darin enthaltenen Bedeutungen und Subjektpositionen für ›offensichtlich‹ und ›selbstverständlich‹ halten (vgl. auch Hirseland/Schneider 2006: 386f.).

Vorlesungsreihe 1978/79 zur ›Geschichte der Gouvernementalität‹ – für die »Art und Weise, mit der man das Verhalten der Menschen steuert« (Foucault 2004a: 261; Bröckling/Krasmann/Lemke 2000; Lemke 1997). Entlang des Gouvernementalitätsbegriffs, der allgemein die wechselseitige Konstituierung von Machtformen, Wissenspraktiken und Subjektivierungsprozessen adressiert (Bührmann 2004: 27f.), hat man sich bislang auf die Erforschung von Subjektformierungen insbesondere in den Feldern Wirtschaft, Arbeit und Bildung, aber auch Sozialpolitik konzentriert (vgl. dazu etwa Bröckling 2007; Opitz 2004). Während sich zunächst viele Studien mit den Merkmalen institutioneller, vor allem staatlicher Regierungspraxen auseinandersetzten (der Fremdführung von Individuen und den damit verbundenen Strategien), ist seit einiger Zeit – wohl auch mit Blick auf Foucaults Überlegungen zum Thema *Selbst-Praktiken* bzw. *Technologien des Selbst* – ein verstärktes Forschungsinteresse an Subjektivierungsweisen im Sinne von Techniken der individuellen Selbstregierung bzw. Selbstführung zu beobachten. Dabei wird die Arbeit der Individuen an sich selbst auch als Teil neu auftauchender Regierungsrationalitäten begriffen, bei denen vormals externe, also etwa institutionalisierte Disziplinierungspraxen in die Individuen hinein verlagert worden sind.[28] Eine kultursoziologisch insbesondere an Theodore Schatzkis Praxisbegriff[29] orientierte Forschung setzt sich noch umfassender mit diesem Fragenkomplex auseinander, indem sie das Forschungsfeld in doppelter Weise ausweitet. Sie betrachtet nämlich erstens »alle sozialen Praktiken« im Hinblick darauf, »welche Formen des Subjekts sich in ihnen bilden« (Reckwitz 2008: 135). Dabei richtet sich das »kulturwissenschaftliche, insbesondere kultursoziologische Interesse [...] konsequenterweise auf die kollektiv geltenden Subjektformen, welche in den sozialen Praktiken und Diskursen vorhanden sind«. Die zweite Erweiterung besteht darin, dass sich das Forschungsinteresse auch und vor allen Dingen auf den historischen Wandel von Subjektformen und -formierungen und den damit verbundenen sozialen Praktiken und Codes erstreckt.[30]

---

28 | In die Link'sche Terminologie gebracht, würde die dazu passende Diagnose lauten: Als dispositiver Effekt finden sich immer mehr disponierende Subjektivitäten, die als permanente Alltagsaufgabe ihr eigenes Selbst über die von ihnen bediente dispositive Klaviatur gemäß den diskursiven Vorgaben aktiv-instrumentell formieren.

29 | Schatzki (1996: 89) definiert Praxis als »a temporally unfolding and spatially dispersed nexus of doings and sayings«.

30 | Reckwitz versteht unter Subjektformen »kulturelle Typisierungen, Anforderungskataloge und zugleich Muster des Erstrebenswerten«,

Das Interesse beider Forschungsperspektiven – also sowohl der kultursoziologischen wie auch der gouvernementalen – richtet sich dagegen bisher nicht systematisch auf den Aspekt der Selbst-Deutung, des Selbst-Erlebens und die Selbst-Wahrnehmung der Individuen und damit auf ihr Selbst-Verständnis im Sinne der ›eigenen Identität‹, also das, was – wie soeben argumentiert – im Rückgriff auf Foucault als Subjektivierungsweise bezeichnet werden kann. Anders als für Reckwitz, für den »die Subjektivierungsweise des Einzelnen letztlich nur eine Grenzfigur [...] aus soziologischer Sicht markiert, [...] die beispielsweise in der Biographieforschung sichtbar, ansonsten aber vor allem im modernen Medium der Kunst, etwa in der literarischen Repräsentation zum Thema wird« (ebd.: 140), ist mit dem Dispositivkonzept ›das Subjekt‹ als Frageperspektive systematisch adressiert. Diese Subjekt-Frageperspektive zielt, wie in den obigen Ausführungen erläutert, sowohl auf die diskursiv vermittelten Subjektformierungen und -positionierungen als auch auf die umfassenden Subjektivierungsweisen als (mehr oder weniger institutionalisierte) Praktiken der Selbst-Verständnisse und die diese zum Ausdruck bringenden Verhaltensweisen. Wie sehen Individuen sich selbst, wie möchten sie gesehen werden, diese Fragen stehen hier genauso im Forschungsinteresse wie Fragen danach, welchen identitären Zwängen sich Menschen selbst ausgesetzt sehen und wie sie versuchen, sich dagegen zu positionieren, zu wehren. Denn den Individuen wird durch Dispositive ein (alltagsweltlich relevantes) Wissen möglich, das sie dazu bringen kann, sich auf ›normale‹ und ›nützliche‹ Weise (entsprechend der ›gesellschaftlichen Situation‹, so wie sie diese ›für-wahr-nehmen‹ und erfahren) zu sich selbst und zur Welt um sie herum zu verhalten. Ebenso ermöglicht dies Individuen, sich gegen diese ihnen zugeschriebenen Positionierungen und normativen Skripts der Normalität und Eingepasstheit zu wenden und so ein ›widerständiges‹ Selbst-Verständnis und Selbst-Verhältnis zu entwickeln und darzustellen, welches als Subjektivierungsweise wiederum von den vorherrschenden dispositiven Bedingungen her zu verstehen ist. Das Verhältnis zwischen den beiden analytischen Dimensionen von Subjektivation/Subjektivierung ist somit ein empirisch zu klärendes

---

in denen sich »der Einzelne subjektiviert und [...] subjektiviert« wird (Reckwitz 2008: 140). Dabei rekonstruiert er z.B. eine Sequenz moderner Subjektordnungen und -kulturen, die vom ›bürgerlichen Subjekt‹ in der bürgerlichen (Früh-)Moderne über ein ›Angestellten-Subjekt‹ in der organisierten Moderne bis hin zum ›Subjekt der ästhetischen Bewegungen‹ bzw. dem ›postmodernen Subjekt‹ der Postmoderne reicht (Reckwitz 2006).

gemäß den jeweils vorfindbaren Identitätsvorgaben und deren – wie nahtlos oder gebrochen auch immer – nachweisbaren Aneignungen als empirisch rekonstruierbare Identitätsmuster.

Wenn Deleuze mit Blick auf den Dispositivbegriff metaphorisch von ›Maschinen‹ redet, die sprechen machen oder sprechen lassen, die sehen machen oder sehen lassen (Deleuze 1991: 154), die – so ließe sich ergänzen – ›Tun‹ machen oder ›Tun‹ lassen, erscheint diese als strukturalistische Überpointierung lesbare Maschinenmetaphorik verkürzt.[31] Denn die – im Kontext von Dispositivanalysen – für die Machtanalytik von ›Wissen/Praxis‹ bedeutsame Dimension der (subjektiven) Erfahrung und Erfahrbarkeit von Welt wird so an den Rand gedrängt. Doch gerade hierfür bietet die Wissenssoziologie wichtige Anschlüsse, indem sie die Pragmatik des Wissensgebrauchs bei der Konstruktion gesellschaftlicher Wirklichkeit, das Routinewissen über Handlungsvollzüge (›Tacit Knowledge‹) und die Bedeutung von Alltagswissen, wie es im Elementardiskurs (Link 2005) bzw. Alltagsdiskurs (Waldschmidt et al. 2007) zum Ausdruck kommt, betont (z.B. Berger/Luckmann 1987; Schütz/Luckmann 1979; Keller 2005; Waldschmidt et al. 2007).

Bereits Mannheims Diktum von der ›Seinsverbundenheit des Wissens‹ meint nicht nur die soziale Bedingtheit von verschiedenen Standpunkten beim Blick auf Welt. Vielmehr postuliert es grundlegender noch die unaufhebbare, weil aus der ›Erfahrungs-Verankerung‹ in dem jeweils gegebenen historisch-gesellschaftlichen Prozess resultierende Perspektivität jeglichen Denkens, Wissens und den darauf beruhenden Äußerungen und Praxen wie Praktiken (Mannheim 1952: 229ff., 1964: 373). Ein solcher Wissensbegriff, der Wissen prinzipiell in seiner Wechselwirkung zur sozialen Lagerung der Individuen fasst, ermöglicht eine dispositivtheoretische *Verbindung* zwischen *diskursivem und nicht-diskursivem Wissen mit Intersubjektivität und gesellschaftlicher Erfahrung*. Das ›Sein‹ als gesellschaftliche Erfahrung schichtet sich bei Mannheim gleichsam als kollektives Erleben (zwar nicht notwendig als gemeinsam vollzogenes, jedoch als kollektiv geteiltes) in derselben Generationslagerung in einem historisch spezifischen Raum zu einem je typischen Generationszusammenhang (evtl. sogar zu einer Generationseinheit) auf. In diesem Prozess entstehen ›konjunktive Erfahrungsräume‹, die durch die gemeinsam geteilten Erlebnisschichtungen ein scheinbar unmittelbares wechselseitiges und intersubjektives Verstehen ermöglichen – ein wie Giddens (1995:

---

31 | Link weist darauf hin, dass Deleuze metaphorische Modelle verwendet, diese selbst jedoch »als nicht metaphorisch, sondern realitätsdeskriptiv begreift« (Link 2007: 222).

57) sagt: ›praktisches Bewusstsein‹, welches in kollektive Praxis (im Sinne von je typischen ›Kollektivitäts-Mustern‹ des Welt- wie Selbstbezugs) (ein-)münden kann (Mannheim 1964: 516ff., 1980: 215ff.).

Diese – als intersubjektive Erfahrung – sozial verbindende und in ihren normativen Orientierungen verbindliche ›Seinsverbundenheit‹ als ›konjunktiver Sinn‹ umfasst folglich mehr als nur diskursives Wissen: die gemeinsam geteilte Präsenz von Vergegenständlichungen/Sichtbarkeiten (z.B. von historischen Ereignissen etc.), je typische nicht-diskursive Praktiken im Umgang mit diesen Vergegenständlichungen und jeweils ›eigene‹ daran anschlussfähige Diskurse über die Effekte eines bestimmten Umgangs mit der Wirklichkeit. Hierin liegt letztlich wohl die Perspektivität begründet, die bei Mannheim als *seinsgebundenes Wissen* verhandelt wird und die für den Dispositivbegriff in ihrer historisch und sozialstrukturell je spezifischen Lagerung auf *die Ebene des ›Praktischen‹*, eben des Tuns und Sagens heruntergebrochen werden kann.[32]

Die für die Dispositivforschung macht-relevante Frage, wie sich solches seinsgebundenes Wissen nicht nur alltagsrelevant formiert, sondern auch über unterschiedliche Praktiken institutionalisiert, also auf Dauer stellen und/oder sich über den historischen Zeitverlauf hinweg wandeln kann, lässt sich im Anschluss an Mannheim mit Berger und Luckmanns (1987) wissenssoziologischem Institutionenbegriff fassen (ebd.: 84ff., Luckmann 1992, vgl. auch Keller 2005: 38ff.). Der Dispositivbegriff erfordert hinsichtlich des analytischen Einbezugs von Institutionen – um die Rolle verschiedenen Wissens in der jeweiligen symbolischen wie praktischen Ordnung des Sozialen zu begreifen – den Blick auf Ensembles von Institutionen in ihren jeweiligen wechselseitigen Bezügen und Verweisungszusammenhängen; – und zwar gerade auch dann, wenn sich das Erkenntnisinteresse auf einzelne Institutionen bzw. einen bestimmten institutionellen Bereich richtet. Somit ist die jeweilige ›funktionale‹ Bedeutung von einzelnen Institutionen innerhalb eines Praxis-Feldes zu bestimmen, welches durch mehrere Institutionen, durch ein institutionelles Setting, geregelt ist. Eine relationale Macht-Analytik beinhaltet somit immer die Frage,

32 | Über diese Andeutungen hinaus, aber aus Platzgründen hier nicht leistbar, wäre eine intensivere Auseinandersetzung mit ›praxistheoretischen‹ Überlegungen sinnvoll, die die ›Materialität der Praktiken und der Dinge‹ bzw. die über Raum und Zeit in den Körpern und Dingen verankerten Praktiken des Sozialen und Kulturellen sowie praktisches Wissen/praktischer Sinn dispositivtheoretisch ausbuchstabieren müsste (vgl. Reckwitz 2003: 298).

inwieweit institutioneller Wandel – die Änderung eines Teils dieses Settings – das gesamte Relationsgefüge beeinflusst, mithin Emergenz produziert. Das Konzept der Dispositivanalyse ist in diesem Sinne als der Blick auf die dynamische Ordnung von institutionellen Verknüpfungen und deren Modifikation zu verstehen.

Dabei gründet der hier verwendete weite Praxisbegriff insofern auf das dialektisch-prozessurale Institutionenkonzept der Wissenssoziologie, als der ›objektive Charakter‹ von Institutionen immer mit der Notwendigkeit ihrer subjektiven Vermittlung, Aneignung verbunden ist. Hiermit eröffnet sich für Dispositivanalysen ein Institutionenkonzept, welches im Hinblick auf gesellschaftlichen Wandel und die Frage nach Macht zwar Institutionen als ›widerständig und eigensinnig‹ gegenüber Veränderung, zur Stabilität neigend mit all den damit verbundenen Kontroll- und Sanktionsmustern zur Bearbeitung von Abweichung konzipieren kann. Gleichwohl lässt es aber auch Raum, um Diskurse wie Dispositive als ›Motoren‹ gesellschaftlichen Wandels zu fassen (vgl. auch Rehberg 2003). Ein in diesem Sinne dispositivtheoretisch auszubuchstabierendes, wissenssoziologisches Institutionenkonzept würde es schließlich ermöglichen, symbolische Objektivierungen wie materiale Vergegenständlichungen als Effekte institutionalisierter Praxen sowohl in der Ambivalenz von Handlungsmöglichkeiten/-begrenzungen als auch in ihren potenziellen Unbestimmtheiten, Uneindeutigkeiten sowie Eigensinnigkeiten für ihre abweichende Aneignung zu diskutieren; und dies nicht zuletzt auch z.B. im Hinblick auf nicht-intendierte Nebenfolgen institutioneller Praktiken und deren Vergegenständlichungen.

3. Dispositivanalyse als Forschungsstil

Wie können auf der Grundlage der skizzierten konzeptionellen Überlegungen die methodologischen Basisannahmen der Dispositivanalyse näher bestimmt werden und in welchem Verhältnis stehen sie zu den methodologischen Fundierungen sozialwissenschaftlicher Diskursanalysen? Schon früh hat Clemens Kammler (1986: 158) darauf hingewiesen, dass die Beantwortung dieses Fragenkomplexes – wenngleich von ihm etwas anders formuliert – von der jeweiligen forschungsperspektivischen Ausgangsposition abhängt. Für ihn ist die Untersuchung von Dispositiven aus diskursanalytischer Perspektive nichts anderes als ein Spezialfall von Diskursanalyse, die gemeinhin den Schwerpunkt auf die Beschreibung von diskursiven Praktiken und Strategien legt. Demgegenüber stellen aus dispositivanalytischer Perspektive diskursive Praktiken lediglich einen speziellen Teil des in der Regel zu untersuchenden, thematisch je nach Forschungsfrage interessierenden Gesamtsets von institutionellen Praktiken bis hin zu (nicht-diskursiven) ritualisierten Handlungsmustern, Alltagsroutinen etc. dar. Der jeweilige analytische Blickwinkel entscheidet also über die vorzunehmenden forschungspraktischen Konzeptualisierungen und Besonderungen der Analysegegenstände im Forschungsprozess und mithin auch über die dabei zu beachtenden methodologischen Fundamente.

3.1 Methodologische Basisannahmen der Diskurs- und Dispositivanalyse

Zur Klärung der methodologischen Basisannahmen für ein dispositivanalytisches Vorgehen erscheint es – wie schon bei der Bestimmung des Dispositivbegriffs – sinnvoll, von den bereits ausbuchstabierten konzeptionellen Überlegungen zur diskursanalytischen Methodologie auszugehen und dann die sich daraus ergebenden (Er-)Weiterungen zu diskutieren.

Ein solches Vorgehen impliziert natürlich auch, dass die Option, jegliche diskursanalytische ›Methodologisierung‹ zu verweigern,[1] abzulehnen ist. Da ein methodologieloses, weil jegliche Vor-ab-Festlegungen von methodologischen Grundlagen vermeidendes Vorgehen sich nicht selbst bei der eigenen Analysetätigkeit beobachten und die Qualitätskriterien der Analyse angeben kann, unterläuft es die Forderung nach einem systematischen Ausweis der Art und Weise, *wie* Forschende das von ihnen Beforschte erkennen und analytisch-empirisch in den Griff nehmen oder auf den Begriff bringen (können und sollen). Ein solcher Ausweis kann gemäß der angedeuteten methodologisch/methodisch-praktischen Verweigerung nur noch ex post erfolgen und widersetzt sich somit prinzipiell dem Postulat wissenschaftlicher Gütekriterien, gleichgültig wie diese konkret auszubuchstabieren wären.

3.1.1 Zur Methodologisierung der sozialwissenschaftlichen Diskursanalyse

Konstruktive Versuche einer Methodologisierung der sozialwissenschaftlichen Diskursanalyse wurden in jüngster Zeit insbesondere von Johannes Angermüller, Reiner Keller und Rainer Diaz-Bone vorgelegt.[2] Sie sollen im Folgenden kurz hinsichtlich ihres Verhältnisses

---

1 | Wie schon einleitend kurz angesprochen (S. 20), wenden sich etwa Ulrich Brieler (1998), Philipp Sarasin (2003) oder Dominik Schrage (1999, 2006) gegen Versuche einer solchen Methodologisierung der Diskursanalyse. So will z.B. Schrage die Diskursanalyse weniger als Methode denn als Methodenkritik verstanden wissen, deren »Mehrwert in der Dekonstruktion tradierter methodischer Vorverständnisse« bestehe (Schrage 1999: 64).

2 | Die im Folgenden diskutierten Konzepte einer sozialwissenschaftlichen Methodologisierung der Diskursanalyse gehen auf unterschiedliche, insbesondere linguistisch und sprachtheoretisch inspirierte Methodologien zurück bzw. sind in kritischer Auseinandersetzung mit diesen formuliert worden. Zu nennen sind hier als Referenzen insbesondere die Arbeiten von Siegfried Jäger, Jürgen Link, Ruth Wodak im deutschsprachigen Raum, aber auch die von Teun van Dijk, Norman Fairclough, Ernesto Laclau/Chantal Mouffe und Michel Pêcheux (für die jeweiligen

zum Dispositivkonzept sowie in ihren Implikationen für die dispositivanalytische Forschungspraxis diskutiert werden.

Diskursanalyse als Rekonstruktion der Materialität symbolischer Formen

Johannes Angermüller streicht in Anlehnung an sprachwissenschaftliche Analysestrategien insbesondere drei zentrale Merkmale einer formal-qualitativen Methodologie der Diskursforschung hervor: Erstens sollte die Diskursanalyse die »opake Materialität symbolischer Formen« (Angermüller 2007: 104) nicht nur berücksichtigen, sondern als Analysegegenstand gleichsam privilegieren. Denn diese bilden für ihn »keine sekundären Verpackungen eines primären Sinninhalts« (ebd.); vielmehr sei diese Materialität als eine zu beachtende Oberfläche ohne irgendein vorgängiges ›Darunter‹ zu denken. Freilich betont Angermüller – wie die hermeneutische Wissenssoziologie oder auch die qualitative Sozialforschung per se – den sinnhaften Aufbau der Welt bzw. die Sinnhaftigkeit der Dinge, die sie als solche überhaupt erst wahrnehmbar werden lässt. Doch unterstellt Angermüller – jenseits einer unmittelbaren Evidenz von Sinn – ein ›Zuviel‹ an Sinn. So lasse sich Sinn weder subjektiv noch intersubjektiv kontrollieren und aus diesem Grunde auch nicht eindeutig rekonstruieren. Deshalb plädiert er für eine Konzentration auf die *Materialität der Form* im Diskurs. Zweitens fordert Angermüller (ebd.) – wie zuvor u.a. auch schon Foucault, Bourdieu oder die Ethnomethodologie – einen *epistemologischen Bruch* zwischen ›Objekt und Theorie‹, insofern er nämlich die Erkenntnisproduktion als einen aktiven Konstruktionsprozess versteht, in dem letztlich die Kategorien und Relevanzen des je zu untersuchenden Diskurses durch die Kategorien und Relevanzen des (jeweils genutzten) Theoriediskurses in gewisser Weise ›gebrochen‹ würden. Gefragt wird so nicht mehr, »ob das gewonnene theoretische Wissen den Gegenstand ›objektiv‹ beschreibt, sondern wie der Theoriediskurs in den Objektdiskurs eingreift, diesen ordnet und transformiert« (ebd.: 105). Schließlich sieht Angermüller ein drittes Merkmal einer formal-qualitativen Methodologie der Diskursforschung darin, dass sie *Komplexität reduziere*. Ihr gehe es nämlich weniger darum, zu erforschen *was*, sondern *wie* etwas gesagt worden ist. Diese Forschungsstrategie zielt darauf, »dass sich formal-qualitative Forschung ihren Gegenstand nicht als einer singulären sinnhaften Ganzheit nähert, sondern

---

Literaturreferenzen vgl. die hier rezipierten Arbeiten von Angermüller, Keller und Diaz-Bone).

als einen Steinbruch begreift, aus dem verallgemeinerbare analytische Modelle gewonnen werden sollen« (ebd.).

Mit seiner diskursanalytischen Stoßrichtung auf die Materialität der symbolischen Ausdrucksformen und seiner entsprechenden methodologischen Fundierung schiebt Angermüller nicht-diskursive Praktiken und deren Objektivationen bzw. Materialisierungen in den Hintergrund. Damit ebnet er als methodologische Maxime tendenziell jene Differenz bzw. Differenzierung zwischen diskursiven und nicht-diskursiven Praktiken ein, die weiter oben in Auseinandersetzung mit Laclau/Mouffe und unter Verweis auf Keller als analytische Heuristik ausgeführt wurde. Mit Blick auf die Dispositivanalyse bleibt hinsichtlich des von Angermüller angeführten ›Sinnproblems‹ anzumerken, dass aufgrund der konkreten (handlungs-)praktischen Selektionen von interagierenden Akteuren durchaus auf den ›objektiv‹ gegebenen (intersubjektiv gültigen) Sinn bzw. auf das, was als generatives Wissensprinzip diesen hervorgebracht und somit die Handlungssequenz strukturiert bzw. geordnet hat, geschlossen werden kann. Wenn Dispositive auch als ›produzierend, ermöglichend‹ zu denken sind, liegen solche ›Re-Konstruktionen‹ von ›Hervorbringungsmustern‹, die sich weder auf herauszupräparierende subjektive Sinnsetzungen beschränken noch auf ein ›Zuviel an Sinn‹ zielen, nahe.

Diskursanalyse als wissenssoziologische Rekonstruktion diskursiver Konstruktionen

Keller orientiert sich bei seiner Methodologisierung der Diskursanalyse grundlegend an wissenssoziologischen Forschungsperspektiven und versucht, die Diskursanalyse in die neuere Wissenssoziologie zu integrieren. Dies erscheint insofern sinnvoll, als sich die Wissenssoziologie in der Forschungspraxis – wie Keller zeigt – im Zuge der in ihrer Programmatik angelegten Erforschung institutionalisierter Formen des Wissens primär auf das Alltagswissen der handelnden Subjekte, deren Sinnsetzungen, Deutungsakte, Interaktionsmuster und Kommunikationsformen konzentriert hat, die in ihren *sozialen* Konstitutionsprozessen zu untersuchen sind. Gegen den darin angelegten ›mikroanalytischen Bias‹ wendet sich Keller (2007b) und schlägt eine *diskursanalytische (Er-)Weiterung der Wissenssoziologie* vor. Dabei will er allerdings ›die Diskursanalyse‹ nicht als (eine fixierte) Methode und ebenso wenig als ein bestimmtes methodisches Programm im Sinne eines »Standardmodell[s] für alle Fälle der wissenssoziologischen Diskursanalyse« (Keller 2005: 263) verstanden wissen. Vielmehr plädiert er dafür, die wissenssoziologische Diskursanalyse als umfassendes, offenes und nicht-standardisiertes Untersuchungsprogramm zu fassen, das je nach Forschungsinteressen, -ressourcen und Feldvorgaben unterschiedlich auszubuchstabieren sei.

Wie schon in Kapitel 2 (S. 49f.) referiert, differenziert Keller dabei analytisch zunächst zwischen direkt diskurs(re-)produzierenden Praktiken, diskursgenerierten Modellpraktiken sowie diskursexternen Praktiken. Jedoch konzentriert er sich dann weitgehend auf die Erforschung diskursbezogener Praktiken und diskursgenerierter Modellpraktiken[3] und entwickelt Verfahrensschritte einer Wissenssoziologischen Diskursanalyse, in deren Zentrum eben die Erforschung »textförmiger Daten, d.h. ›natürlicher‹ Aussageereignisse bzw. Protokolle« steht (ebd.: 263; vgl. auch Keller 2007a: 79ff.). Zugleich begreift Keller die Wissenssoziologische Diskursanalyse in Rekurs auf Dreyfus/Rabinow (1987) als ›interpretative Analytik‹[4] und lokalisiert sie im Kontext der hermeneutischen Wissenssoziologie. Dies impliziert für Keller, »dass ForscherInnen über ihren Forschungsprozess reflektieren und Auswertungsstrategien wählen, die methodisch kontrollierbar Vorurteile ausschließen sowie die argumentativ begründete Erzeugung und Selektion von Textinterpretationen erlauben« (Keller 2005: 263).

Wichtig erscheinen Keller dabei insbesondere zwei Punkte: Zum einen sollten die Forschenden im Sinne eines epistemologischen Bruchs die eigenen Zwänge wie auch möglichen Vorurteile reflektieren. Zum anderen aber begreift Keller Diskursforschung als eine Beobachtung anderer Diskurse und versteht sie im Rückgriff auf Bublitz et al. (1999) als Diskurs über Diskurse. Dabei macht er sich zwar für eine »Text-Dekonstruktion« (Keller 2005: 267) im Sinne einer »analytischen Zerlegung und Rekonstruktion« (ebd.) stark (zusätzlich zur typisierenden Deskription), wendet sich aber gegen einen philosophisch-empathischen Begriff der Dekonstruktion, wie ihn etwa Jacques Derrida eingeführt hat. Vielmehr ziele die Untersuchungsprogrammatik der Wissenssoziologischen Diskursanalyse – in Anlehnung an Soeffners Programmatik[5] – auf eine »Rekonstruktion der

---

3 | Keller (2005: 271) macht gleichwohl auf die Notwendigkeit einer Erweiterung dieses bislang privilegierten Gegenstands hin zur Analyse z.B. audiovisueller Medienformate und -inhalte, aber auch auf die »bedeutungstragenden Bestandteile von Dispositiven sowie der Praxisfelder, auf die Diskurse treffen«, aufmerksam (vgl. auch Keller 2007b).

4 | Der Begriff ›interpretative Analytik‹ geht auf Dreyfus/Rabinow (1987) zurück und bezeichnet Foucaults methodologische Analysehaltung (vgl. hierzu genauer S. 87ff.).

5 | Entsprechend dieser Programmatik geht es primär darum, »die

diskursiven Konstruktion der Wirklichkeit« [Herv. i. Orig.] (ebd.), also auf die Erforschung der Erscheinungsweisen und Verläufe der untersuchten Diskurse. Dabei sollen Erklärungshypothesen zum einen in Bezug auf die Gründe und zum anderen in Bezug auf die gesellschaftlichen Entwicklungen der rekonstruierten Diskursverläufe formuliert werden. Denn Keller insistiert auf der materialen Existenz von Diskursen bzw. Dispositiven und beschreibt seine Diskursperspektive als ›institutionellen Konstruktivismus‹, der durch einen ›schwachen Realismus‹ im Sinne einer pragmatischen Tradition gekennzeichnet sei. Dieser ›Realismus‹ verzichtet auf die Vorstellung, in der sprachlichen Repräsentation würde sich das Wesen der Dinge erkennen lassen. Er unterstellt aber, dass Benennungen, (Bedeutungs-)Zuschreibungen, Aussagen »über die Faktizität von ›Tatsachen‹ unterschiedlichsten Evidenz- und Konsistenzprüfungen unterliegen und sich praktisch-pragmatisch bewähren können und müssen«. Deshalb könne eben auch »nicht alles über alles in beliebiger Weise *und* handlungspraktisch erfolgreich gesagt« [Herv. i. Orig.] (ebd.: 266) und auch nicht alles getan werden. Gerade aber diese handlungspraktische-pragmatische ›Erdung‹ diskursiver Prozesse, zumal wenn sie sich umfassend auf die alltagsweltlichen sozialen Austauschprozesse zwischen Menschen und auf deren Selbstbezüge bezieht, weist analytisch in Richtung Dispositivanalyse, in der die diskursanalytische Perspektive enthalten ist – und nicht umgekehrt.

Diskursanalyse als Rekonstruktion strukturierter diskursiver Praxisformen

Diaz-Bone schlägt mit seiner Methodologie einer sozialwissenschaftlichen Diskursanalyse zunächst einen anderen Weg als Keller ein. Gegen Diskursanalysen gewandt, die weder den System- und Regel-

---

Formung unserer Alltagswirklichkeit und unseres Alltagshandelns durch Institutionen, Produkte, Weltsichten, kollektive ›Mentalitätsfiguren‹, Handlungsmuster und Wissensformen zu zeigen. Sie alle werden im menschlichen Handeln modelliert, gewinnen dort ihre Gestalt und Wirklichkeit und wirken ihrerseits auf menschliches Handeln zurück. Kurz: Es geht um die Rückwirkung der gesellschaftlichen Konstruktionen auf ihre Konstrukteure. Die Analyse versteht sich damit als *Rekonstruktion der sozialen Konstruktion der Wirklichkeit*. Sie zeigt einerseits die Hervorbringung der sozialen Welt(en) durch deren Bürger und andererseits die Bedingungen, die soziale Welten ihren Bürgern auferlegen.« [Herv. i. Orig.] (Soeffner 1992: 477)

charakter der diskursiven Praxis noch die diskursive Tiefenstruktur systematisch erfassen wollen, und angelehnt an Dreyfus' und Rabinows Überlegung, Foucaults Diskursforschung ›jenseits von Strukturalismus und Hermeneutik‹ anzusiedeln, plädiert er für eine Diskursforschung, die sich als Rekonstruktion von einer oder mehrerer *Sozio-Episteme* beschreiben lässt. Mit Sozio-Epistemen bezeichnet Diaz-Bone in Anlehnung an Foucaults Begriff der Episteme (Foucault 1988c) die für angebbare Gruppen, Milieus oder Szenen vorherrschenden Grundmuster des jeweils lebensstil-relevanten Wissens bis hin zu verschiedenen ästhetischen Wertigkeiten, mit denen unterschiedliche diskursive Praktiken ihrer Herstellung, Produktion und Vermittlung korrespondieren.

Am Beispiel der Diskurse zu den subkulturellen Lebens- und Musikstilen Heavy Metal und Techno zeigt Diaz-Bone, wie bestimmte *Habitusformen* im Sinne Bourdieus diskursiv hervorgebracht werden. Zugleich gelingt es ihm, »der bourdieuschen Ableitungslogik [vorherrschender Habitusformen; Anm. A.B./W.S.] eine eigene Realität und Prozesshaftigkeit von Diskursen im *Interdiskursraum*« [Herv. i. Orig.] (Diaz-Bone 2002: 115) entgegenzusetzen. In dieser Perspektive beschreibt er dann Kulturproduktion angemessener als *diskursive Kulturproduktion* und legt damit den Schwerpunkt seines Forschungsinteresses auf die Erforschung diskursiver Strukturen. So hält er es zwar für sinnvoll anzunehmen, »dass Gegenstände immer schon vor dem Diskurs, in dem sie als Diskursfakten auftreten, bereits als ›Material‹ vorhanden sind« (ebd.). Aber sie treten »erst im Diskurs als wahrgenommene, als auf eine bestimmte Weise thematisierte und so diskursivierte Objekte in die soziale Realität ein« (ebd.: 115f.). Davon ausgehend entwickelt Diaz-Bone dann ein Vermittlungskonzept zwischen dem Interdiskursraum,[6] dem sozialen Raum und dem Raum der Lebensstile,[7] in dem Lebensstile von zwei Seiten her – dem Interdiskursraum und dem sozialen Raum – stilbildend beeinflusst werden können, so dass es sinnvoll erscheint, von einer materialen Seite und einer (inter-)

---

6 | Diaz-Bone hofft letztlich, dass über eine Rekonstruktion vieler solcher Kulturwelten nach und nach eine ›Kartographie des Interdiskursraums‹ entstehen könnte, die dann eine sozialstrukturell relevante ›Kartographie der sozialen Semantiken insgesamt‹ bilden würde (vgl. Diaz-Bone 2006, Abs. 29).

7 | Vermittlungen werden hier als »Prozesse und Praxisformen [verstanden], die dazu beitragen, dass die drei Räume nach gegenseitiger Abstimmung streben, die soziale Welt für die Kollektive geordnet und sinnvoll erscheint« (Diaz-Bone 2002: 127).

diskursiven Seite der Lebensstile zu sprechen. »Diese Praxisformen sind« wiederum – so erläutert Diaz-Bone (ebd.: 129) – »die erklärenden Momente für die Existenz einer Tendenz zur Homologie (oder strukturellen Kopplungen) zwischen den hier ins Verhältnis gesetzten Räumen«. Mit Blick darauf betrachtet er dann auch die »Schematisierung der Lebensführung von der Wissensseite her« und begreift sie als »diskursive Habitualisierungen« (ebd.: 130).[8]

An anderer Stelle präzisiert Diaz-Bone seine methodologischen Überlegungen zur Erforschung solcher Habitualisierungen. Als Ausgangspunkt wählt er die Position des *methodologischen Holismus*, die er durch zwei Aspekte markiert sieht: Erstens entwirft dabei die Theorie ein Modell der Realität, das wiederum angibt, wie diese Realität sich zeigt bzw. ob und – wenn ja – wie sie prinzipiell erforschbar ist. Dementsprechend versucht die empirische Forschung, die vorangehende theoretische Sicht zu ›realisieren‹, d.h. sie versucht zu zeigen, dass die Theorie sich in der empirischen Forschung bzw. in den von ihr produzierten Befunden als rekonstruierte Realität nicht nur auffinden lässt, sondern diese Realität erklären kann (vgl. Diaz-Bone 2006: Abs. 5). Zweitens aber steht der methodologische Holismus bei Diaz-Bone dafür, dass die Methodologie die Prinzipien der Theorie in sich aufgreifen und wiederholen muss. Weil die Foucault'sche Diskurstheorie keine ausgearbeitete Methodik bereithält, weil letztlich auch verschiedene diskurstheoretische Positionen gewählt werden können, muss die Passung zwischen den theoretischen Grundlagen, der methodologischen Position und den konkreten methodischen Techniken/Instrumenten, die in der Empirie eingesetzt werden, kontinuierlich kontrolliert werden. Denn die

»Theorie begründet die Regeln für die empirische Forschung. Demnach durchdringt die Theorie die Forschungspraxis von der Rahmung der Forschungsfrage über das Forschungsdesign bis hin zum konkretesten Zuschnitt einzelner Techniken und Methoden genauso wie die Weise der Interpretation (Hermeneutik). Damit wird die Theorie zur Metaphysik der Methoden und die Trias von Theorie, Methodologie und Methode bildet

8 | Dabei versteht Diaz-Bone (2002: 132) unter diskursiver Habitualisierung die »Rückvermittlung der kohärenten Wissensordnung an die tatsächliche (kollektive) Lebenspraxis. Denn erst wenn diskursivierte (problematisierte) Aspekte der Lebensführung sich zu dauerhaften körperlichen Dispositionen einlagern, kann man von einer Rückwirkung der Wissensordnung auf die methodische und systematische Lebensführung (Weber, Foucault) oder auf die Stilisierung des Lebens (Simmel) sprechen.«

einen ästhetischen Zusammenhang, weil letztere in ihren Formen und Prinzipien die Formen und Prinzipien der Theorie in sich wiederholen. Die Methodologie organisiert die Passung zwischen Theorie und Methode, sie ist im Wortsinn ›Methodo-Logie‹.« (Ebd.: Abs. 6)

Diskursanalysen können damit als Rekonstruktionen strukturierter diskursiver Praxisformen verstanden werden (ebd.: Abs. 18), wobei schließlich die Diskursanalyse selbst nichts anderes als eine (spezialdiskursive) Praxisform ist. Dies zeigt sich bereits darin, dass man – in einem quasi abduktiven Schlussverfahren – gezwungen sei, die Existenz einer diskursiven Praxis ex ante anzunehmen, die dann ›als existierend‹ erst im Gang der Untersuchung bei der Rekonstruktion ihrer Regeln bestätigt werden könne. Insofern stehe man – so Diaz-Bone – vor einem ›Münchhausen-Problem‹: Denn »wie der Lügenbaron, der sich am eigenen Zopf aus dem Sumpf gezogen haben soll, versucht die Diskursanalyse aus dem Korpus zunächst provisorisch und thesenhaft Regelhaftigkeiten herauszuanalysieren und diese nach und nach zu korrigieren, anzupassen und zu systematisieren« (Diaz-Bone 2006: Abs. 19). Auch hier bei Diaz-Bone wird, neben der grundlegenden Verwiesenheit von Theorie, Methodologie und Methodik, die (konstruktivistisch fundierte) Methodologie von Diskursanalyse deutlich, die einerseits ›das Diskursive‹ fokussiert, um dann – hier über das Konzept Lebensstil/Lebensführung – über diskursive Praktiken hinauszuweisen.

3.1.2 ›Re-konstruktive Analytik‹ als methodologische Basis der Dispositivanalyse

Die sicherlich kursorische und keineswegs abschließende Durchsicht bereits vorliegender Methodologien einer sozialwissenschaftlichen Diskursanalyse verdeutlicht zuallererst, dass diese sich weitgehend auf die Analyse diskursiver Praktiken konzentrieren. Allerdings thematisieren insbesondere Keller und Diaz-Bone in ihren Methodologien – freilich ausgehend vom Diskursiven – auch das mögliche ›Andere‹ von diskursiven Praktiken, das, was nicht direkt, nicht mehr oder noch nicht einen Gegenstand der je vorherrschenden, diskursiv prozessierten Wissensordnungen bildet und dessen Verhältnis zum Diskursiven gerade deswegen empirisch zu klären ist. Und sie versuchen beide, die Diskursanalyse für unterschiedliche sozialwissenschaftliche Theorieströmungen fruchtbar und anschlussfähig zu machen.

Eine Dispositivanalyse, deren Empirie sich an den in Kapitel 2 skizzierten programmatischen Vorgaben orientiert, muss hinsichtlich ihrer methodologischen Fundamente einen Schritt weiter gehen, um die Engführungen in den skizzierten diskursanalytischen Methodologien zu vermeiden: Dem Forschungsstil einer Dispositivanalyse kann es gerade *nicht* darum gehen, ausgehend vom Primat diskursiver Praktiken nach der Relevanz des ›Außen‹, des ›Anderen‹ des Nicht-Diskursiven zu fragen. Vielmehr kreist sie – den in Kapitel 2 ausgeführten konzeptionellen Grundlagen entsprechend – um den folgenden Fragenkomplex: Wie spielen diskursive und nicht-diskursive Praktiken zusammen, so dass soziale Realität von Akteuren in ihren jeweiligen Subjektivierungen symbolisch wie material ›machtvoll‹ hervorgebracht wird? Aus welchen sozialen Anlässen und mit welchen beabsichtigten und nicht beabsichtigten (Neben-)Folgen geschieht dies? Eben dies steht im Mittelpunkt dispositivanalytischer Forschung und wird als methodologische Basis im Folgenden in Bezug auf die Leitfragen einer Dispositivanalyse skizziert.

Methodologische Grundannahmen für die dispositivanalytische Forschungspraxis

Zunächst bleibt mit Blick auf die diskutierten diskursanalytischen Methodologien für eine Dispositivanalyse vorausschickend festzuhalten: In Übereinstimmung mit den hier skizzierten Methodologien einer sozialwissenschaftlichen Diskusanalyse ist für Dispositivanalysen genauso oder vielleicht – infolge ihrer komplexen Analyseprogrammatik – noch vehementer eine standardisierte Abfolge von Verfahrensschritten abzulehnen. Mit einer vorab verbindlich festgelegten Verfahrensordnung wäre die bereits mit der Analyseprogrammatik naheliegenderweise einzufordernde Flexibilität im Forschungsdesign unterlaufen. Ebenso kann für Dispositivanalysen – so wie hier konzipiert – kein festes Set an bestimmten methodischen Verfahren bzw. Operationen fixiert werden. Vielmehr steht im Rahmen einer ›gelungenen‹ Dispositivanalyse, so jedenfalls der hier lautende Vorschlag, ein bestimmter Kanon an *Leitfragen* im Mittelpunkt des Forschungsinteresses, an denen je nach eigenen Erkenntnisinteressen und konkreten Forschungsfragen sowie entlang dazu passender methodisch-praktischer Vorgehensweisen angesetzt werden kann. Diese im nächsten Unterkapitel zu explizierenden Leitfragen werden auf der Grundlage der Forschungsprogrammatik von Dispositivanalysen formuliert: Fragen nach Anlass und Folgen eines Dispositivs, nach den Beziehungen zwischen diskursiven und nicht-diskursiven Praktiken, nach Objektivationen bzw. Materialisierungen sowie Subjektivationen.

Wie in der empirischen Sozialforschung allgemein, aber auch in der Diskursforschung weitgehend üblich, besteht ein unverzichtbarer methodologischer Grundstein der Dispositivanalyse als Forschungspraxis in dem epistemologischen Bruch mit der Alltagserfahrung des Forscher-Subjekts, der darauf zielt, den gewohnten Blick nicht nur auf die *Alltagserfahrungen der beforschten Subjekte*, sondern auch auf die *(eigenen) Strukturen des Denkens* – also die Episteme – zu verändern. Denn (Sozio-)Episteme (Diaz-Bone 2002) sind als solche keine abstrakten metaphysischen Prinzipien, sondern *Praxis*prinzipen, die die konkrete materiale und kognitive Praxis in der Alltagskultur *und* in der Wissenschaftskultur strukturieren.

Dabei richtet sich die Untersuchungsprogrammatik der Dispositivanalyse auf eine umfassende Rekonstruktion der *dispositiven Konstruktion der Wirklichkeit*, also der Konstruktion von Wirklichkeit über diskursive *und* nicht-diskursive Praktiken in ihren sowohl symbolischen wie materialen Äußerungsformen. Methodologisch gehen wir zunächst davon aus, dass die Gegenstände, über die in Diskursen gesprochen wird, in eben diesen auch erst hergestellt – d.h.: ›wirk-lich‹ im Sinne von ›(für) wahr-nehmbar‹ gemacht – werden. Die diskursiv erzeugten Gegenstände können – müssen aber nicht – dann ein, wenn man so will, Eigen-Leben mit Eigen-Sinnigkeiten entwickeln und zu Elementen in Dispositiven werden, die Machtwirkungen entfalten, ohne Gegenstand von diskursiven Praktiken zu sein. Anders gesagt: Diskursive Praktiken als Medien institutionalisierter Wissenskonstitutionen sind Bestandteil von historisch konkreten Macht-Wissens-Komplexen, die auch aus nicht-diskursiven Praktiken gespeist werden. Wie diese zusammenwirken und welche Machtwirkungen dieses Zusammenspiel entfaltet, steht im Zentrum sozialwissenschaftlich orientierter Dispositivanalysen. Dabei soll der sozialen Praxis gerade nicht z.B. ein wie immer gearteter Interdiskursraum entgegengesetzt werden, der als Erklärungsvariable für das Praxisfeld zu gelten hat. Vielmehr sind die Wechselwirkungen zwischen unterschiedlichen Praktiken sowie zwischen verschiedenen Praxisfeldern und Interdiskursraum zu erforschen.

An dieser Stelle teilen wir die Perspektive des *methodologischen Holismus* (Diaz-Bone 2007), nach dem erstens ein theoretisches Modell der je zu untersuchenden Realität zu konzipieren ist, und zweitens die Methodologie die Prinzipien der Theorie, auf die sie sich bezieht, in sich aufgreifen und wiederholen muss. Deshalb kann es gerade nicht nur darum gehen, diskursive und nicht-diskursive Praktiken einfach zu ›verstehen‹, deren Merkmale und Muster im Sinne eine Homologie zwischen gesellschaftlichen Strukturen und individuellen Handlungen abzuleiten oder auf diese zu schließen. Demgegenüber sind die

Formierungsprozesse der unterschiedlichen Praktiken, ihr Zusammenspiel und ihre Auswirkungen zu erkunden. Zu fragen ist dann, welche symbolischen Formen welche Bedeutungen über welche diskursiven oder nicht-diskursiven Praktiken transportieren und wie vor diesem Hintergrund die entsprechende(n) ›Subjektivierung(en) der Individuen‹ (als einzelne oder kollektive Akteure, als passiv Erleidende usw.) erfolgen.

Da auch empirische Sozialforschung als gesellschaftliche wie wissenschaftliche Praxis zu sehen ist (Wienold 2000: 14), ist auch die Subjektivierung als forschende Subjekte erst im Kontext entsprechender dispositiver Praktiken hervorgebracht worden und wirkt wiederum dispositiv. Deshalb sehen wir auch in Übereinstimmung mit Hitzler/Honer (1997: 23, Fußnote) das Hauptproblem sozialwissenschaftlicher Forschung – und zumal einer sozialwissenschaftlichen Dispositivforschung – darin, »für sich selbst und für andere durchsichtig zu machen, wie er [der Forschende; Anm. A.B./W.S.] das versteht, was er zu verstehen glaubt und wie er weiß, was er zu wissen meint«. Methodologisch gewendet geht es also um den systematischen Einbau des Zweifelns: Zweifel in Bezug auf die ›Vor-Urteile der Forschenden‹ auch über sich selbst, in Bezug auf die ›Gewissheiten des Alltags‹ auch in den Wissenschaften und schließlich in Bezug auf ›reduktionistische Erklärungen‹. Dabei kann – in einer sozialwissenschaftlich-hermeneutischen Diktion formuliert – das Verstehen als Alltagsroutine und als wissenschaftliche Methode erkenntnislogisch nicht unterschieden werden, die Differenz markiert vielmehr die Praxis selbst. D.h.: Alltägliches und wissenschaftliches Verstehen unterscheidet sich letztlich nur in seiner Organisationsform, dem Reflexionsgrad und der Zielsetzung der Deutung: Wissenschaftliches Verstehen ist gekennzeichnet durch die berufsmäßige Skepsis als prinzipieller Zweifel an sozialen Selbstverständlichkeiten und eigenen ›Vor-urteilen‹, sie ist vom Handlungsdruck des Alltags suspendiert zugunsten der Sorge um die Prinzipien der Auslegung, des Verstehens selber – um das Verstehen des Verstehens. In die Diktion Luhmanns übertragen geht es damit letztlich um die Forderung nach einer methodologischen ›Beobachtung zweiter Ordnung‹, die Verstehen als Verstehen reflektiert und eine grundsätzliche Skepsis gegenüber ›positivem‹ Wissen impliziert.[9]

---

9 | Damit wird gültiges Wissen nicht per se negiert, sondern das ›positive Wissen‹ ist als gegebenes Wissen in seinem Zustandekommen und seiner Durchsetzung qua Archäologie und Genealogie zu erforschen, anstatt es einfach als ›wahr‹ und damit ›gegeben‹ zu akzeptieren (vgl. auch Bublitz 2001).

Von der interpretativen zur re-konstruktiven Analytik

Auf dieser konstruktivistischen Grundlage und in entsprechender Weiterführung verstehen insbesondere Keller, aber auch Diaz-Bone die Foucault'sche Analyseposition mit Dreyfus/Rabinow (1987) als *interpretative Analytik*. Dabei wird der Interpretationsbegriff als ›theoretische Generalisierung‹ oder ›Schlussfolgerung der Analyse‹ verstanden (vgl. Keller 2007b). Von ›interpretativer Analytik‹ spricht Keller (ebd.: Abs. 15) nicht nur aufgrund der auch für die Diskursanalyse unhintergehbaren interpretativen Akte im Analyseprozess, sondern auch »um zu betonen, dass Diskursforschung unterschiedliche Datenformate und Auswertungsschritte zueinander in Beziehung setzt, also z.B. eher klassische soziologische Strategien der Einzelfallanalyse oder Fallstudie kombiniert mit detaillierten Feinanalysen textförmiger Daten«.

Mit Blick auf die Dispositivanalyse als Forschungsstil liegt hier eine *doppelte Erweiterung* der Position der ›interpretativen Analytik‹ nahe, die auch mehr umfasst als lediglich eine Präzisierung der bekannten ›Reflexivität des Forschers und der Forschung‹ im Bereich der qualitativen Sozialforschung (z.B. Flick 1995: 15f. und 186ff.). Zum einen zielt in diesem Kontext die »interpretative Analytik« nicht nur auf die Analyse diskursiver Praktiken, sondern auch auf das deutende Verstehen nicht-diskursiver Praktiken und der Erklärung ihres Zusammenspiels mit diskursiven Praktiken. Zum anderen umfasst dann – wie im Übrigen auch bei Dreyfus/Rabinow – die methodologische Position der ›interpretativen Analytik‹ eben nicht nur die Ebene des rekonstruktiven Verstehens, sondern auch die des Verstehenden, des Re-Konstruierenden, der zugleich immer auch selbst Teil des (Re-) Konstruktionsprozesses ist:

> »Wer interpretative Analytik praktiziert, bemerkt, daß ihn selbst erzeugt hat, was er untersucht; folglich kann er niemals außerhalb davon stehen. Der Genealoge sieht, daß kulturelle Praktiken grundlegender sind als Diskursformationen (oder jede Theorie) und daß die Ernsthaftigkeit dieser Diskurse nur als Teil der laufenden Geschichte einer Gesellschaft verstanden werden kann. Der archäologische Schritt zurück, den Foucault unternimmt, um die Fremdheit der Praktiken unserer Gesellschaft wahrzunehmen, hält diese Praktiken nicht für bedeutungslos.« (Dreyfus/Rabinow 1987: 154)

Denn dieser Schritt ermögliche erst, »sich davon freizumachen, die Diskurse und Praktiken dieser Gesellschaft als Beschreibungen von

Wirklichkeit zu nehmen« (ebd.: 23). Es geht also nicht nur darum, systematisch die Vor-Urteile der Forschenden zu kontrollieren, auszuweisen und so ›unschädlich‹ zu machen, sondern auch ihre Urteile anzu- bzw. zu bezweifeln, um so die umfassendere Reflexion der deutenden Verstehensprozesse anzumahnen, um ›gute Gründe‹ für ein spezifisches Verstehen von etwas durch jemanden angeben zu können. Die Aufgabe besteht darin, *für sich selbst und auch für andere transparent zu machen*, wie der Forschende – in Anlehnung an Anne Honer und Ronald Hitzler formuliert – dazu gebracht wird bzw. sich dazu bringt, das zu verstehen, was er oder sie zu verstehen glaubt, und wie er oder sie wissen kann, was er oder sie zu wissen meint. Re-konstruktiv zu fassen ist also nicht mehr und nicht weniger als das Verstehen des Verstehens *und* die Position des Verstehenden, von der aus ›sein Diskurs(beitrag)‹ zu erfolgen hat.[10]

Da der Begriff der ›interpretativen Analytik‹ mittlerweile als Bezeichnung für die Methodologie einer sozialwissenschaftlichen Diskursanalyse breit eingeführt ist, wir aber meinen, dass hier ausgehend von Dreyfus/Rabinow und mit Blick auf den Forschungsstil der Dispositivanalyse eine zweifache Erweiterung eben über das Diskursive und seine deutende Erschließung hinausgehend sinnvoll erscheint, sprechen wir von einer *re-konstruktiven Analytik*. Dies meint, dass nicht nur die in Diskursen prozessierten Deutungen der Welt interpretierend zu erschließen sind, also das (Nicht-)Gesagte im Raum des Sagbaren zu rekonstruieren ist, sondern auch eine praxeologische Brücke hin zum (Nicht-)Gesehenen im Raum des Sichtbaren und zum (Un-)Erfahrenen im Raum des Erfahrbaren als Konstituens von Sub-

10 | Mit dieser Unterscheidung zwischen Re-Konstruktion des Verstehens und Re-Konstruktion der Position des Verstehenden schließen wir – gleichsam als ›diskursive Haltung und Handlung‹ – an die Differenzierung zwischen Hermeneutik als Haltung und als Handlung an (Soeffner/Hitzler 1994). Hermeneutik als Haltung meint ein wissenschaftliches Denken, das die Aufklärung der eigenen Praxis (Denken und Handeln) betreibt: nämlich die Beschreibung des und das Verstehen des Verstehens. Dies ist erforderlich, weil Sozialforschung auf Akten der Deutung basiert, sich auf verstehensmäßig konstruierte Daten bezieht und Erklärungen durch Dateninterpretation gewinnt. Dagegen meint Hermeneutik als Handlung ihre Verwurzelung im Alltag, den konkreten Ablauf, auf dem Verstehen beruht: Die dort aufzufindende Sinnstiftung ist zu rekonstruieren. Dabei soll sozialwissenschaftliches Verstehen dazu dienen, gesellschaftliche Wirklichkeiten angemessen und stimmig, zuverlässig, gültig und überprüfbar zu rekonstruieren.

jektivität zu schlagen ist (vgl. Schneider/Hirseland 2005: 272f.). Damit verschiebt sich der Forschungsfokus – wie schon angedeutet – von der Analyse diskursiver Praxisformen und ihrer potenziellen (Macht-) Wirkungen hin zur systematischen Analytik auch ihrer praktisch-materialen Entstehungsbedingungen und Folgewirkungen – und zwar sowohl für das beforschte Alltagssubjekt als auch für das forschende Forscher-Subjekt.[11]

Gütekriterien einer sozialwissenschaftlichen Dispositivanalyse

Grundsätzlich können – trotz aller ›methodologischen Heterogenität der Praxis‹ empirischer Sozialforschung (Wienold 2000: 7) – mit Blick auf die Frage nach den Gütekriterien wissenschaftlichen Forschens, sofern solche nicht per se abgelehnt werden, im Kontext von quantitativer/qualitativer bzw. standardisierter/nicht-standardisierter Sozialforschung zwei Positionen unterschieden werden: Für die eine Seite soll qualitative Sozialforschung die (auch für quantifizierende Forschung) gängigen Gütekriterien erfüllen. D. h. mit anderen Worten, dass die Gütekriterien standardisierter bzw. quantitativer Sozialforschung – also im Regelfall Validität, Reliabilität und Objektivität in den vorherrschenden, allgemeinen Begriffsverständnissen von Gültigkeit, Zuverlässigkeit und ›de-subjektivierender Sachlichkeit‹ bei der Datenerhebung wie -auswertung – auf die nicht-standardisierte bzw. qualitativ verfahrende Sozialforschung möglichst weitgehend übertragen werden. Auf der anderen Seite findet sich die Position, die gerade eine solche Übertragung für unmöglich und unzulässig erklärt, weil sie als solche den Grundannahmen qualitativen Forschens zuwider läuft (vgl. Bohnsack 2003: 17ff.; Steinke 1999: 131ff.). Denn – so z.B. bereits

11 | In einem neueren Beitrag fordert auch Keller (2007b: Abs. 46), die Idee der Materialität der Diskurse ernst zu nehmen. Wissenssoziologische Diskursanalyse sei nicht nur »Kommunikations-, Text- oder Bildforschung, sondern Diskurs- *und* Dispositivanalyse, also Fallstudie, Beobachtung, sogar ethnographische Verdichtung, die den Zusammenhang von Aussageereignissen, Praktiken, Akteuren, organisatorischen Arrangements und Materialitäten als mehr oder weniger weit historisch und sozial-räumlich ausgreifende Prozesse in den Blick nimmt«. Ein solches ›In-den-Blick-Nehmen‹ bleibt jedoch insofern weitgehend programmatisch, als die damit verbundenen Forschungsziele, begrifflichen Präzisierungen, methodologischen Reflexionen und erkenntnistheoretischen Vorüberlegungen im Verhältnis von Dispositiv- und Diskursperspektive nicht näher ausgeführt werden.

bei Karl Mannheim, Alfred Schütz und auch Jürgen Habermas – die Besonderheit des (nicht positivistisch verkürzten) sozialwissenschaftlichen Denkens besteht darin, dass es nicht nur selbst aus sinnhaften Konstruktionen zusammengesetzt ist, sondern dass bereits der Gegenstand dieses Denkens, also das soziale (Alltags-)Handeln auf unterschiedlichen Ebenen durch eben solche sinnhaften Konstruktionen (vor-)strukturiert ist. Mit Blick darauf werden dann entweder die bewährten Kriterien standardisierter bzw. quantifizierter Forschung reformuliert und z.B. wie bei Mathew Miles und Michael Huberman (1994) durch das Kriterium ›Glaubwürdigkeit‹ ergänzt. Oder aber es wird gefordert, eigene Gütekriterien für die qualitative, nicht standardisierte Sozialforschung zu formulieren. Einen breit diskutierten Vorschlag zu einem ›Kernkriterien-Katalog qualitativer Forschung‹ – mit Kriterien wie z.B. intersubjektive Nachvollziehbarkeit, empirische Verankerung, Offenlegung der Kohärenz und Relevanz der gewonnenen theoretischen Einsichten – hat Ines Steinke bereits 1999 vorgelegt (vgl. auch Steinke 2004: 323ff.). Die kontroverse Diskussion um die Gütekriterien qualitativer Sozialforschung kann – wie Christian Lüders argumentiert – als Ausdruck davon verstanden werden,

> »dass unter der Überschrift qualitative Sozialforschung durchaus unterschiedliche Konzepte und Strategien zusammengefasst werden und dass diese Konzepte, sieht man sich ihre erkenntnistheoretischen und ontologischen Prämissen, ihre theoretischen Vorannahmen hinsichtlich ihres Gegenstandes, ihre Verfahren und ihre Erkenntnisziele an, keineswegs kompatibel sind« (Lüders 2003: 81).

Mit Blick darauf wollen wir hier keinen verbindlichen Katalog von Gütekriterien der (qualitativen) Dispositivanalyse beschreiben, der womöglich noch in explizitem Gegensatz zu einem standardisierten Vorgehen stehen würde (noch dazu, wo für Dispositivanalysen – bei entsprechender Fragestellung – durchaus auch quantifizierende Verfahren denkbar wären). Wir lehnen uns auf der Grundlage der hier skizzierten erkenntnistheoretischen Ausgangsüberlegungen und vorgenommenen begrifflichen Klärungen mit den folgenden Kriterien, an denen sich eine sozialwissenschaftliche Dispositivanalyse orientieren kann, z.T. an die bestehenden Vorschläge (Steinke 2004) einer ›guten‹ Forschung an und konkretisieren sie für die Praxis der Dispositivforschung wie folgt:

- *Visibilität des Forschungsprozesses*: Der gesamte Forschungsprozess ist – angefangen bei der Formulierung der Forschungsfrage über die Durchführung der Dispositivanalyse bis hin zur Darstellung der Forschungsergebnisse – intersubjektiv nachvollziehbar und transparent zu halten. Hier geht es insbesondere darum, deutlich zu machen, was als Dispositiv bestimmt wurde und welche dispositiven Elemente identifiziert sowie welche Thesen über die dispositive Formierung, seine Ursachen und Folgen formuliert worden sind. Die Nachvollziehbarkeit dieser theoretischen (Vor-)Überlegungen und empirisch praktischen Forschungsschritte wird durch eine detaillierte Dokumentation des gesamten Forschungsprozesses gewährleistet. Eine solche Dokumentation sollte auch (z.B. in entsprechenden Memos) eine Darstellung des eigenen Verstehens, des Verstehens des Verstehens und der damit verbundenen (Vor-) Verständnisse im Sinne der zuvor explizierten re-konstruktiven Analytik und dabei mindestens die folgenden Informationen enthalten (vgl. dazu auch Steinke 2004: 324f.):

- die Darstellung der ausgewählten und angewandten Erhebungsmethoden;
- die Beschreibung der Durchführung der Datenauswertung;
- eine umfangreiche Dokumentation der Daten und der je verwendeten Informationsquellen;
- die möglichst ausführliche Benennung, Begründung und Erläuterung von Forschungsentscheidungen und -problemen.

- *Viabilität des Forschungsprozesses:* Hiermit meinen wir, dass die ver- und angewendeten Methoden zur Datenerhebung und auch zur Datenauswertung viabel, d.h. gangbar, passend, brauchbar, funktional, aber auch miteinander kompatibel gehalten sind, und so Erkenntnisfortschritte ermöglichen. Sie sollen dem Forschungsgegenstand bzw. der Forschungsfrage angemessen sein und können bei Bedarf im Sinne eines ›kontrollierten Missbrauchs‹ (Diaz-Bone/Schneider 2004: 474) angepasst werden. Da im Rahmen des Forschungsstils Dispositivanalyse unterschiedliche Methoden der Datenerhebung oder -auswertung angewendet werden können, aber nicht zwingend angewendet werden müssen, soll sich die Methodenauswahl nicht einfach in einer pragmatischen Methodenkombination erschöpfen, sondern den methodologischen wie (erkenntnis-)theoretischen Prämissen der Dispositivanalyse entsprechen. Und sie muss vor allem den Vorgaben des Feldes folgen können, d.h. z.B. nicht nur mit Texten und Bildern, sondern bei Bedarf mit verschiedensten (zu sammelnden) ›Materialitäten‹ wie z.B. Gegenständen des alltäglichen Gebrauchs, mit beobachteten Handlungen, Selbstzeugnissen u.a.m. umgehen können. Schließlich ist es wichtig, dass die ggf. verwendeten unterschiedlichen

Methoden in ihrem Verhältnis zueinander geprüft und nicht nur bezüglich ihrer ›Gegenstandsangemessenheit‹, sondern auch hinsichtlich ihrer wechselseitigen ›Verträglichkeit‹ diskutiert werden. Im gewissen Sinne handelt es sich also bei der Dispositivanalyse um einen prinzipiell triangulierenden Forschungsprozess, genauer um eine methodologische Triangulierung zwischen verschiedenen Methoden (›Between-Method‹). Zudem wird Triangulierung hier nicht als (kumulative) Validierungsstrategie verstanden, sondern als ein Weg betrachtet, um umfassend(e) (Er-)Kenntnisse über ein dispositives Phänomen im Sinne seiner Erfassung, Beschreibung und Erklärung zu erlangen (vgl. dazu Denzin 1989; Flick 2004: 13ff.; Kelle/Erzberger 2004)

- *Interne und externe Validität der Forschung:* In Bezug auf die interne Validität steht die Plausibilität von Theorien im Zentrum. Dabei geht es insbesondere darum, dass die erhobenen Daten angemessen systematisch erhoben und aufeinander bezogen worden sind. Wichtig ist, dass die Theorien oder Konzepte in bzw. auf Grundlage der je erhobenen Daten bzw. ihrer Auswertung begründet werden können. Bisweilen kann es dann auch sinnvoll sein, eine ›kommunikative Validierung‹ vorzunehmen. Denn es gilt im Rahmen einer sozialwissenschaftlichen Dispositivanalyse nicht herauszufinden, ob jemand ›wirklich‹ die ›Wahrheit‹ gesagt haben könnte bzw. das von ihm Gesagte tatsächlich vom Forschenden ›angemessen‹ gedeutet und interpretiert wurde. Vielmehr zielt dieser Forschungsstil darauf, den Raum des Sagbaren auszuloten. Deshalb aber macht es durchaus Sinn, den Befragten oder Interviewten – falls Interviews durchgeführt worden sind – erzielte Forschungsergebnisse vorzulegen und sie in Bezug auf ihre ›Gültigkeit‹ zu befragen. Im Mittelpunkt der externen Validität steht demgegenüber die Frage nach der Transferierbarkeit und Passung der im Forschungsprozess formulierten Theorien oder Konzeptionen. Können sie auf andere Bereiche, Felder oder Situationen fruchtbar angewendet oder aber verallgemeinert werden und wo liegen die Grenzen dessen?

3.2 Leitfragen der Dispositivanalyse

Die bisher angestellten Überlegungen zu den methodologischen Basisannahmen der Dispositivanalyse verweisen darauf, dass nicht nur die Verbindungen, Verknüpfungen bzw. Vernetzungen von Aussagen und Machtrelationen, diskursiven und nicht-diskursiven Praxen dispositivanalytisch zu erforschen sind. Vielmehr stellen sich darüber hinaus auch Fragen nach den dispositiven Wirkungen etwa auf das Alltagswissen und die Alltagspraxen der Akteure, aber auch in Bezug auf die Subjektivationen/Subjektivierung und mögliche symbolische und/oder materiale Objektivationen. Zu den Fragen nach Diskurs, Wissen, Macht, Praxis und Subjekt kommt also konsequenterweise die Frage nach dem Verhältnis von Diskurs und Alltagswissen, Alltagsgespräch, Alltagspraxis hinzu – zumal diese Begriffe bisherige Leerstellen in der Diskursforschung bezeichnen (vgl. dazu auch Waldschmidt et al. 2007) und mit dem Dispositivbegriff einholbar werden. Schließlich erscheinen Dispositive in dieser Perspektive – wie bereits angedeutet – als sich institutionalisierende bzw. institutionelle Antworten auf bestimmte gesellschaftliche Problemlagen; sie reagieren auf und produzieren selbst gesellschaftlichen Wandel und zeitigen beabsichtigte, aber auch nicht beabsichtigte Wirkungen, Nebenfolgen innerhalb des gesamten Ensembles als Transformation von Machtbeziehungen und Herrschaftsstrukturen.

In Abb. 9 werden die in Kap. 2 erarbeiteten Dimensionen der Dispositivanalyse im Zusammenhang graphisch illustriert, um dann deren Ausbuchstabierung entlang von Leitfragen in den folgenden Abschnitten zu leisten. Was demnach analytisch mit dem Dispositivkonzept in den Blick genommen werden soll, ist nicht per se das Nicht-Diskursive, das Gegenständliche, das (praktische) Tun als solches. Vielmehr geht es zentral um die Auseinandersetzung mit der Frage, was aus diskursiv vermittelten Wissensordnungen inwieweit ›wirkliche‹ (und insofern ›machtvolle‹) Effekte zeitigt, als dass es in seiner kollektiven wie individuellen Vermittlung im Selbst- wie Weltbezug handlungswirksam wird und dadurch (erst) auf jene Wissensordnungen rückwirken kann. Damit wird auch deutlich, dass das Dispositivkonzept und seine Erforschung nicht nur auf der Meso-Ebene zu verorten sind, sondern in der Tat eine Vermittlung zwischen Makro- und Mikro-Ebene ermöglicht: Die Konstitution von Subjektivität durch diskursive und nicht-diskursive Praktiken wird ebenso empirisch zugänglich wie die symbolische und materiale Strukturierung des Alltags durch jeweils vorherrschende, interdiskursiv vermittelte (Alltags-)Wissensordnungen. Diese Mikro-Ebene ist in der Diskursforschung bislang entweder weitgehend unterbelichtet oder wird – diskurstheoretisch nicht unproblematisch – z.B. als interpretativ-verstehende Mikrosoziologie eingeholt.

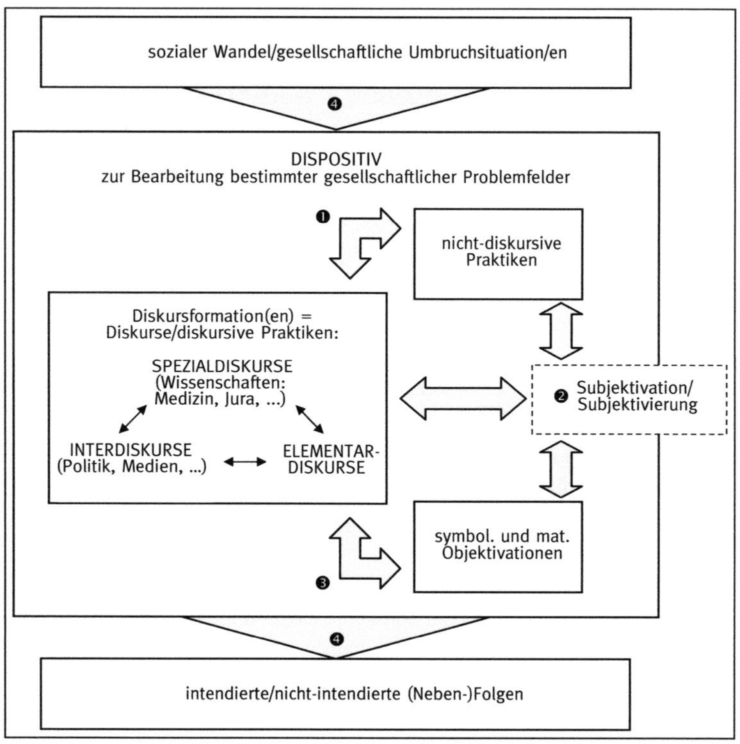

Abbildung 9: Dimensionen der Dispositivanalyse

Mit Blick auf die in Kap. 2.3 (S. 68ff.) erläuterten Differenzierungen in Bezug auf *Subjektivation/Subjektivierung* würden in dieser Abbildung *Subjektformierungen/-positionierungen* noch innerhalb des Dispositivs erscheinen. *Subjektivierungsweisen* hingegen als erfolgreiches Aneignen, gar Erlernen eines Selbst-Verständnisses, welches mit Blick auf gesellschaftlich hegemoniale Subjektformierungen mit mehr oder weniger affirmativen bis hin zu ablehnenden, widerständigen Praktiken der Subjektformierung einhergehen würden, wären dann – je nachdem – am Rande oder sogar außerhalb des untersuchten dispositiven Bereichs zu platzieren. (Um die Graphik nicht zu überfrachten, belassen wir es jedoch bei der allgemeineren Bezeichnung ›Subjektivation/Subjektivierung‹.) Wichtig ist darüber hinaus, dass z.B. bestimmte, dispositiv hervorgebrachte Subjektivierungsweisen über Praxis in unterschiedliche Diskursformationen, also z.B. in wissenschaftliche oder alltägliche Diskurse eingehen können. Da deren beabsichtigte oder unbeabsichtigte (Neben-)Wirkungen und Funktionen wiederum heterogen sein können, unterscheiden wir hier im Rückgriff auf Jürgen Link (2005, 2007) zwischen *Spezialdiskursen, Interdiskursen und Elementar- bzw. Alltagsdiskursen.* Unter *Diskursformation* verstehen wir die dabei jeweiligen (disziplin- und themenspezifischen) Diskurse (was wird als Wahrheit produziert?) und die damit einhergehenden diskursiven Praktiken (wie wird der Wahrheit ihr Status verliehen?).

Von diesem Dispositivverständnis aus lässt sich nun exemplarisch zeigen, auf welchem methodologischen Fundament bzw. Orientierungsrahmen die darauf aufbauenden methodisch-praktischen Umsetzungen einer dispositivanalytischen Forschungsperspektive in der empirischen Forschung stehen. Fasst man die in den vorangegangenen Abschnitten versammelten Überlegungen zusammen, fragen Dispositivanalysen nach den folgenden Verhältnisbestimmungen:

1. *Praktiken*: In welchem Verhältnis stehen diskursive Praktiken in Gestalt z.B. von Spezialdiskurs(en), Interdiskurs(en) und/oder Elementar- bzw. Alltagsdiskurs(en) und (alltagsweltliche) nicht-diskursive Praktiken?
2. *Subjektivationen/Subjektivierungen*: In welchem Verhältnis stehen diskursive Praktiken, nicht-diskursive Praktiken, symbolische wie materiale Objektivierungen und Subjektivation/Subjektivierung?
3. *Objektivationen*: In welchem Verhältnis stehen diskursive Praktiken mit den vorherrschenden Wissensordnungen, die sich in der ›Ordnung der Dinge‹ manifestieren (im Sinne von symbolischen wie materialen Objektivationen insbesondere in Alltags-/Elementarkulturen)?
4. *Gesellschaftstheoretische Kontextualisierung*: In welchem Verhältnis stehen diskursive Praktiken, nicht-diskursive Praktiken und Objektivationen – kurzum: Dispositive – mit sozialem Wandel (z.B. gesellschaftlichen Umbruchsituationen) und dispositiven (nicht-) intendierten (Neben-)Folgen?

Diese vier, nur analytisch zu trennenden Fragen nach den Verhältnisbestimmungen – die selbstverständlich nicht alle bei jeder empirischen Unternehmung im Rahmen dieser Forschungsperspektive gleichermaßen adressiert werden können – bezeichnen zugleich die Leitfragen von Dispositivanalysen. Diesen vorgeschaltet ist eine Verhältnisbestimmung unterschiedlicher und mit Blick auf die je interessierende und zu erforschende Fragestellung wichtiger Diskurse/diskursiver Praktiken bzw. Diskursformationen. Hier muss freilich nicht notwendigerweise eine wie auch immer ausgerichtete eigene (sozialwissenschaftliche) Diskursanalyse erfolgen. Erforderlich ist jedoch

– gemäß der eigenen Forschungsfragen – eine Klärung des Verhältnisses zwischen je damit tangierten Spezialdiskursen, Interdiskursen, Elementardiskursen, um – gleichgültig, an welcher Leitfrage die Dispositivanalyse ansetzt – so die Visibilität des Forschungsprozesses bereits auf konzeptioneller Ebene zu gewährleisten und auch die Validität der Ergebnisse kontrollieren zu können. Dabei ist – hier nur kurz als Illustration angeführt – deutlich zu machen, ob untersuchte sprachliche Äußerungen, z.B.

- in Form von Zeitungsartikeln, als Bestandteile des hegemonialen oder marginalisierten Interdiskurses[12] betrachtet werden (und worauf dies gründet);
- im Rahmen einer nicht-teilnehmenden Beobachtung, als Gesprächsprotokolle (Diskursfragmente) für einen Elementardiskurs im Forschungsdesign fungieren;
- als verbale Daten im Rahmen eines narrativen Interviews (das sicherlich auch als moderne Variante der Beichte zu betrachten ist), erst für und zusammen mit den Forschenden hervorgebracht wurden, um dann von den Forschenden als belegende Zitate für Thesen zum Bestandteil eines von ihnen – aber nicht von den Interviewten – (mit-)bestimmbaren Spezialdiskurses verwendet zu werden.

Bevor das methodisch-praktische Vorgehen bei Dispositivanalysen im vierten Kapitel noch eingehender zu diskutieren ist, sollen die nächsten Abschnitte die genannten Verhältnisbestimmungen mit Blick auf ihre methodischen Operationalisierungen kursorisch skizzieren.

3.2.1 Die Leitfrage nach den Praktiken

Bei dieser Leitfrage geht es um das Verhältnis von diskursiv vermittelten (vorherrschenden) Wissensordnungen in Form von Spezial-, Inter- und Elementar- bzw. Alltagsdiskursen sowie (alltagsweltlichen) nicht-diskursiven Praktiken.

Dispositivanalysen beziehen sich auf das diskursive Feld des Gesagten/Ungesagten in seinem Verhältnis zu dem entsprechenden Praxisfeld (offen bleiben kann an dieser Stelle, ob insbesondere für

---

12 | Hier kann mit Link (2005: 91) zwischen einem ›hegemonialen elaborierten Interdiskurs‹, ›nicht-hegemonialen diskursiven Positionen im hegemonialen elaborierten Interdiskurs‹ sowie ›nicht-hegemonialen elaborierten Interdiskursen‹, also Gegendiskursen, unterschieden werden.

diese Verhältnisbestimmung eine ›eigene‹, der Dispositivanalyse vorgeschaltete Diskursanalyse erforderlich ist). Diskurse als ›das Gesagte‹, als regelhafte Praxis der Aussagenproduktion operieren entlang des Zusammenspiels folgender Unterscheidungen:

- der Differenz zwischen dem Gesagten im Sinne einer ›Positivität der Aussage‹ und dem Ungesagten als dem Nicht-Auftreten einer Aussage;
- der Differenz zwischen dem Sagbaren, aus dessen Möglichkeitsraum einer Diskursformation als diskursives Innen sich das Gesagte speist, und dem Unsagbaren, das die Grenze zum diskursiven ›Außen‹ markiert als das, was nicht in der einen, sondern nur in einer anderen Diskursformation als sagbar erscheint bzw. gesagt werden könnte;
- der Differenz zwischen dem zu Sagenden und dem nicht zu Sagenden – hier verstanden als normative Aussageforderungen bzw. Aussageverbote. Allerdings: Nicht alles, was sagbar ist, darf oder muss gesagt werden, und auch nicht alles, was sagbar ist, braucht gesagt zu werden. Hier sind also insbesondere Überschneidungen oder Unterscheidungen im Ungesagten zu beachten zwischen dem, was dem nicht zu Sagenden und dem Unsagbaren geschuldet ist: was aufgrund eines Aussageverbots nicht gesagt werden darf; was als Aussagemöglichkeit nicht ›verfügbar‹ ist; und schließlich das, was kollektiv gewusst als das gilt, was nicht gesagt zu werden braucht (weil es selbstverständlich ist, weil es als Gesagtes – gegenüber dem Tun – seine Wirkung verlieren könnte etc.).[13]

Diese analytischen Differenzierungen ermöglichen es, manifeste/latente *Praktiken des Unterscheidens* in Diskursen/Diskursformationen im Verhältnis zu nicht-diskursiven Praktiken zu beschreiben. Somit können sie das dispositivanalytische Vorgehen dahingehend informieren, in welchem (›Macht‹-)Verhältnis in dem anvisierten Praxisfeld

13 | So z.B. bei der Logik des Gabentausches (Mauss 2004), der über Reziprozitätsnormen Individuen oder Gruppen wechselseitig verpflichtet (und damit vergemeinschaftet), wobei gerade die Thematisierung dieser wechselseitigen Verpflichtung den symbolischen Ausdruck der Geste des Gebens gefährden oder gar konterkarieren kann. In ähnlicher Weise gilt dies auch für performative Akte. Kann doch meistens das eigene Geschlecht ohne weitere Komplikationen dargestellt werden, indem man entsprechend handelt und nicht explizit sprachlich zum Ausdruck bringt, welchem Geschlecht man angehört.

konkurrierende Deutungen/Handlungsnormen zu unhinterfragten, unhinterfragbaren Deutungsgewissheiten, Handlungssicherheiten und (Alltags-)Selbstverständlichkeiten stehen, die das Wahrnehmen, Deuten und Handeln gleichsam unterhalb von expliziertem und explizierbarem Wissen ausrichten. Denn das Gesagte verweist immer auch auf etwas Ungesagtes, das als das Verschwiegene, das damit vielleicht Verheimlichte in seiner Differenz zum Gesagten das Verhältnis zwischen dem Normalen, Erwarteten, Gewöhnlichen und dem Unnormalen, Unerwarteten, Ungewöhnlichen markieren kann. Das Ungesagte kann aber – im Gegensatz zum Verheimlichten – ebenso das nicht notwendig zur Sprache zu bringende sein, weil es als Unhinterfragbares, als Selbstverständliches keiner Artikulation bedarf – zumindest solange es keinerlei Irritation ausgesetzt ist. Das Sagbare wiederum, das Gesagte und Ungesagte umfassend, kontrastiert das Feld des Unsagbaren. Das Sagbare, als alles, was gesagt werden könnte – wie ›normal‹ oder ›unnormal‹ es auch immer wäre, welchen Normen es auch immer ent- oder widersprechen würde –, wäre immer dasjenige, was in einer gegebenen Ordnung des Wissens, des Denkens den über ihre Wirklichkeit Auskunft gebenden Akteuren überhaupt als denkbar und damit als möglicherweise sagbar zuhanden ist. Das Unsagbare hingegen wäre jenes, wovon in der Tat nur geschwiegen werden kann, nicht weil es infolge von Normen bzw. Tabus nicht sagbar wäre (und vielleicht gerade deshalb Gegenstand vielfältiger Kommunikationen ist), sondern weil es als Sagbares dem jeweiligen (Alltags-)Denken (eines bestimmten Kollektivs) gar nicht zur Verfügung steht.

Den methodisch-praktischen Zugriff für die Datengenerierung bieten die vielfältigen Ansätze und Verfahren des (teilnehmenden sowie nicht-teilnehmenden) Beobachtens in Verbindung vor allem mit explorativen (Feld-)Interviews (Honer 1994) in den jeweils zu erforschenden Handlungs- bzw. Wissens-/Praxisfeldern. Doch dabei ist insbesondere jenes, in Bezug auf ethnographische Studien[14] wohl-

14 | Ethnographisch inspirierte soziologische Analysen in modernen Gesellschaften zielen darauf ab, den ›Eigen-Sinn‹ spezifischer Lebenswelten und -weisen zu erkunden. Dabei geht es darum, gerade nicht über die Köpfe der Akteure hinweg, sondern über eine ›Befremdung der eigenen Kultur‹ (Hirschauer/Amann 1997) aus der Perspektive eines (typischen) Akteurs die konkreten Erfahrungen der Individuen, die im Feld geltenden Relevanzsysteme und das dort anerkannte Wissen zu rekonstruieren und so typologische Konstruktionen bzw. empirisch begründete Theorien zu formulieren. In ethnomethodologischer Perspektive wären dann etwa mit Hilfe von Beobachtungsdaten und Kommunikationsprotokollen diejeni-

bekannte ›Perspektivenproblem‹ zu beachten (Hitzler/Honer 1997), welches sich in der Differenz ausdrückt zwischen der sinnhaft-praktischen Ordnung der Alltagswelt aus der Perspektive der Akteure und deren Bedeutungszumessungen, dem, was als ›sinnvolle‹ (›wahre‹) Wissensordnung diskursiv vermittelt ist, und jenem, was beides als Möglichkeitsraum rahmt bzw. begrenzt. Dabei gilt es, ›das Fremde‹ zum Sprechen zu bringen und die eigene und die fremde Erfahrungsstruktur sowie die eigene Deutung und den Deutungsgegenstand zu einem wissenschaftlichen ›Universe of Discourse‹ objektiv möglicher, d.h. intersubjektiv nachvollziehbarer Kontexte und Bedeutungen zuzuordnen. Zu beachten ist hier auch die sogenannte Sequenzialität des Diskurses. So kann keine Einzeläußerung ›für sich‹ genommen werden, denn sie ist eingebettet in:

- die ihr vorausgehenden Äußerungen und den Handlungskontext insgesamt;
- in die unmittelbar vorausgegangene Äußerung des Gegenübers oder der Sprechenden selbst;
- in die erwartbaren und erfolgten Nachfolgeäußerungen;
- in den Handlungs- und Sinnhorizont des gesamten Interaktionszusammenhangs.

Zugleich rekonstruiert und reproduziert jeder Interaktionszusammenhang eine ihm zugrunde liegende Struktur in einer historisch konkreten Textform und vor dem Hintergrund der historisch je spezifischen Rahmenbedingungen. Nicht zuletzt wäre hier dann auch sinnvoll und erforderlich, die solchermaßen generierten Daten hinsichtlich ihrer möglichen Zuordnungen bzw. Bezüge zu Spezialdiskursen, Interdiskursen und/oder Elementar-/Alltagsdiskursen zu prüfen und so das Verhältnis zwischen diesen unterschiedlichen diskursiven Praktiken und den nicht-diskursiven Praktiken in den erforschten Wissens-/Praxisfeldern auszuloten.

---

gen ›Verfahren‹ zu untersuchen, mit denen die Akteure in spezifischen Lebenswelten in ihren alltäglichen Handlungen und Interaktionen selbst die Wirklichkeit hervorbringen, in der sie agieren. Auf diese Weise können die Wissensstrukturen, die Deutungsschemata, kurz das Bedeutungsgewebe und damit verbunden die je vorherrschenden Logiken der Praxis in den untersuchten Lebenswelten rekonstruiert werden.

3.2.2 Die Leitfrage nach den Subjektivationen/Subjektivierungen

Hier steht – im weitesten Sinne – das Verhältnis von diskursiven, nicht-diskursiven Praktiken (mit deren jeweiligen Objektivationen) und Subjektkonstitution im Mittelpunkt. Gefragt wird nach diskursiven Subjektformierungen bzw. -positionierungen einerseits und alltagspraktischen Subjektivierungsweisen andererseits. In diesem, jeweils auf Subjektivation/Subjektivierung gerichteten Analysefokus ist die für Dispositivanalysen wichtige analytische Differenzierung zwischen diskursiven/nicht-diskursiven Praktiken noch einmal zu beachten. So sind zum einen Diskursformationen – so jedenfalls die Ausrichtung von Diskursanalysen – nach entsprechenden Vorgaben für Subjektformierungen/-positionierungen zu durchsuchen, zum anderen sind dispositivanalytisch generell vor allem nicht-diskursive Praktiken von besonderem Interesse, die eben nicht per se ›außerhalb‹ von Diskursen im Sinne ihrer Unabhängigkeit, Unbeeinflussbarkeit stehen, deren Bezug zu Diskursen jedoch offen und empirisch zu klären ist. Gemäß der in Kap. 2.1 (S. 33ff.) erläuterten kritischen Ontologie der Gegenwart und ihrer Konstruktionsprozesse erscheint es sinnvoll, generell davon auszugehen, dass nicht-diskursive Praktiken – zu einem gegebenen historischen Zeitpunkt – insbesondere *nicht mehr* Gegenstand diskursiver (Konstruktions-)Prozesse sind. In solchen Praktiken haben sich Diskurse bzw. die entsprechenden Wissenselemente möglicherweise soweit sedimentiert, dass als unhinterfragbare Selbstverständlichkeiten nichts mehr expliziert zu werden braucht und/oder als ein habitualisiertes, ›in Fleisch und Blut‹ übergegangenes ›Know How To Do‹ nicht (mehr) expliziert werden kann und gerade darin deren Subjektivations-/Subjektivierungseffekt liegt. Hier – in einem Tun, in dem man gleichsam als Selbst aufgeht, ein Tun, das man einfach ›ist‹ – lässt sich das eigene Selbst erleben, leiblich spüren, körperlich erfahren und auf eine Art und Weise deuten, in der die Qualität der Konstruktion des Selbst durch das Selbst gleichsam ›völlig verschwindet‹.[15] Diese Blickrichtung auf nicht-diskursive Praktiken, die nicht mehr Gegenstand von Diskursen sind, bedeutet im Umkehrschluss aber

15 | Hier wäre eine genauere Unterscheidung von verschiedenen Typen solcher (nicht-diskursiver) Praktiken interessant, die unter je bestimmten Bedingungen eine solche ›Subjektivations-/Subjektivierungs-Qualität‹ erreichen und z.B. von beruflichem Handeln in besonderen Situationen (bei spezifischen Professionen) über verschiedene Freizeitaktivitäten bis hin zum Verrichten von Alltagsroutinen reichen können.

auch, dass analytisch umso spannender jene nicht-diskursive Praktiken sein könnten, die erkennbar *noch nicht* Gegenstand diskursiver Formierung sind, um deren materiale dispositive Hervorbringung, ihre Funktion(en) und Folgen insbesondere für das Selbst der Akteure auszuleuchten.[16]

Zur empirisch-praktischen Erforschung dieses Verhältnisses zwischen diskursiver/nicht-diskursiver Praxis und *Subjektkonstituierung* bietet es sich auf der einen Seite an, Diskursforschung mit verschiedenen nicht-standardisierten Beobachtungsverfahren zu kombinieren. So könnten ausgehend von Überlegungen der schon erwähnten Gouvernementalitätsforschung die materialen und symbolischen Objektivierungen wie Subjektivierungen und die damit verbundenen ›Regierungs-Praktiken‹ in den Feldern Wirtschaft, Arbeit und Bildung, aber auch in der Sozialpolitik bis hinein in Familie, Freizeit, Freundeskreis untersucht werden. Dabei ist zu fragen, wie das Wahrnehmen, Verhalten und Erleben von Menschen vor dem Hintergrund bestehender und/oder sich verändernder Machtrelationen und Herrschaftsverhältnisse (trans-)formiert werden soll. Hier stünde also – vereinfacht formuliert – die Erforschung der diskursiv produzierten und vermittelten normativen Vorgaben im Zentrum des Forschungsinteresses. Auf der anderen Seite liegt es nahe, nicht nur die Diskurs-, sondern auch die Dispositivforschung und Biographieforschung miteinander zu verbinden. Allerdings gilt es hier, (Auto-)Biographien gerade *nicht* als Repräsentationen eines gelebten, erlebten und erzählten Lebens zu begreifen, dessen Spuren, Gewissheiten und Wahrheiten rekonstruiert werden könnten, um dann z.B. zu formulieren, Menschen erlebten und deuteten sich ›wirklich‹ um 1900 als weibliche Individuen anstatt wie zuvor (bzw. dann danach) als Hausfrau, Mutter und Ehefrau. Vielmehr geht es darum, dass Interviewte sich im Sinne von Biographizität als Subjektformierung präsentieren, wie sie sich erleben, deuten und wahrnehmen. Ihre Autobiographien können als – wohlgemerkt in der Interviewsituation interaktiv hergestellte – Präsentationen der jeweils

---

16 | Als illustratives Beispielfeld für solche nicht-diskursiven Praktiken bieten sich wohl vor allem Jugendkulturen/-szenen an mit ihren kreativen Akten von Stilschöpfungen durch die Kombination und Umdeutung von ›Dingen‹ (›Bricolage‹) aus hegemonialen Wissensordnungen (aus der Erwachsenenkultur, aus als dominant wahrgenommenen anderen Jugendkulturen/-szenen). Über das Zusammenspiel von diskursiven und nicht-diskursiven Praktiken werden die Objektivationen dieser Akte zum kennzeichnenden, zum für den Einzelnen Authentizität verheißenden und ausdrückenden Stil des jeweiligen Kollektivs.

aktuellen, biographisch gerahmten Selbstdeutungen und -wahrnehmungen gedeutet werden – kurzum: als situationsspezifische interaktive Produktion von Subjektivität.

Auf diese Weise müssten sich im Übrigen Diskurs- (bzw. Dispositiv-) und Biographieforschung nicht länger angestrengt ignorieren – was leider noch vielfach geschieht –, sondern könnten in einen fruchtbaren Dialog eintreten. Der Authentizitäts- und Wahrheitsanspruch der Biographieforschung müsste allerdings einem epistemologischen Interesse für die Präsentationsweisen des Selbst weichen. Und eine allzu oft und bisweilen viel zu ›Seins-vergessene‹ bzw. ›Praxis-vergessene‹ Diskursforschung müsste sich für die eigenen Machtwirkungen und damit verbundenen Materialisierungen interessieren. Denn es scheint – wiederum bezogen auf die kritische Ontologie der Gegenwart und ihre (Re-)Konstruktionsprozesse – bedenklich, erzählte Lebensgeschichten mittels gesellschaftlich präformierter (diskursiv hervorgebrachter) Vokabeln, Begriffe, Konzepte usw. entsprechend bestimmter unbewusster generativer Strukturen (als authentisch oder auch nicht) zu erforschen und z.B. die diskursive Konstruktion des Konzepts Authentizität und die daran anknüpfenden Zuschreibungen von ›Wahr-Sprechen‹ zu vernachlässigen (Schneider 2007a). Dagegen wäre genau hier anzusetzen und zwischen den alltäglich zu beobachtenden biographischen Phänomenen und den subjekttheoretischen Prämissen der Biographieforschung zu differenzieren (vgl. Bührmann/Fischer 2008). So könnte geklärt werden, ob, und wenn, in welcher Weise Diskurse bzw. bestimmte diskursive Praxen als Generatoren und/oder Stabilisatoren nicht nur alltäglichen Handelns, sondern auch auf das Selbstdeuten, -wahrnehmen und -erleben sowie seiner intersubjektiven, kommunikativen Vermittlung wirken. In diese Richtung argumentieren mittlerweile auch einige biographisch Forschende. So haben z.B. Thomas Schäfer und Bettina Völter (2005: 169) vorgeschlagen, biographische Selbstartikulationen weniger als reproduktive denn als produktive lebensgeschichtliche Praktiken zu begreifen. Dabei gehen sie davon aus, dass Diskurse in den Handlungswie Deutungsmustern der Individuen »als Generatoren und Stabilisatoren von Alltagshandeln und Selbstbildern« (ebd.: 179) wirken und als solche auch rekonstruiert werden könnten. Das wiederum bedeutet, »dass ein Autograph sich nicht allein auf der Basis seiner subjektiven Gewordenheit bzw. aufgrund von sozialen Zwängen so und so verhält, selbst verständigt oder darstellt, sondern dass er dabei auch Diskursen unterliegt« (ebd.: 178).

3.2.3 Die Leitfrage nach den Objektivationen

Erforscht und problematisiert wird hier das Verhältnis zwischen Diskurs, nicht-diskursiven Praktiken und den symbolischen Objektivierungen sowie materialen Vergegenständlichungen, insbesondere auch hinsichtlich ihrer (Macht-)Wirkungen auf Subjekte und Diskurse. Dispositivanalysen mit ihrem Forschungsinteresse für nicht-diskursive Praktiken und Sichtbarkeiten/Vergegenständlichungen stehen vor dem methodischen Problem der Rekonstruktion des in eine Handlung einfließenden bzw. des in einem Gegenstand materialisierten Wissens. Dies kann generell dadurch bewältigt werden, Handlungen nicht hinsichtlich der mit ihnen verbundenen subjektiven Sinnsetzungen zu rekonstruieren, sondern als Praxen bzw. Praktiken bezüglich darin wirksam werdender Wissenselemente und der dahinter stehenden Wissensordnungen, die sich in den materialisierten oder sich materialisierenden Ergebnissen dieser Handlungen manifestieren.

Während handelnde Personen beobachtet und über ihr Wissen, ihre Motive befragt werden können, sind Vergegenständlichungen ohne Stimme (Jäger/Jäger 2002a). Deshalb besteht die Aufgabe darin, das Bedeutungsfeld der jeweiligen Vergegenständlichungen zu erfassen, das in ihnen verborgene Wissen zu rekonstruieren, um herauszufinden, wie und in welchen Funktionen diese Vergegenständlichungen im Dispositiv wirken. Damit wäre eine eigene Art *dispositivanalytisch-wissenssoziologischer Phänomenologie der Dinge* gefordert, welche die in den Dingen selbst eingelassenen Wissensformen und Handlungsskripte ihres ›rechten Gebrauchs‹ zu dem in Beziehung setzt, was ›tatsächlich‹ damit getan wird. Denn Erfahrung als sinnhaftes In-der-Welt-Sein ist viel stärker über die Aneignung von und Auseinandersetzung mit Objekten strukturiert, als es ein ausschließlich auf die Kontingenz des Be-Deutens fokussierender, in diesem Sinne rein diskursanalytischer Blick nahelegt. Dabei ist ein besonderes Augenmerk auf die inkorporierten Eigenschaften und materialen Widerständigkeiten der Dinge, vor allem der materialen Objektivationen, zu legen, die es zwar zulassen, manches, aber eben nicht alles mit ihnen zu tun. Insofern gilt es, die hier entlang des Dispositivkonzepts diskutierte Erweiterung des diskursanalytischen Blicks hin zu einer umfassenden Analyse der konkret erfahrbaren gesellschaftlichen Wirklichkeit, die sich den Akteuren nicht nur qua (diskursiv vermitteltem) Wissen und Kommunikationen erschließt, sondern ihnen in den Objektivationen ihres Denkens und Handelns als ›gegenständliche Welt‹ gegenübertritt und so zum ›Gegen-Stand‹ wird, auch methodisch-praktisch voranzutreiben.

Vor diesem Hintergrund sind insbesondere von einer *Artefaktanalyse* fruchtbare Erkenntnisse für die Dispositivforschung zu erwarten, wie von Manfred Lueger und Ulrike Froschauer vorgeschlagen wird (Froschauer 2002; Lueger 2000). Sie verstehen Artefakte als ›Objektivationen sozialer Beziehungen‹, als materialisierte Objektivationen menschlichen und damit gesellschaftlichen Handelns, die in ihren Merkmalen und Kennzeichen Auskunft über diese Beziehungen geben. Zu nennen sind hier z.B. architekturale Einrichtungen, Gebäude, öffentlich gestaltete Räume, aber auch etwa Gebrauchsgegenstände des alltäglichen Lebens wie Einkaufswagen, Walkman oder beispielsweise Bilder und Photographien in ihren dinglichen Merkmalen bis hin zu den Spuren ihres Gebrauchs wie etwa Abnutzungserscheinungen oder Materialveränderungen. Insofern sich in diesen Dingen/Objekten und ihren Nutzungsspuren kulturelle (Be-)Deutungen manifestieren, können Artefakte als Materialisierungen von Kommunikationsprozessen, also diskursiven, aber auch nicht-diskursiven Praktiken verstanden werden. D. h.: Artefakte werden durch Menschen nicht nur in sozialen Prozessen entworfen, bearbeitet oder produziert, sondern sie bleiben nach ihrer Herstellung, also in ihrer Benutzung weiterhin im Kontext menschlicher Beziehungen, indem sie eingesetzt, verwendet, ge- oder verbraucht werden. In dispositivanalytischer Perspektive ist dabei folglich nicht nur interessant, Artefakte selbst zu erforschen, also ihre Hör-, Sicht-, Tast- und Nutzbarkeit detailliert zu beschreiben. Sondern als aufschlussreich erscheint es auch, den Zusammenhang zwischen deren diskursiver Hervorbringung und den Prozessen der Materialisierung, der Einbettung der untersuchten Artefakte in die ›Ordnung der Dinge‹ einschließlich ihrer Gebrauchsweisen bzw. Gebrauchsspuren sowie ihre alltägliche Nutzungs-/Funktionsweise und ihre Bedeutungsvarianten zu untersuchen.

Grundsätzlich sind hierbei jedoch immer auch – neben den materialen Produktionsprozessen und Verwendungskontexten – die (nicht nur symbolisch wirksamen symbolischen) Konstruktionsprozesse in den Blick zu nehmen, ohne dabei in einen ›naiven‹ Konstruktivismus zu verfallen. Konstruktionsprozesse haben auch materiale (Aus-)Wirkungen, die sich gleichsam unabhängig von ihrer Konstruktion machen und ein Eigenleben mit Eigen-Sinnigkeiten entwickeln können – aber nicht müssen. Ein solcher praxeologisch informierter *materialer (Re-)Konstruktivismus* als analytische Strategie zeigt Potenziale und Möglichkeiten auf, wie die Wirklichkeitskonstruktionen überhaupt erst wirkungsvoll zu Objektivationen oder Subjektivationen werden können. Er erforscht, wie alltägliches Wissen und Wahrheiten, gewohnte wie unhinterfragte Wahrnehmungsmuster und -kategorien hervorgebracht worden sind und nun als unhinterfragbare quasi natürliche Gewissheiten symbolischer und materialer Ordnungen das Handeln der Akteure anleiten.[17]

3.2.4 Die Leitfrage nach dem sozialen Wandel

Schließlich stehen hier Fragen des Verhältnisses zwischen diskursiven und nicht-diskursiven Praktiken sowie deren Objektivationen und sozialem Wandel im Mittelpunkt. Was sind die historisch spezifischen Voraussetzungen für Dispositive und welche Folgen ergeben sich daraus für die (sich ändernden oder kontinuierenden) sozialen Beziehungen und Selbst-Verhältnisse von Menschen? Damit liegt diese vierte Leitfrage insofern ›quer‹ zu den vorangegangenen drei Fragen, als sie übergreifend, gleichgültig an welchem Punkt eine Dispositivanalyse empirisch ansetzt, grundsätzlich und immer die gesellschaftstheoretische Verortung und zeitdiagnostische Einordnung des empirisch in den Blick genommenen dispositiven Zusammenhangs einfordert.

Dispositive stellen – so die mit dem Dispositivkonzept formulierte Annahme (vgl. S. 53ff.) – institutionelle Antworten auf bestimmte gesellschaftliche *Problemlagen* dar und produzieren selbst gesellschaftlichen Wandel. Deshalb muss die Empirie das im Auge behalten, was Foucault im Rahmen seines Dispositivkonzepts mit dem Begriff ›Urgence‹ gekennzeichnet hat, also die empirisch zu beantwortende Frage danach, was die mit den jeweils untersuchten Wissensordnungen und Praxisformen verbundene gesellschaftliche Problemlage charakterisiert. Allerdings wäre es ein Missverständnis, hierbei einfach von ›gegebenen Problemlagen‹ auszugehen, denn aufschlussreich für die Frage nach sozialem Wandel ist vielmehr, wann, warum und wie – d.h. mit welchen sich verändernden Praktiken – sich ein gesellschaft-

---

17 | In diesem Sinne liegt es nahe, die durch menschliche Tätigkeiten hervorgebrachten ›Dinge‹ – wie z.B. bei der Akteur-Netzwerk-Theorie (vgl. einführend z.B. Belliger/Krieger 2006) – selbst als ›agierend‹ im Rahmen von Netzwerken zu konzipieren, bei denen der Akteursbegriff bzw. der des ›Aktanten‹ dann nicht mehr allein auf menschliche Akteure fixiert ist. Und es liegt damit ebenso nahe, nicht mehr von strikten Unterscheidungen wie Natur/Kultur, Mensch/Nicht-Mensch, lebendig/tot usw. auszugehen, sondern nach den Konstruktionsweisen solcher Trennungen, ihren dinglich-praktischen Voraussetzungen wie nach ihren materialen Folgen sowie deren Veränderungen, Aufhebungen, Transformationen und Neu-Implementierungen zu fragen.

liches Sein in seinem gegebenen So-Sein *problematisiert*. So formuliert Foucault, ihm gehe es nicht darum,

»die Verhaltensweisen zu analysieren und nicht die Ideen, nicht die Gesellschaften und nicht ihre ›Ideologien‹, sondern die *Problematisierungen*, in denen das Sein sich gibt als eines, das gedacht werden kann und muß, sowie die *Praktiken*, von denen aus sie sich bilden. Die archäologische Dimension der Analyse bezieht sich auf die Formen der Problematisierung selbst; ihre genealogische Dimension bezieht sich auf die Formierung der Problematisierungen ausgehend von den Praktiken und deren Veränderungen.« [Herv. i. O.] (Foucault 1989a: 19)

Damit wird auch deutlich, warum solche gesellschaftlichen Problemlagen bzw. die Problematisierungen des Seins entlang des hier präsentierten Dispositivbegriffs analytisch eben *nicht* identisch mit z.B. den individuellen oder kollektiven Interessenslagen von Diskursakteuren sind und daher nicht in der empirischen Erforschung dieser Interessen aufgehen.

Daraus folgt: Die empirischen Befunde zu Kontinuität und/oder Wandel der dispositivanalytisch untersuchten sozialen Phänomene sind – z.B. über die analytische Konzeption von Handeln und Handlungseffekten, ihren intendierten/nicht-intendierten Folgen und Nebenfolgen und den darauf wiederum reagierenden Handlungen – in einen (gesellschafts- bzw. gegenstands-)theoretischen Deutungskontext zu stellen. Konkret bedeutet dies die Forderung nach einer theoretischen Fundierung der dispositivanalytischen Empirie, die sowohl auf das *jeweilige Phänomenfeld* bezogen ist als auch *zeitdiagnostisch* Auskunft über die damit verbundenen Prozesse *sozialen Wandels* geben kann. Dispositivanalysen benötigen in letzter Konsequenz also ein auszuweisendes *gesellschaftstheoretisches Modell*, welches – methodologisch dazu passend – das zu untersuchende Forschungsfeld über die Zeitachse hinweg begrifflich-konzeptionell erschließt und für den empirischen Zugriff öffnet.

Erst auf der Grundlage dieser gesellschaftstheoretischen und zeitdiagnostischen Einbettung können Dispositivanalysen dazu beitragen, eine für Machtphänomene sensible praxeologische Brücke zwischen Reden und ›nur‹ Handeln zu schlagen, indem sie die (historisch) unterschiedlichen Formen des In-der-Welt-Seins begreiflich machen, die nicht nur eine Frage des (Nicht-)Sagbaren, sondern immer auch der material-existenziellen (Un-)Sichtbarkeiten/(Un-)Erfahrbarkeiten sind. Freilich bleibt dabei zu bedenken, dass Dispositive (wie Diskurse) polyvalent wirken (können). D. h., dass ein und dieselbe diskursive Praxis oder diskursive Formation in ganz unterschiedlichen dispositiven Strategien mit jeweils anderen Wirkungen auftauchen und in verschiedener Weise wirken kann. Damit sind Diskurse ebenso wie auch Dispositive immer im Kontext historisch konkreter Herrschafts-/Machtformationen und Wissens(an-)ordnungen zu analysieren. Eine wichtige Forschungsfrage wie Analyseperspektive ist – mit Blick auf Subjektivation/Subjektivierung – folglich auch, ob und von wem in welcher Perspektive und wie, mit welchen Voraussetzungen und mit welchen Folgen Widerstand gegen Wissens(an-)ordnungen, gegen konkrete Herrschafts- bzw. Machtformationen, gegen Disponierende und Disponiert-Sein geleistet wird.

4. Methodische Umsetzungen: Zur dispositiv-analytischen Forschungspraxis

In den folgenden Abschnitten werden zum einen – entlang der im vorangegangenen Kapitel vorgeschlagenen Leitfragen – grundlegende Hinweise zum methodischen Vorgehen bei Dispositivanalysen gegeben (Kap. 4.1). Zum anderen illustriert die exemplarische Diskussion zweier Forschungsfelder aus unseren eigenen Forschungsschwerpunkten die konkrete Ausgestaltung dispositivanalytischer Forschungsdesigns (Kap. 4.2). Damit soll auch verdeutlicht werden, dass die Dispositivanalyse weder eine standardisierte Vorgabe für eine notwendige Abfolge von Untersuchungsschritten oder -phasen vorsieht, noch damit zwingend ein bestimmtes (Datenerhebungs- oder Auswertungs-)Verfahren für die Analyse von diskursiven und nichtdiskursiven Praktiken, Subjektivationen und Vergegenständlichungen/Objektivationen verbunden ist. Vielmehr ist die Dispositivanalyse – zusammengefasst und gemäß den vorgestellten Überlegungen – als ein eigener Forschungsstil zu sehen, der auf bestimmten erkenntnistheoretischen Grundlagen und eigenen begrifflich-theoretischen Bestandteilen als Forschungsperspektive basiert. Als methodologisch-methodischer Forschungsstil wird die Dispositivanalyse durch die perspektivisch-programmatische Fokussierung von Forschungsfragen gekennzeichnet, die auf die Verhältnisbestimmungen zwischen Diskurs, Nicht-Diskurs, Subjektivation und Objektivation in Bezug auf sozialen Wandel zielen.

Die entsprechend den skizzierten Forschungsfragen zu wählenden empirischen Forschungsstrategien ermöglichen im dispositivanalytischen Forschungsprozess – grosso modo – eine rekonstruierend-interpretative Position, die sich nicht darauf beschränkt, mittels hermeneutischer Operationen jene subjektiven Sinnsetzungen ›verstehend‹ nachzuvollziehen, welche die Individuen in ihren Alltagswelten setzen und wechselseitig verstehen bzw. zu verstehen suchen. Die empirische Forschungspraxis richtet sich dem gegenüber und weiter greifend auf die *Rekonstruktion des Gesagten und Sagbaren in Verbindung mit dem Gemachten und Machbaren (als Sichtbarkeiten bzw. Vergegenständlichungen) und seinen (›vor-bewussten‹, präreflexiven) Strukturierungen als für Individuen Denkbares/Undenkbares.* Kurzum: Was sind die überindividuellen Formierungsregeln des positiv Gesagten und Getanen angesichts des Ungetanen und Ungesagten im Horizont des Mach- und Sagbaren? Und welche Individuen mit welchen Welt- und Selbstbezügen als Subjekte gehen damit einher? Ziel ist es dann, die diskursiven und nicht-diskursiven Praktiken, die sich im Feld der kontinuierlichen Aussagenproduktion wie auch der sozialen, nicht-diskursiven Kräfteverhältnisse beobachten lassen, zu rekonstruieren. Dabei gilt die Hervorbringung bestimmter Ordnungen des Sag-/Sicht- und Machbaren mit ihren korrespondierenden Subjektkonstitutionen nicht als vorgängig Gegebenes, als Voraussetzung, sondern als Effekt unterschiedlicher, aufeinander bezogener, im eigentlichen Sinne: ›wechselwirkender‹ diskursiver und nicht-diskursiver Praktiken.

4.1 Zur methodischen Praxis: Ein kursorischer Überblick

Mit Blick auf die Frage nach den Machtwirkungen von Diskursen spricht Keller (2005: 261) – sicher zu Recht – von ›theoretischer und empirischer Phantasie‹, die auch bei solchen, am Dispositivbegriff orientierten Machtanalysen erforderlich sei. (Theoretische) Phantasie braucht es – auf der Basis der hier vorgestellten begrifflich-konzeptionellen Überlegungen und Leitfragen – sicherlich hinsichtlich der Formulierung fruchtbarer und tragfähiger Fragestellungen. Mehr noch aber ist methodisch-praktische Fantasie und eine breite methodische Kompetenz bei der Möglichkeit des flexiblen Einsatzes verschiedenster (standardisierter und nicht-standardisierter) Techniken der Datenerhebung und Datenauswertung erforderlich. Grundlegende, methodologisch zu begründende und methodisch-praktische Fragen wie z.B., ob eine Dispositivanalyse jemals ›vollständig‹ – weil ›das komplette Dispositiv‹ erfassend – leistbar sei, führen allerdings genauso ins Leere wie der Versuch, ›den Diskurs‹ komplett erfassen zu wollen. Hier wie dort unterläge man dem objektivistischen, ›verdinglichenden‹ Fehlschluss, soziale Phänomene in ihren symbolischen wie material-handlungspraktischen Merkmalen und Formierungen mit den auf sie gerichteten Analysekategorien, die diese Merkmale und Formen überhaupt erst analytisch zum Vorschein bringen, gleichzusetzen und damit zu verwechseln. Also: Nicht ›das Dispositiv‹ kann empirisch erforscht werden, sondern mit der Dispositivanalyse können Wechselwirkungen zwischen vorherrschenden Wissensordnungen, diskursiven und nicht-diskursiven Praktiken (im Alltag), ihre symbolischen wie materialen Objektivationen sowie die damit verbundenen Subjektivationen/Subjektivierungen empirisch untersucht und entsprechend (macht- und herrschafts-)theoretisch gedeutet werden. Auf dieser Grundlage und im Anschluss an die skizzierten konzeptionellen Überlegungen kann konsequenterweise kein starres Methodik-Rezept ausformuliert werden, aber es lassen sich konkrete forschungsstrategische/-praktische Hinweise für das empirische Vorgehen bei Dispositivanalysen geben.

Reformuliert man die im letzten Abschnitt ausgeführten Leitfragen und ergänzt sie um die damit jeweils möglichen methodisch-forschungspraktischen Operationen, ergibt sich folgende exemplarische Zusammenschau, die das breite methodische Spektrum eines dispositivanalytischen Vorgehens andeutet.

Diskursive und nicht-diskursive Praxis

Dispositivanalysen beziehen sich empirisch-praktisch auf das diskursive Feld des Gesagten/Ungesagten in seinem Verhältnis zu einem entsprechenden Praxisfeld: Gesagtes/Ungesagtes, Sagbares/Unsagbares ist somit in Verbindung zu bringen mit Getanem/Ungetanem, mit dem Machbaren/dem Unmöglichen vor dem Hintergrund des jeweils durch die diskursiv prozessierten Wissensordnungen und Wahrheitspolitiken bestimmten symbolischen Raums des Denkbaren im Verhältnis zum Undenkbaren.[1] Die analytische Differenz zwischen

---

1 | Dieses Undenkbare ist nicht als metaphysische (Absolutheits-) Kategorie zu verstehen, sondern empirisch als das zu rekonstruieren, was in der jeweiligen Wissensordnung als nicht denkbar ausgeblendet bleibt, und Forschende als solches erkennen können (z.B. im systematischen Vergleich verschiedener Wissensordnungen). Insofern ist für den Forschenden eben jener in Kap. 3 beschriebene epistemologische Bruch mit der im untersuchten Feld vorherrschenden Perspektive auf die Welt

diskursiven und nicht-diskursiven Praktiken (Habitualisierungen, Alltagsroutinen etc.) dient dabei als Heuristik, um von dieser Seite aus einen eigenständigen empirischen Zugang zu dem zu erhalten, was nicht per se außerhalb von Diskursen steht, aber als solches in situ keiner Diskursivierung unterliegt. So ist z.B. das Beten als nicht-diskursive Praxis mit religiösen Diskursen verbunden, kann aber als solches in seiner praktischen Form (z.B. stehend, kniend, liegend) hinsichtlich der darin zum Ausdruck gebrachten Transzendenzvorstellungen und Subjektformierung analysiert werden. Der Gottesdienst als solcher wäre eine Kombination von kollektivierten diskursiven und nicht-diskursiven Praktiken. Das Predigen von der Kanzel oder der Gebetsaufruf vom Minarett ist als Aussagepraxis diskursiv, und zwar nicht nur, weil hier ›gesprochen‹ wird, sondern weil – empirisch rekonstruierbar – ›machtvoll‹ geregelt ist, über was, in welchen Begrifflichkeiten mit welchem Ziel gesprochen werden darf und wird und wer qua welcher Legitimation die Sprecherposition einnehmen kann, wer oder was dem Gesprochenen den Wahrheitscharakter verleiht. Die Kanzel selbst, ihre materiale Gestaltung und Positionierung in der Kirche, die Architektur des Minaretts etc., als Vergegenständlichungen dieser Wissens-/Machtrelationen, präformieren, ›spuren‹ gleichsam das jeweilige Zusammenspiel der diskursiven und nicht-diskursiven Praktiken: Die Gläubigen blicken zum Prediger auf, der Gebetsaufruf kommt ›von oben‹ etc.

Als empirische Zugänge insbesondere zu diesem Zusammenspiel von Praktiken sind aus dispositivanalytischer Perspektive grundsätzlich sämtliche methodischen Zugriffe zur Datenerhebung denkbar, die im weitesten Sinne ›Handlungsprotokolle‹ liefern. Dies reicht von der Sammlung sogenannter ›natürlicher‹ Textdaten, also Handlungsprotokolle, die vom Feld selbst und unabhängig vom Forschungsprozess erstellt werden, über das Produzieren von solchen Protokollen z.B. als Videodaten durch teilnehmende/nicht-teilnehmende Beobachtungsverfahren in der Feldforschung (Knoblauch et al. 2006) bis hin zur gezielten bzw. mehr oder weniger kontrollierbaren Datenproduktion z.B. bei Experimenten im Feld. Abhängig von der Fragestellung sowie von deren theoretischen und methodologischen Fundierungen wären ggf.

unabdingbar. Foucault (1988c: 17) hat diese Erfahrung des Heraustretens aus der eigenen und Herantretens an eine ›andere‹ Wissensordnung, die zunächst als ›undenkbar‹ erscheint, in seinem Einstieg in die ›Ordnung der Dinge‹ anhand jener bekannten, aus einem Text von Jorge Luis Borges zitierten ›gewissen chinesischen Enzyklopädie‹ zur Klassifikation von Tieren demonstriert.

sogar Experimente in Laborsituationen denkbar, um das Zusammenspiel von diskursiven und nicht-diskursiven Praktiken in konkreten Interaktionssituationen zu rekonstruieren.

Darüber hinaus kann sich die Datengenerierung – mit Blick auf die genannten Beispiele – aber auch auf verschiedene Interviewformen erstrecken, z.B. als qualitative (Experten-)Interviews mit den Teilnehmenden an Gottesdiensten, also den Betenden wie den Priestern oder weiteren involvierten Akteuren (Messdiener etc.). Oder sie richtet sich auf die systematische Sammlung von Textfragmenten der für die Praxisebene relevanten Spezialdiskurse, z.B. zur räumlichen wie zeitlichen Gestaltung eines Gottesdienstes, zu seinen mythischen Bedeutungen und praktischen Erfordernissen. Die Auswertungsstrategien der solchermaßen generierten Daten hängen dann wiederum von der avisierten Fragestellung bzw. ihren theoretischen wie methodologischen Grundlegungen ab. Die Analyseprozeduren bewegen sich dabei in dem jeweils möglichen Spektrum, das mit Blick auf Textdaten bereits für die sozialwissenschaftliche Diskursanalyse gegeben und ausgearbeitet ist bzw. das für Beobachtungsdaten bzw. visuelle Daten von der ›dichten Beschreibung‹ bis hin zur Bild-/Photo- bzw. Videoanalyse reicht.[2]

Subjektivation/Subjektivierung: Technologien und Techniken des Selbst

Entlang der vorgeschlagenen analytischen Unterscheidung zu Subjektivation/Subjektivierung entlang der Dimensionen Subjektformierungen/Subjektpositionierungen einerseits und Subjektivierungsweisen (z.B. als praktische Darstellung, Inszenierung eines bestimmten Selbst-Verständnisses) andererseits rückt mit der Dispositivanalyse generell eine subjektfokussierte Empirie in den Vordergrund, die nicht – wie in Diskursanalysen häufig angelegt – Subjekte nur als individuelle oder kollektive Diskursakteure in den Blick nimmt. Vielmehr geht es in einem dispositivanalytischen Forschungskontext um die Frage nach den (disponierenden/disponierten) Praktiken des Selbst, die zum einen als *Technologien des Selbst* im Foucault'schen Sinne von Regierungstechnologien an Individuen herangetragen werden, um sie gemäß den jeweiligen normativen Vorgaben und Programmen, z.B.

2 | Vgl. hierzu im Überblick z.B. die Beiträge von Christel Hopf, Harry Hermanns, Ralf Bohnsack, Christian Lüders u.a. in Flick/v. Kardorff/Steinke (2004: 349ff.) sowie z.B. zum Thema Bildanalyse aus diskursanalytischer Perspektive Maasen/Mayerhauser/Renggli (2006).

– Stichwort ›Individualismus‹ – in modernen, differenzierten Gesellschaften, als individualisierte Subjekte zu vergesellschaften (vgl. Zima 2000). Zum anderen ist gerade der machtvolle und herrschaftsrelevante institutionelle ›Anrufungsprozess‹ von Individuen als Bestandteil des gesellschaftlichen Produktionsprozesses von Subjektivierung zu verstehen, in dem Menschen sich zunehmend aktiv und kreativ als Subjekte konstituieren (sollen) und dies im Sinne der ihnen hierfür zuhandenen *Techniken des Selbst* (im Sinne Erving Goffmans) als Selbst-Verständnis im sozialen Austausch darstellen, inszenieren, zum Ausdruck bringen.

Anstelle einer Empirie, die einer universalen, ahistorischen Subjekttheorie verbunden wäre, geht es in der dispositivanalytischen Forschungspraxis folglich um die je historisch spezifischen praktischen Selbst-Prozesse und deren Veränderungen im Spannungsfeld der dispositiven Hervorbringung des ›Subject To‹ im Verhältnis zum ›Subjected To‹. Dieses Spannungsfeld lässt sich exemplarisch dort empirisch verdeutlichen, wo z.B. gemäß der institutionell vorherrschenden Individualisierungslogik in modernen Gesellschaften immer mehr ein Selbst-Verständnis als ›unternehmerisches Selbst‹ (›Enterprising Self‹)[3] um sich greift, wo Menschen sozialstrukturell eben nicht als ›Unternehmer‹ positioniert sind. Z.B.: Wenn durch den sogenannten ›aktivierenden Sozialstaat‹ Individuen als abhängig Beschäftigte oder Arbeitslose unter ›eigenverantwortlich‹ zu bewältigende ›Wahlzwänge‹ gestellt werden, ohne faktisch über entsprechende Voraussetzungen zu verfügen und ohne Möglichkeiten zur Gestaltung der zur Wahl stehenden Handlungsoptionen zur Hand zu haben.

Darüber hinaus ist, wenn Subjektivation/Subjektivierung nicht nur diskurstheoretisch-normativ und auf der Ebene der Individuen gleichsam entmaterialisiert als Handlungs*anforderungen* gefasst werden soll, sondern mit Blick auf die vollzogene Praxis, das Selbst auch und vor allem als verkörpert, als material am *Körper* ansetzend zu begreifen

---

3 | Peter Miller und Nikolas Rose (1995: 54) beschreiben dieses ›unternehmerische Selbst‹ folgendermaßen: »The ›enterprising self‹ was a new identity for the employee, one that blurred, or even obligated, the distinction between worker and manager. The ›enterprising self‹ was the active citizen of democracy at work, whether in charge of a particular product division, a large corporation, or a particular set of activities on the shop floor. [...] Individuals had to be governed in light of the fact that they each sought to conduct their lives as a kind of enterprise of the self, striving to improve the ›quality marketplace of life‹ to themselves and their families through the choices that they tool within the marketplace of life.«

(Gugutzer/Schneider 2007). Anders gesagt: Das immer schon *leibhaftige* Selbst muss vom Individuum – innerhalb der und in der Auseinandersetzung mit den gegebenen gesellschaftlichen Machtbeziehungen und Herrschaftsstrukturen – auch aktiv verkörpert, also material dargestellt, in Szene gesetzt, in den sozialen Austausch ›gegenständlich‹ mittels Körperlichkeit eingebracht werden. Im Sinne einer solchen körperbezogenen ›Theorie der Praxis‹ (Bourdieu)[4] werden die Individuen nicht nur als Handelnde, sondern in ihrem leib-körperlichen Denken, Sagen und Tun auch als ›verkörperte Selbst-Darstellende‹ in ihrer Gesellschaftlichkeit bzw. Sozialität ernstgenommen.

Methodisch-praktisch reicht hier die Palette von möglichen empirischen Zugriffen von (biographischen) Interviews über Beobachtungsverfahren, die sich z.B. auf die Analyse von Selbst-Objektivationen durch spezifische ›Körperpolitiken‹ richten, bis hin zu ethnomethodologischen und konversationsanalytischen Verfahren, mit denen der Einsatz von Körperlichkeit, des Körpers in Bezug auf jeweils relevante Selbst-Verständnisse in mehr oder weniger institutionalisierten Interaktionssituationen verfolgt werden kann. Welches ›Doing Body‹ wird von den Akteuren in welchen Situationen aktiv als Körperpolitik im Sinne reflexiver Darstellung und Inszenierung eingesetzt, um ein bestimmtes Selbst im sozialen Austausch zu vermitteln, welches ›Doing Body‹ erfolgt dabei gleichsam präreflexiv in und durch die verkörperte Praxis der Akteure als unhintergehbarer, weil habitualisierter Ausdruck ihrer sozialen Situiertheit und biographischen Erfahrungsaufschichtung?

Auch hier zeigt sich, dass für die konkrete Arbeit mit Daten in Bezug auf einen dispositivanalytischen Zugriff auf Subjektivation/Subjektivierung – auch jenseits eines Rückgriffs auf biographieanalytische Verfahren – eine Vielfalt methodischer Ansätze denkbar ist. So könnten z.B. im Bereich von Erwerbstätigkeit/Arbeitslosigkeit narrative Interviews oder Gruppeninterviews mit Arbeitslosen geführt werden, die ihr Selbst-Verständnis vor dem Hintergrund der alltäglichen Erfordernisse zur Bewältigung ihres Alltags thematisieren, um Effekte von institutionell eingeforderter Aktivierung in Verbindung mit den möglichen Subjektivierungsweisen des unternehmerischen Selbst zu erforschen. Zu ergänzen wäre dann ein solcher empirischer Zugriff z.B.

4 | Vgl. hierzu auch den Bourdieu'schen Hexis-/Habitusbegriff, verstanden als ein sozial konstituiertes, nicht nur verinnerlichtes, sondern gleichsam einverleibtes »System von strukturierten und strukturierenden Dispositionen, das durch Praxis erworben wird und konstant auf praktische Funktionen ausgerichtet ist« (Bourdieu/Wacquant 1996: 154).

mit Beobachtungsdaten von Beratungsgesprächen in den Jobcentern und von Bewerbungsgesprächen, der auch und vor allem den Fokus auf körperpraktische Aspekte der Kommunikations- und Interaktionssituation zu legen hätte. Diese Beispiele sollen deutlich machen, dass ein dispositivanalytisches Vorgehen sich vor allem durch solche, thematisch ausgerichteten und theoretisch-konzeptionell begründeten Verknüpfungen verschiedener methodischer Zugriffe kennzeichnet, die – wie in dem angedeuteten Beispiel – das unternehmerische Selbst als Subjektivation/Subjektivierung unter einer macht-/herrschaftsanalytischen Perspektivierung bis hin zu seiner alltagspraktischen, körperbezogenen und leibhaftigen Materialisierung zu rekonstruieren sucht.

Objektivationen: Die ›Ordnung der Dinge‹

Die Dispositivanalyse richtet sich vor dem Hintergrund der jeweils geltenden (alltäglichen) Wissensordnungen und der darin vollzogenen Alltagspraktiken auf die empirische Rekonstruktion des in eine Handlung einfließenden bzw. des in einem Gegenstand materialisierten Wissens (Jäger/Jäger 2002a). Dieser Raum des Sichtbaren in seinem Verhältnis zum Unsichtbaren (und womöglich gerade dadurch handlungspraktisch Wirksamen) erschließt sich empirisch dadurch, dass das Bedeutungsfeld der jeweils vorfindbaren Vergegenständlichungen erfasst wird und zu seinem tatsächlichen, beobachtbaren Gebrauchs-/Verwendungsfeld in Bezug gesetzt wird. Die Rekonstruktion des den Dingen, den Vergegenständlichungen innewohnenden, in ihnen enthaltenen, mehr oder weniger offenkundigen, d.h. gewussten oder auch verborgenen Wissens, welches sich in seinem ›rechten‹ oder ›abweichenden‹ Gebrauch zum Ausdruck bringt, gibt Aufschluss darüber, wie und in welchen Funktionen diese Vergegenständlichungen im Dispositiv wirken können und was damit gleichsam zwangsläufig ausgeblendet, im eigentlichen Sinn unsichtbar bleibt.

Ein solcher Zugriff auf ›die Dinge‹ kann empirisch z.B. in Anlehnung an die ›Artefaktanalyse‹ (vgl. Froschauer 2002; Lueger 2000) darin bestehen, für das dispositivanalytisch avisierte Wissens-/Praxisfeld zunächst die von den Akteuren für ihren praktischen raumzeitlichen Alltagsvollzug relevanten Artefakte zu identifizieren (Beobachtung, Interviews) und zu sammeln. Die Analyse der Artefakte erfolgt dann nicht nur mittels einer genauen Beschreibung (z.B. Form, Farbe, Material, Aufbau etc.), sondern durch die kontrollierte Loslösung des Artefakts aus seiner Umgebung bzw. durch eine systematische De-/Re-Kontextualisierung seiner Gebrauchsmöglichkeiten, um so auf die damit verbundenen sozialen Prozesse rückschließen zu können. Zu verfolgende Fragestellungen sind dabei z.B.: Welche Herstellungsgeschichte lässt sich für das Artefakt rekonstruieren? Wann und wo darf oder muss ›das Ding‹ von wem wie verwendet werden? Welche anderen Artefakte stehen dazu in einem direkten Gebrauchs-/Verwendungskontext? Auch hier findet sich dann eine ganze Reihe möglicher Auswertungsverfahren zu den erhobenen Daten, z.B. von der Sequenzanalyse des mit dem Artefakt verbundenen Ablaufs seiner Handhabung über Dokumentenanalysen seines Gebrauchs bis hin zu Bildanalysen u.a.m.[5]

Um empirisch zu rekonstruieren, in welchem Verhältnis diskursive Praktiken mit ihren vorherrschenden Wissensordnungen zu der alltäglichen (als selbstverständlich, unhinterfragbar gesetzten) ›Ordnung der Dinge‹ bzw. besser: ›Ordnung der Alltagsdinge‹ (im Sinne von Objektivationen der Elementarkulturen) stehen, ist aus dispositivanalytischer Perspektive darauf zu achten, welche Handlungsanforderungen (Wirkungen) allein durch die bloße Faktizität der ›Dinge‹ in dem jeweiligen Feld zu erkennen sind. Z.B. erfordert möglicherweise allein die Existenz eines Formulars, sich dazu ›entsprechend‹ oder zumindest ›irgendwie‹ zu ›verhalten‹; – d.h. es ordnungsgemäß oder nur teilweise oder gar falsch auszufüllen, es einfach zu ignorieren oder das Ausfüllen offensiv zu verweigern, sich zu alledem aber zunächst mit anderen, etwa der Familie, zu besprechen, vorher oder hinterher eine ›eigene Entscheidung‹ zu treffen etc. Deutlich wird, dass mit dem In-der-Welt-Sein des Formulars potenziell ein ganzes Beziehungsnetz von Individuen und die damit verbundenen Selbst-Verhältnisse ›aufgerufen‹ werden.[6]

---

5 | Vgl. auch hier im Überblick z.B. die Beiträge von Douglas Harper, Norman K. Denzin, Stephan Wolff u.a. in Flick/v. Kardorff/Steinke (2004: 384ff.) oder für die Sequenzanalyse z.B. Wernet (2000).

6 | Wie aus Sicht der Akteur-Netzwerk-Theorie die jeweilige ›Faktizität der Dinge‹ – z.B. das Vorhandensein einer Tür, durch die man einen Raum betreten kann – je nach ›materialer Ausstattung‹ (es gibt einen Schlüssel, einen automatischen Türschließer, einen menschlichen Türsteher usw.) jeweils das komplette Setting, das damit erforderliche ›Netzwerk von Aktanten‹ und deren Wechselwirkungen bestimmt, zeigt exemplarisch Bruno Latour (1996). Für eine ›Phänomenologie des Wahrnehmens und Handelns‹ von Menschen in der raumzeitlichen Ordnung von ›Nicht-Orten‹ (Augé 1994) – hier Bahnhöfe und Fährterminals – vgl. Frers (2007).

Sozialer Wandel: (Dis-)Kontinuitäten

Die Entstehung von Dispositiven ist zwar historisch kontingent, aber nicht zufällig, sondern problembezogen: In Dispositiven werden all jene diskursiven Wahrheiten, Tätigkeiten, Ordnungsleistungen, die damit verbundenen Selbst- und Weltverhältnisse sowie die ihnen entsprechenden materialen Artefakte gebündelt, die sich auf die Bewältigung einer gesellschaftlichen ›Notlage‹, einer ›Urgence‹ richten. In diesem Sinn in ihrem umfassenden empirischen Forschungsdesign nicht weit von Institutionenanalysen entfernt (einführend Gukenbiehl 2006: 146ff.) sind auch bei Dispositivanalysen hinsichtlich der Frage nach Wandel und Stabilität, Kontinuitäten und Diskontinuitäten institutioneller Prozesse folgende Unterscheidungen zu beachten: die Differenz zwischen

- dem, was sich entlang der Zeitachse im gesellschaftlichen Leben (ständig) verändert (z.B. über den Zeitverlauf hinweg das Personal von Institutionen);
- dem, was einen möglichen Wandel kennzeichnet (wenn sich z.B. die Verankerung von Institutionen in den Selbst-Verständnissen von Menschen ändert);
- und dem, was den Wandel ausmacht (die Ursachen und Prinzipien solcher Veränderungen mit ihren möglichen Folgen für andere und/oder neue institutionelle Prozesse).

Empirisch zu klären ist demnach: In welchem Verhältnis stehen empirisch identifizierbare Indikatoren für Kennzeichen, Ursachen, Prinzipien, Prozesse und Folgen von Wandel zu dem, was in dem jeweils zu erforschenden Wissens-/Praxisfeld kontinuierend, stabilisierend etc. wirkt?

Empirisch wären hierzu insbesondere die Entstehungsformen ausgewählter Institutionen, ihre Entstehungsgründe im Sinne vormals gegebener gesellschaftlicher Problemlagen und die historische Entwicklung dieser Problemlagen zu beachten. Damit ist nun forschungspraktisch keineswegs die Notwendigkeit verbunden, bei Dispositivanalysen zwingend diachron bzw. längsschnittlich ansetzende Datenerhebungsverfahren zu wählen – also z.B. systematisch historisch-rekonstruierend vorzugehen oder gar mit einem Panel-Design arbeiten zu müssen. Allerdings sind die gewonnenen empirischen Befunde immer historisch-vergleichend hinsichtlich ihrer Aussagekraft bezüglich der vergangenen, aktuellen oder zukünftigen gesellschaftlichen Dynamik zu prüfen. Insoweit benötigt ein dispositivanalytisches

Vorgehen einen historischen Referenzrahmen, der das Geworden-Sein der gesellschaftlichen Problemlage, auf das sich das empirisch in den Blick genommene dispositive Verhältnis bezieht, ausweist.

Generell ist abschließend hier nochmals festzuhalten: Nicht jede Dispositivanalyse muss aus dispositivanalytischer Sicht zwangsläufig immer schon beim Diskurs ansetzen bzw. nicht jede Dispositivanalyse braucht auch eine Diskursanalyse. Einem solchen analytischen Primat des Diskursiven entgegenstehend lässt eine dispositivanalytische Vorgehensweise zu, sich dem Diskursiven über das Nicht-diskursive empirisch-analytisch anzunähern; d.h.: die jeweils vorherrschenden Wissensordnungen, nicht dominante/hegemoniale, marginalisierte oder gar ausgegrenzte Wissensformen über die Dinge und das Tun von Menschen und ihr damit jeweils einhergehendes Selbst-Verständnis, über ihre Selbst- und Weltwahrnehmung zu erschließen.

4.2 ›The Making of ...‹ – Dispositivanalytische Beispiele aus der eigenen Forschungspraxis

Der nächste Schritt soll in einem etwas genaueren Blick auf zwei konkrete Forschungsfelder – anhand von zwei Beispielen aus unserer eigenen Forschungspraxis – das hier vorgeschlagene dispositivanalytische Rüstzeug und Vorgehen illustrieren, das ›Making of‹, also die Ausarbeitung eines Forschungsdesigns in der dispositivanalytischen Forschungspraxis skizzieren und so die Möglichkeiten der Empirie wie auch ihre Leerstellen beleuchten.

Dazu umreißen wir sowohl in Bezug auf das Geschlechterdispositiv als auch das Sterbe-/Todesdispositiv eine Anzahl von Forschungsfragen im Sinne einer analytischen Heuristik, die als Zusammenspiel der in den Leitfragen adressierten Analysedimensionen verstanden werden kann.[7] Bei konkreten Forschungsprojekten ist es nicht erforderlich und aus Ressourcengründen in der Regel wohl auch kaum möglich, alle benannten Dimensionen bzw. alle dazu formulierbaren Fragenperspektiven zu bearbeiten und dann auch zu beantworten. Allerdings erscheint es uns sinnvoll, dass sich die dispositivanalytisch Forschenden den für ihre Erkenntnisinteressen jeweils relevanten Dimensionen in Rekurs auf den hier vorgeschlagenen Orientierungs-

---

7 | Die Literaturangaben in den folgenden Abschnitten umfassen gemäß der Forschungslage nur zu einem kleinen Teil explizit dispositivanalytische Studien, weitere themenrelevante Literaturangaben zu den beiden Feldern finden sich in unseren jeweiligen Publikationen.

rahmen vergewissern, um dann gezielt und begründet – gemäß den gesetzten inhaltlichen Fokussierungen, mit Blick auf die vorhandenen Ressourcen und die gegebenen empirischen Zugriffsmöglichkeiten – das je eigene Forschungsdesign zu entwickeln.

4.2.1 Das Geschlechterdispositiv

Problemexplikation und Forschungsfrage(n)

Seit Anfang der 1990er Jahre[8] erfreut sich insbesondere in den Geistes- und Sozialwissenschaften die folgende, anti-essenzialistische Grundannahme wachsenden Zuspruchs: Geschlecht, Geschlechterdifferenzierung und damit verbunden die Geschlechtszugehörigkeit sind nicht natürlich, allgemein und notwendig gegeben, sondern über unterschiedliche gesellschaftliche, soziale und/oder kulturelle Praktiken erst hervorgebracht. Mit Blick auf diese Annahme sind zwei weitere Folgerungen gezogen worden: Erstens gilt das biologische System der Zweigeschlechtlichkeit, d. h.: die moderne Ordnung der Geschlechter und eine wie auch immer davon abgeleitete und so legitimierte geschlechtshierarchische Arbeitsteilung nicht länger als natürlich gegebenes Faktum (These von der De-Naturalisierung). Zweitens wird die Vorstellung zurückgewiesen, Menschen seien notwendig entweder weiblich oder männlich, sie behielten immer das eine oder andere Geschlecht und könnten dieses auch nicht verändern (These von der De-Konstruktion). Um diese Grundannahme und die davon abgeleiteten Folgerungen entzündete sich zunächst in verschiedenen wissenschaftlichen Spezialdiskursen eine diskursive Explosion. Dabei wurde darüber gestritten, ob nicht nur eine Entkörperlichung und/oder Entmaterialisierung, sondern letztlich gar der Verlust einer kritischen gesellschaftstheoretischen Perspektivierung (in den Sozialwissenschaften) drohe. So befürchteten die einen, im puren Textualismus als einer Art diskursiven Idealismus' zu versinken: Dieser könnte gar dazu führen, dass weder die Körper, die ihnen auch material auferlegten Zwänge und die damit verbundenen möglichen Gewalterfahrungen, noch die Diskriminierungen, Stigmatisierungen wie Marginalisierungen bestimmter gesellschaftlicher Gruppen beobachtet und in ihrer gesellschaftlichen Strukturiertheit beschreibbar bleiben könnten. Die anderen wiederum erhofften sich mit Blick auf die anti-essenzialisti-

8 | Hier ist wohl das Buch »Das Unbehagen der Geschlechter« von Judith Butler (1991) ein zentraler Anfangspunkt zumindest der deutschsprachigen Debatte gewesen.

sche Grundannahme und die daran geknüpften Folgerungen eine Befreiung von den ›Fesseln‹ des Geschlechts bzw. des Geschlechtlichen und den damit verbundenen Identitätszwängen.

Diese Kontroverse (vgl. Bührmann 2004) beherrschte aber nicht nur spezialwissenschaftliche Diskurse, sondern konnte quasi als Nachbeben der diskursiven Explosion auch noch im medialen Interdiskurs beobachtet werden. So wurden etwa Berichte über Transsexuelle, die ihr Geschlecht wechselten, über Intersexuelle, deren Geschlecht nicht eindeutig zu bestimmen sei und auch gar nicht werden sollte, sowie über Transgender People, die sich der Vorstellung verweigerten, dass sie von Natur aus einem Geschlecht angehörten, zumindest im deutschsprachigen Interdiskurs breit diskutiert. In bisweilen sehr erregten Debatten wurden und werden u.a. die folgenden Fragen angesprochen: Wie kann das Geschlecht einer Person überhaupt genau bestimmt werden? Welche praktischen Maßnahmen dürfen mit Blick auf ethische und rechtliche Fragen zum/beim Geschlechtswandel aber auch bei der Geschlechtsbestimmung angewandt werden? Welche sozialen Folgen könnte eine mögliche De-Konstruktion und damit De-Naturalisierung der gegenwärtig postulierten Geschlechterdifferenzierungen haben? Die Diskussion dieser Fragen scheint schließlich in der Debatte über die Grenzen der Verfügbarkeit des menschlichen Lebens nicht nur mit Blick auf sein Ende – dazu später mehr bei den Ausführungen zum Sterbe-/Todesdispositiv –, sondern auch am Beginn des Lebens mit der Geburt zu kumulieren. Mit dem Aspekt der weiblichen Gebärfähigkeit rückt dabei ein Thema erneut in den Mittelpunkt der öffentlichen Debatten, das in der Frauenbewegung bereits zuvor diskutiert worden ist. So hatte schon die Alte Frauenbewegung geglaubt, die Gebärfähigkeit von Frauen und auch eine daran gekoppelte ›geistige Mütterlichkeit‹ zeichne die ›wahre‹, ›eigentliche‹ und ›wirkliche‹ Natur der Frau aus. Sie gelte es deshalb, von den deformierenden patriarchalen Fesseln zu befreien. Dieses Motiv nahm dann die Neue Frauenbewegung auf und kämpfte für die Selbstbestimmung von Frauen über ihren Körper: Sie stritt gegen den § 218, sprach sich gegen eine als männlich apostrophierte Apparatemedizin für ›sanfte‹ wie ›natürliche‹ Geburten aus und wendete sich vehement gegen die Gefahren der Gen- und Reproduktionstechnologie und die damit verbundenen Tendenzen einer Entmündigung von Frauen (vgl. dazu auch Bührmann 1995).

Sicherlich ist es nun sinnvoll, die seit dem Beginn der 1990er Jahre zu beobachtende diskursive Explosion rund um das Thema Geschlecht und Geschlechterdifferenzierung diskursanalytisch zu untersuchen. Denn dies könnte etwa die Formulierung einer begründbaren

Hypothese in Bezug auf die Frage befördern, ob diese Explosion um die anti-essenzialistische Grundannahme als Hinweis auf eine auch praktische ›De-Institutionalisierung von Geschlecht‹ (Heintz/Nadai 1998) oder aber für eine bloße ›rhetorische Modernisierung‹ (Wetterer 2003) zu verstehen ist. Die Formulierung einer darüber hinausgehend empirisch begründeten Position aber ermöglicht wohl erst eine Dispositivanalyse, die die folgenden aufeinander verweisenden *Leitfragen* umfasst:

- Welche Wissenspolitiken über Geschlecht verbunden mit welchen Machtwirkungen charakterisieren die diskursiven Praktiken in der diskursiven Explosion um eine Ent-essenzialisierung des Geschlechts, der Geschlechtszugehörigkeit und der Geschlechterdifferenzierung? Ins Zentrum rückt hier also die Verhältnisbestimmung zwischen Diskurs und nicht-diskursiven Praktiken.
- Welche Subjektpositionierungen/-formierungen und Subjektivierungsweisen im individuellen Umgang mit der eigenen Geschlechtlichkeit und der Geschlechtlichkeit anderer sowie mit dem Er-Leben von Geschlecht können identifiziert werden? An dieser Stelle geht es primär um die Verhältnisbestimmung Diskurs und Subjektivation/Subjektivierung sowie um die (vergeschlechtlichenden) Subjektformierungen und (vergeschlechtlichten) Subjektivierungsweisen (vgl. auch Bührmann 2004, 2007).
- Kann möglicherweise eine Neuordnung der institutionellen Praktiken von Geschlecht/Geschlechtlichkeit – und wenn ja, inwiefern und in welchen institutionellen Feldern – diagnostiziert werden? Diese Frage zielt auf das Verhältnis zwischen diskursiven Praktiken und symbolischen Objektivierungen wie materialen Vergegenständlichungen.
- An welchen (symbolischen und materialen) Vergegenständlichungen von welchen Praktiken lässt sich ein möglicher Wandel der Geschlechterordnung empirisch festmachen? Und: In welcher Beziehung steht eine mögliche Transformierung des modernen hegemonialen Geschlechterdispositivs (vgl. Bührmann 1995, 1997) mit anderen Dispositiven vor dem Hintergrund der gegenwärtigen gesellschaftlichen Situation? Welche Ursachen sind erkennbar, was sind mögliche Folgen eines solchen Wandels? Die Verhältnisbestimmung zwischen Geschlechterdispositiv und sozialem bzw. gesellschaftlichem Wandel steht hier im Fokus.

Theoretische und methodologische Fundierung

Ausgehend von den hier formulierten Forschungsleitfragen geht es nun darum, ein dispositivanalytisches Forschungsdesign zu formulieren. In einem Zwischenschritt erfolgt hier aber zunächst eine theoretische wie methodologische Fundierung des eigenen Forschungsansatzes:

Zum (erkenntnis-)theoretischen Ausgangspunkt: Gegen eine naturwissenschaftlich orientierte Perspektive, die den medizinischen Blick auf Geschlecht/Geschlechtlichkeit – beginnend seit der Aufklärung und dann stark seit dem Ende des 19. Jahrhunderts – dominierte und den entweder weiblichen oder männlichen Körper als ›Analogien-Operator‹ (Honegger 1991) be- und vernutzte, de-naturalisieren und dekonstruieren die Geistes- und Sozialwissenschaften Geschlecht, Geschlechtszugehörigkeit wie Geschlechterdifferenzen und beschreiben sie als Effekte sozialer Prozesse. Denn – so zeigen unterschiedlichste Studien – erst anhand kulturell vorgegebener Kriterien, der (be-)herrschenden Vorstellungen von Geschlechtlichkeit, also dessen, was als weiblich oder männlich gilt, des jeweils als ›wahr‹ geltenden Wissens über Geschlecht werden Menschen als entweder männlich oder weiblich identifiziert und entsprechend behandelt. Das Geschlecht bzw. genauer: seine (wie auch immer praktizierte) Feststellung und Zuschreibung markieren dabei jenen Punkt, von dem an den Individuen – auch sozialstrukturell – eine bestimmte Position in der Gesellschaft an- und/oder zugewiesen wird.[9] Das bedeutet: Man ist nicht einfach männlich oder weiblich, sondern wird in einem Prozess des ›Doing Gender‹ erst dazu (gemacht).

Ausgehend von der Goffman'schen Omnirelevanzthese[10] der Kategorie Geschlecht und damit der Geschlechterdifferenzierung machen

---

9 | Candace West und Don H. Zimmerman (1987: 131ff.) unterscheiden hier zwischen der Geburtsklassifikation (›Sex‹), der sozialen Zuordnung/Zuschreibung des Geschlechts (›Sex-Category‹) sowie der intersubjektiven Validierung der Geschlechtskategorie in Interaktionsprozessen (›Gender‹).

10 | In der Folge galt deswegen Geschlecht als Prototyp gesellschaftlicher Differenzierungspraktiken. Diese Einschätzung relativierte sich allerdings mit Blick auf die anti-essenzialistische Grundannahme und den damit verbundenen Thesen von der De-Naturalisierung und De-Konstruktion. Vielmehr spricht nun einiges dafür, dass die Omnirelevanzthese selbst als Bestandteil des modernen Geschlechterdispositivs zu betrach-

viele interaktionistisch inspirierte Studien die Zuschreibungs- und Darstellungspraktiken dieses ›Doing Gender‹ zum Thema. Nicht wenige systemtheoretisch Forschende unterstellen demgegenüber, dass in ausdifferenzierten modernen Gesellschaften eine Geschlechterdifferenzierung zunehmend dysfunktional wird oder schon geworden ist und nur im Sinne einer Komplexitätsreduktion in Interaktionen und basierend auf ihrer vorgeblich schieren Visibilität funktional erscheine. Dies wiederum wird von anderen Forschenden in Frage gestellt. So unterstellen etwa Regina Becker-Schmidt, Gudrun-Axeli Knapp aber auch Angelika Wetterer, dass Geschlecht zwar immer relevant, nicht aber immer präsent sei. In dieser Perspektive wird dann auch ein ›Undoing Gender‹ denkbar, das z.B. Stefan Hirschauer (2001) auf Face-to-Face-Interaktionen bezieht, während Judith Butler (2004) das Konzept in Bezug auf die Performanz bestimmter Geschlechtskonzeptionen diskutiert. Damit ergibt sich zunächst die folgende, komplexe Fragestellung: Wie – d.h. mit welcher Politik der Wahrheit – versuchen Gesellschaften Handlungssicherheiten und Deutungsgewissheiten in Bezug auf Geschlecht und seine Differenzierung herzustellen, wie wird welche Geschlechterordnung theoretisch legitimiert sowie praktisch durchgesetzt und mit welchen gesellschaftlichen, kulturellen und sozialen Folgen geht dies einher? Denn das, was wir als Mann-Sein oder Frau-Sein erleben, wahr-nehmen und in und durch unser Handeln z.B. als ›wahre‹ (oder auch verworfene) Männlichkeit oder Weiblichkeit ›ver-wirklicht‹ deuten, basiert – wie ethnomethodologische Studien gezeigt haben – weniger auf der Existenz des Sichtbaren (also z.B. dem Besitz oder Nichtbesitz eines Penis', einer Gebärmutter etc.). Vielmehr bringen erst umgekehrt insbesondere medizinische Diskurse Kategoriensysteme darüber hervor, wann ein Körper als weiblich oder männlich gilt. Entlang solchen diskursiv hervorgebrachten Regeln werden dann die Körper klassifiziert, hierarchisiert und schließlich als entweder ›normal‹ oder ›abweichend‹ vom ›Normalen‹ kategorisiert (Foucault 1978; Bührmann 1995).

Zur methodologischen Rahmung: Diskurse entfalten ihre Machtwirkungen dabei sowohl ›in‹, ›durch‹ als auch ›zwischen‹ den Individuen. Denn diese erleben sich nicht nur selbst als weiblich oder männlich, sondern erfahren auch andere in dieser Weise. Das bedeutet wiederum, dass die Machtwirkungen von Diskursen nicht nur in Wissens- und Wahrheitspolitiken aufgehen. Vielmehr bezieht sich das Erleben

---

ten ist und insofern auch auf ihre diskursiven wie nicht-diskursiven Auswirkungen zu erforschen sind.

auch auf institutionell-vergegenständlichte Alltagspraktiken des Umgehens mit Individuen als Männern und Frauen oder eben auch mit der Unsicherheit darüber, ob eine Person männlich oder weiblich sein könnte. Zur Auflösung dieser Unsicherheiten dienen in modernen ausdifferenzierten Gesellschaften beispielsweise die Namensgesetzgebung oder medizinische Diagnostik-Richtlinien zur Geschlechtsbestimmung, die Möglichkeit geschlechtstypisierender Operationen, der Geburtsschein und natürlich der Personalausweis, aber auch spezifische Gebäude und Räume mit entsprechender Geräteausstattung wie z.B. Toiletten.[11] Alle diese ›Dinge‹ sind als Objektivationen/Vergegenständlichungen diskursiver wie nicht-diskursiver Praktiken zu fassen, die ebenso Bedingungen wie Effekte von Diskursen darstellen. Sie leisten eine Vorstrukturierung des konkreten Erlebens wie des Handelns der Individuen, ›spuren‹ den Modus, wie Individuen sich selbst und andere wechselseitig als geschlechtliche oder besser ver-geschlechtlichte ›Subjekte‹ (be-)handeln können, welche ›Identitäten‹ ihnen institutionell zugesprochen oder zugewiesen werden und wie sie sich dabei jeweils als ›Selbst‹ zu anderen zu positionieren haben.

Zur (gesellschafts-)theoretischen Kontextualisierung: Unabhängig davon, ob nun die Omnirelevanz oder Omnipräsenz von Geschlecht in modernen, ausdifferenzierten Gesellschaften unterstellt wird, ergeben sich in gesellschaftstheoretischer Perspektive weitere interessante Fragen, die den möglichen Anlass, aber auch die potenziellen (un-) beabsichtigten (Neben-)Folgen der Formierung oder Transformierung eines Geschlechterdispositivs betreffen. Weshalb formiert sich

11 | Hier ist allerdings etwa in Bahn, Flugzeugen sowie auf vielen Schiffen – und schon etwas länger in den USA, in Frankreich, aber auch mittlerweile in Teilen der deutschen Gastronomie – ein Trend zu Unisextoilettenanlagen zu beobachten. Ob dies nun gelesen werden kann als erster Erfolg von Transgender People im Kampf gegen sexuierende Identitätszwänge, in systemtheoretischer Perspektive als weiterer Beleg für eine Relativierung der Relevanz der Kategorie Geschlecht, als kontextspezifisches, wenn man so will auch institutionalisiertes ›Undoing Gender‹ oder aber als Herrschaftsstrategie, Geschlecht ›unsichtbar‹ werden zu lassen, um doch seine hierarchisierende Funktion (in anderen institutionellen Feldern) wirksam zu halten, bleibt abzuwarten. Interessant ist dieser Trend, der zumindest zunächst auch (raum-)ökonomischen Überlegungen geschuldet zu sein scheint, jedenfalls auch insoweit, als damit anschaulich illustriert werden kann: In den analytischen Blick kommt nur, was durch die theoretische Perspektivierung angelegt, ermöglicht ist.

eigentlich eine Ordnung der Geschlechter mit den entsprechenden vergeschlechtlichten bzw. vergeschlechtlichenden Subjektivationen? Welche gesellschaftliche Problemstellung soll(te) hier bearbeitet werden? Ging es beispielsweise ›wirklich‹ nur um die (Ab-)Sicherung der biologischen Reproduktion oder aber (auch) um die Legitimierung spezifischer hierarchischer Verhältnisse zwischen bestimmten gesellschaftlichen Gruppen? Und wenn ja, wie könnte bzw. konnte hier Widerstand gegen diese ›Ordnungsverhältnisse‹ geleistet werden und was implizierte dies eigentlich? Zudem bleibt zu klären, welche Rolle z.B. (die) andere(n) Kategorien bei der Formierung der modernen Geschlechterordnung gespielt haben bzw. spielen, die wir heute als Sozialstrukturkategorien bezeichnen, also etwa die ethnische wie soziale Herkunft, aber auch die sexuelle Identität, das Alter oder körperliche ›Andersheit‹, definiert als ›Behinderung‹.

Mit Hilfe dieser hier kurz angedeuteten theoretischen wie methodologischen Fundierungen wird die Frage nach einem grundlegenden Wandel des Umgangs mit Geschlecht bzw. Geschlechterdifferenzierung und seinen kulturellen und sozialen Folgen umfassend – d.h. theoretisch aufeinander beziehbar und von verschiedenen Seiten mit unterschiedlichen empirischen Zugriffen – bearbeitbar. Die hier skizzierte dispositivanalytische Perspektivierung ermöglicht nun eine umfassende Rekonstruktion der je gesellschaftlichen ›Ver-Ordnung der Geschlechter‹. In den Blick gerät dabei nicht nur, in welchen Begriffen und mit welchen (diskurs-)strategischen Zielen eine bestimmte Geschlechter(ver-)ordnung von wem diskursiv hervorgebracht worden ist und noch wird. Denn darüber hinaus können nun ausgehend von einer relationalen Machtanalyse die Verhältnisbestimmungen zwischen diskursiv vermitteltem Wissen über Geschlecht, Geschlechtszugehörigkeit sowie die Geschlechterdifferenzen und die damit verbundenen, oftmals institutionell vergegenständlichten Praktiken und Objektivationen, die daran geknüpften sozialen Normierungen, Normalisierungen und Hierarchisierungen sowie die (Selbst-)Wahrnehmung der vergeschlechtlichten und vergeschlechtlichenden Individuen zum Fokus umfassender Forschungsbemühungen gemacht werden.

Methodisch-forschungspraktische Umsetzungen: Strategien und Techniken der Datenerhebung und -auswertung

Dispositivanalysen können entsprechend der jeweils verfolgten Forschungsfrage und der sich daraus ergebenden theoretischen Schwerpunktsetzung mit Blick auf die möglichen empirischen Zugriffsmöglichkeiten sowie den verfügbaren Ressourcen von verschiedenen Punkten eines Dispositivs (vgl. Abb. 10 S. 132, die Kennzeichnungen 1 bis 4) ausgehen, um unterschiedliche Verhältnisbestimmungen empirisch zu klären.

Betrachtet man zunächst die diskursiven Praktiken, so geht es darum, die Beziehungen zwischen je interessierenden Spezialdiskursen, Interdiskursen, Elementardiskursen etc. zu analysieren. Dabei könnte in diesem Rahmen z.B. eine Diskursanalyse ›bedeutender‹[12] Diskursfragmente der (wissenschaftlichen) Spezialdiskurse über die Ordnung der Geschlechter durchgeführt werden (z.B. in Anthropologie, Biologie etc.). Untersucht werden könnten aber auch entsprechende Diskursfragmente aus Inter- wie Elementardiskursen. Vorstellbar wäre beispielsweise die Analyse der öffentlichen Diskussion über Intersexualität oder aber über vermeintliche (psychische) Folgen einer (un-)freiwilligen Geschlechtswandlung (wie z.B. bei der Geschlechtsumwandlung von Bruce Reimer im sogenannten John/Joan-Fall 1967 in den USA). Die möglichen Auswirkungen dieser interdiskursiven Debatte und ihre spezialwissenschaftlichen (Dif-) Fundierungen könnten schließlich im alltäglichen Reden, also in Elementar- bzw. Alltagsdiskursen und der damit verbundenen ❷ Subjektkonstitutionen der Handelnden untersucht werden. Denkbar wäre es, hier mit unterschiedlichen Diskursfragmenten zu arbeiten. Diese Fragmente könnten entweder in Form von ›natürlichen‹ Textdaten, also z.B. (auto-)biographischen Texten, aber auch Zeitschriftenbeiträgen etc., vorliegen. Oder aber sie sind erst als ›künstliche‹ Daten z.B. über Experteninterviews oder Befragungen von Laien, aber etwa auch in Fokusgruppen mit Video- wie Gesprächsprotokollen für den Forschungsprozess selbst generiert worden. Unabhängig davon, in welcher Form die Daten generiert worden sind, wäre es hier wichtig, insbesondere zwischen der Ebene der Subjektformierung und der Subjektivierungsweise zu differenzieren. Will man die Subjektformierung untersuchen, so wäre es vorstellbar, ›natürliche‹ Daten aus den entsprechenden Spezialdiskursen zu erforschen. Es macht aber

12 | ›Bedeutend‹ meint hier, dass in Texten bestimmte Positionen zu spezifischen Ereignissen kritisiert werden, auf die in ihnen vertretenen Thesen Bezug genommen wird, oder aber ihre Schlussfolgerungen bejaht oder verworfen werden. In diesem Kontext geht es also nicht um die ›Qualität‹ von Argumentationen oder um die Relevanz von Positionen oder Einschätzungen aus heutiger Perspektive. Vielmehr geht es um eine Rekonstruktion dessen, was zu einem bestimmten Zeitpunkt als bedeutend erschienen ist.

sicherlich auch Sinn, entsprechende Diskursfragmente, z.B. aus der Erziehungsratgeberliteratur einerseits und andererseits im Rahmen ethnographischer Studien die diskursiven und nicht-diskursiven alltäglichen Sozialisationspraktiken im Elternhaus, in der Schule und in anderen Betreuungsstätten gegenüberstellend zu untersuchen.[13] Schließlich ließen sicherlich auch Institutionenanalysen selbst interessante Ergebnisse erwarten. Zielt man aber primär auf die Frage der Subjektivierungsweise, so bietet sich eher eine Analyse autobiographischer Textfragmente an, egal ob sie für den Forschungsprozess gezielt erzeugt worden sind oder nicht. Hier könnte dann etwa danach gefragt werden, ob und wie Menschen sich selbst und andere in spezifischer Art und Weise – d.h.: in welchen konkreten Kontexten sie sich in spezifisch ›männlichen‹, ›weiblichen‹ oder in anderen vielleicht ›transgendernden‹ Arten und Weisen – erleben, wahrnehmen, deuten und präsentieren. Gleichgültig, ob nun die Frage der Subjektformierung oder die Subjektivierungsweise genauer analysiert wird, sollten freilich die Methodiken der Datenauswertung mit den ausgewählten qualitativen wie quantitativen Verfahren der Datengenerierung kompatibel sein.

Mit dem Fokus auf die ❶ nicht-diskursiven Praktiken wäre es zudem denkbar, zu erforschen, inwieweit normative Programmatiken als Diskurseffekte im institutionellen Alltag aufgegriffen, umgesetzt oder dem dort vorherrschenden Erfahrungswissen und den Alltagsroutinen entgegenstehen. Eine ethnographische Beobachtung z.B. des Umgangs mit geschlechtstypisierenden Kleidungsstücken in Beruf und Freizeit wäre hier etwa vorstellbar. Vielversprechend wäre es dann sicherlich auch, den Blick auf Regelungen, Verwaltungsvorschriften und Förderrichtlinien zu lenken, denen es darum zu tun ist, ein Mehr an Geschlechterdemokratie herzustellen. Zu fragen wäre etwa: Inwieweit wirkt ein Gender Mainstreaming der Privilegierung einer Genus-Gruppe entgegen oder aber bewirkt dies erst – wie erste (Sekundär-)Analysen andeuten – eine Reifizierung der bekannten Geschlechterdifferenzierungspraktiken und der daran auch gekoppelten Verhaltenserwartungen? Interessant wären aber z.B. teilnehmende

13 | Mit dieser Frage wiederum beschäftigt sich schon sehr lange die Sozialisationsforschung im Allgemeinen, insbesondere aber die Forschung zur geschlechtstypisierenden Sozialisation. Hierzu ist eine Flut von Studien publiziert worden, in der nicht mehr von geschlechtsspezifischer, sondern mit Blick auf die anti-essenzialistische Grundannahme eben von geschlechtstypisierender Sozialisation gesprochen wird.

Beobachtungen in unterschiedlichen Institutionen und Organisationen – vielleicht auch ›dichte Beschreibungen‹ – von Gender Mainstreaming-Prozessen, ihre diskursive Auf- und Verarbeitung sowie deren materiale Vergegenständlichungen.

Denn auch die ❸ Objektivationen der diskursiven Praxis stellen einen möglichen Ansatzpunkt einer Dispositivanalyse dar. So sind in unterschiedlichen ethnographischen Studien die architekturalen Einrichtungen der bestehenden Geschlechterordnung, die entsprechende ›Kleiderordnung‹, aber auch das Erlernen einer ›angemessen‹ weiblichen wie männlichen Gestik und Mimik, kurz des vergeschlechtlichten und vergeschlechtlichenden Habitus erforscht worden. Das methodische Forschungsprogramm kann dann hier neben der Durchführung von Interviews insbesondere teilnehmende Beobachtungen, aber auch Artefaktanalysen beinhalten. So könnte auch mit Blick auf die Frage nach den ❷ Subjektkonstitutionen der Fokus darauf gerichtet werden, zu untersuchen, über welche diskursiven und nicht-diskursiven Praktiken jene Individuen ›als vergeschlechtlichte und vergeschlechtlichende Individuen‹ hervorgebracht und zueinander positioniert werden. Es bietet sich dann beispielsweise nicht nur an, zu erforschen, von wem und in welcher Weise Menschen nach der Geburt ein entweder weibliches oder männliches Geschlecht zugeschrieben wird und wer inwiefern ›danach‹ dafür Sorge trägt, dass diese Zuschreibungen auch (von den Betroffenen) ›eingehalten‹ werden. Darüber hinaus wäre es auch sinnvoll zu fragen, ob und wann welche Formierungen, aber auch Widerständigkeiten ›der Dinge‹ (der Körper[teile], der Medizintechnik, der Apparaturen etc.) erkennbar sind, und was sich ›an‹ und ›in‹ den Individuen zeigt bzw. von ihnen gezeigt wird. Damit erschließt sich das Zusammenspiel der materialen Objektivierungen und der Subjektkonstitutionen hinsichtlich der jeweils scheinbar ›angemessenen‹ Zuschreibungen und auch ›normalen‹ Darstellungen/Performanzen von Geschlecht und der damit verbundenen Verhaltenserwartungen. Erkennbar würde auch ein offenes Verweigern oder subtiles Unterlaufen dieser Normen. Hier könnte im Übrigen an die bereits vorliegenden Studien zur Transsexualität, zur Travestie und Phänomene des Transgender wie zur Intersexualität angeknüpft werden. Aber auch kulturvergleichende Studien wären hier sicherlich interessant und beförderten eine selbstreflexive Sicht des forschenden Subjekts auf die je interessierende Forschungsfrage.

Mit Blick auf die hier vorgeschlagene schematische Übersicht zur Analyse des Geschlechterdispositivs steht derzeit noch eine systematische Analyse der Diskursivierung von Geschlecht- und Geschlechterdifferenzierung in den Geistes- und Sozialwissenschaften selbst aus. Klärungsbedarf besteht auch dahingehend, weshalb diese anti-essenzialistische Grundannahme und die Thesen der De-Konstruktion wie der De-Naturalisierung verstärkt nach 1990 diskutiert worden sind: Bestehen hier Zusammenhänge zu anderen Diskursen, anderen Dispositiven oder außerdiskursiven Entwicklungen – wie beispielsweise eine zunehmende Transnationalisierung der Lebensführung und Globalisierung der Wirtschaftsströme – und welchen Einfluss haben diese möglicherweise? Zudem aber erscheinen hier auch empirische Arbeiten wichtig, die sich explizit unter dispositivanalytischer Perspektive mit den Vermittlungen zwischen den Diskursentwicklungen der Spezialdiskurse in den Naturwissenschaften auf der einen Seite und den Geistes- und Sozialwissenschaften auf der anderen Seite beschäftigten. Denn hier sind einerseits Verfahren zur Naturalisierung der Geschlechterdifferenzierung, also etwa die Gebär- und Zeugungsfähigkeit – ›ent-deckt‹ worden; und andererseits wird dort deren – wenn man denn so will – ›De-Konstruktion‹, z.B. im Rahmen der Gen- und Reproduktionstechnik, betrieben.[14]

Schließlich bleibt noch systematischer zu erforschen, ob – und wenn ja: wie – sich das Geschlechterverhältnis gegenwärtig verändert. Welche Unterschiede in Bezug auf die Erfahrung von Geschlechtlichkeit können z.B. im Vergleich zu anderen (sozialstrukturellen) Positionierungs-Kategorien ausgemacht werden? Fühlen sich Menschen ›immer‹ und/oder ›primär‹ als Frau oder Mann, oder macht es nicht mehr Sinn, z.B. von Geschlecht in intersektionaler Perspektivierung als interdependenter Kategorie zu sprechen? Hier ist im Rahmen der Intersektionalitätsforschung zuletzt verstärkt darauf aufmerksam gemacht worden, dass Menschen sich eben nicht ›nur‹ als Frau oder Mann erleben, sondern dass Geschlecht immer auch im Kontext mit anderen Kategorien als z.B. ›rassifiziert‹ und/oder auch klassifiziert erlebt wird. Diese auch unter dem Label ›Et-Cetera-Problem‹ diskutierte Frage danach, als was und wie Menschen sich selbst und andere erleben und ob dies abschließend bestimmt werden kann, könnte in dispositivanalytischer Perspektive mit Blick auf die folgenden Fragen untersucht werden: Wie und von wem sind welche Differenzierungsmerkmale als (Sozialstruktur-)Kategorien

---

14 | Interessanterweise gibt es – wie angedeutet – bereits eine Fülle von empirischen Studien über nachgeburtliche Zuschreibungspraktiken von Geschlecht. Jedoch fehlen z.B. Untersuchungen über die Relevanz der Kategorie Geschlecht in Bezug auf die Praxis (des eigenen) Sterbens von Männern und Frauen weitgehend.

im Kontext mit welchen anderen Kategorien hervorgebracht worden? Und: Wie haben diese Wissens-Kategorien dann Eingang in die alltäglichen Lebenswelten, in die dortigen nicht-diskursiven Praktiken sowie in die entsprechenden Objektivationen wie Subjektivationen gefunden? Denkbar wäre auch zu fragen, weshalb und aus welchen Anlässen ❹ bestimmte Kategorien für das (Selbst-)Erleben, (Selbst-) Wahrnehmen und die (Selbst-)Deutung von Menschen zu omnirelevant erscheinenden Sozialstrukturkategorien avancieren, also etwa die Kategorie Geschlecht mit ihren Ausprägungen in männlich und weiblich, und weshalb andere Kategorien diesen Status weder im Elementardiskurs noch in den Spezialdiskursen (bisher) erreichen konnten. Dann bliebe auch noch zu fragen: Welche intendierten bzw. nicht intendierten Nebenfolgen ❹ gehen damit einher, welche könnten damit zukünftig verbunden sein? Damit ist schließlich die noch grundsätzlichere Frage nach einem möglichen Wandel der bestehenden Geschlechterordnung – hin etwa zu einem ent-essenzialisierten Multigeschlecht-Modell – angesprochen. Hier könnte gefragt werden, ob nicht bestimmte diskursive Praktiken, aber auch bestimmte nicht-diskursive Praktiken und daraus entstandene symbolische und materiale Objektivationen, (Unisexkleidung und Unisextoilettenanlagen) sowie das Auftauchen anderer Subjektivationen (etwa das bereits angesprochene ›Enterprising Self‹ oder auch das Annehmen und (Er-)Leben einer anderen Subjektivität im Internet) und ihr Zusammenspiel darauf schließen lassen, dass sich hier fundamentale Veränderungen beobachten lassen. Damit stellte sich die Frage, ob sich in alldem ein grundlegender Umbruch der modernen Geschlechterordnung abzeichnet, wie er schon einmal als Wandel vom biologischen Eingeschlecht- zum biologischen Zweigeschlechtermodell für das Europa des ausgehenden 18. Jahrhunderts diagnostiziert worden ist (z.B. von Claudia Honegger, aber auch Thomas Laqueur).

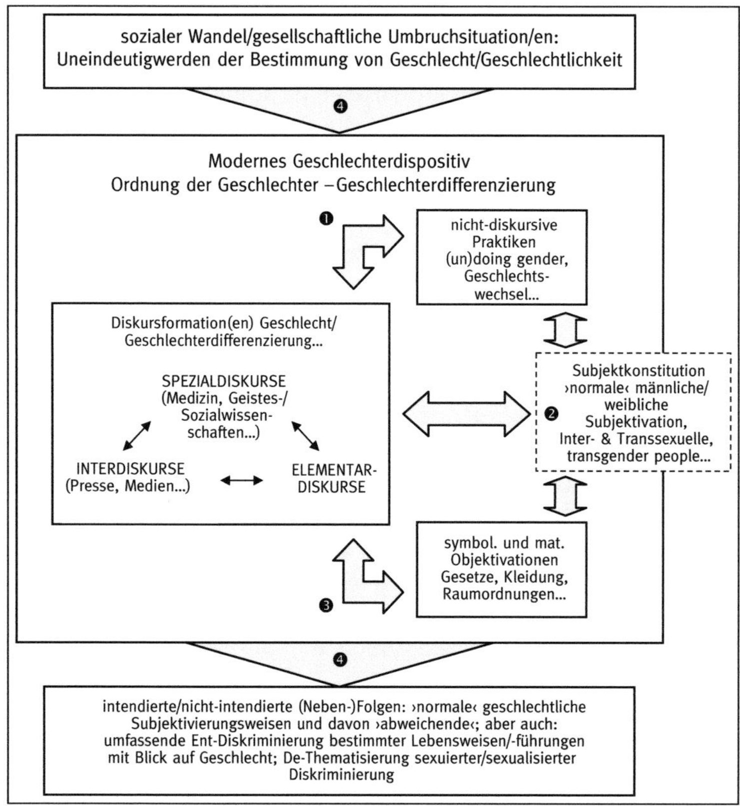

Abbildung 10: Das moderne Geschlechterdispositiv

Empirische Befunde des dispositivanalytischen Forschungsblicks

Die eben angesprochene Frage nach einem möglichen Wandel der Geschlechterordnung stand auch am Beginn der Forschung über das moderne Geschlechterdispositiv. Diese Forschungsbemühungen nahmen ihren Ausgangspunkt bei Foucaults (1988a) Studie »Der Wille zum Wissen«, in der er dem mit der Moderne sich durchsetzenden Sexualitätsdispositiv ein vorgängiges, für die vormoderne Herrschaftsordnung konstitutives Allianzdispositiv gegenüberstellt. Das Allianzdispositiv ordnet für Foucault die sozialen Beziehungen und Verwandtschaftsrelationen auf der Basis der bis in die Neuzeit vorherrschenden, reproduktiv ausgerichteten Familienökonomie und unterwirft die Subjekte dabei auch in ihren legitimen/illegitimen Sexualbeziehungen dem Recht der patriarchalen Familie als Herrschaftsverband. Das seit dem 18. Jahrhundert hinzukommende Sexualitätsdispositiv hingegen setzt zwar an der Familie an, aber es versteht – einem bürgerlichen Ideal folgend – Familie, insbesondere die Ehe, nun als Intimgemeinschaft zwischen einem männlichen Individuum und einem weiblichen Gattungswesen und produziert jene Begehrens-Subjekte, die mit ihren individuellen Körpern mittels der ›Polizey des Sexes‹ an die modernen Institutionen von Medizin und Markt angeschlossen sind.

Vor dem Hintergrund dieser Überlegungen fragt Gerburg Treusch-Dieter (1990), mit Blick auf die schon angemerkte De-Konstruktionsarbeit auch der Naturwissenschaften, nach der aktuellen Relevanz des Sexualitätsdispositivs, diagnostiziert seine Substituierung durch ein Gen(om-)Dispositiv und relativiert schließlich die Omnirelevanz von Geschlecht.[15] Der dispositivanalytische Blick auf die moderne Ordnung der Geschlechter und ihre möglichen Veränderungen seit den 1990er Jahren und die parallel dazu verlaufende Entwicklung in den verschiedenen institutionellen Bereichen, in denen vergeschlechtlicht wird, zeigt, wie sich – zumindest für manche – im Alltag eine andere Praxis von Geschlecht ausgebildet hat. Individuen erscheinen nicht mehr ›nur‹ und auch nicht mehr ›einfach‹ als Männer oder Frauen. Vielmehr müssen sie nun angesichts neu hervorgebrachten spezialdiskursiven Wissens und seinen Sedimentierungen im Elementar- bzw. Alltagswissen lernen, ihr Geschlecht darzustellen, und lernen, zum Teil am eigenen Leibe, die De-Konstruktion vermeintlich sicherer Gewissheiten über Geschlecht zu erkennen und damit auch praktisch umzugehen.

Entlang der zumindest in den Geistes- und Sozialwissenschaften vorgeblich unhintergehbaren diskursiven De-Naturalisierung von einem als natürlich gegebenen Geschlecht und einer damit als natürlich gegebenen Geschlechterdifferenzierung vollzieht sich nun scheinbar – jedenfalls in bestimmten gesellschaftlichen Sub-Kulturen modernisierter Gesellschaften – auch eine materiale, praktische

15 | Dabei versteht sie Allianz-, Sexualitäts- wie eben auch das Gen(om-)Dispositv als je verschiedene Formen der Regulierung bzw. Regierung des Bevölkerungskörpers und der Disziplinierung bzw. Normalisierung individualisierter Körper. Mit Blick darauf vermutet Treusch-Dieter: »Es sind die Machttechniken eines Dispositivs, das an die Stelle des Sex das ›Gen‹ gesetzt hat, auf das der technische Ursprung der Invitro-Fertilisation und ihrer gen- und reproduktionstechnischen Verfahren rekurriert. Für sie gilt in der Tat, dass die Illusion einer Sexualität ›vor dem Gesetz‹ selbst das Produkt des Gesetzes ist, da seine Gesetzmäßigkeit jenseits jeglicher heterosexuellen ›Geschlechtsnorm‹ als genetischer Code funktioniert.« (Treusch-Dieter 2004: 289)

De-Konstruktion der bisher hegemonialen Ordnung der Geschlechter. Wenn zunehmend Transsexuelle, Intersexuelle, aber bisweilen auch Transgender People nicht nur die einschlägigen Untersuchungen z.B. der Queer Studies ›bevölkern‹, sondern auch die Printmedien des Interdiskurses, fordern sie dazu auf, die eigene – zumeist weitgehend unhinterfragte Geschlechtszugehörigkeit und ihr Wissen über die Geschlechterdifferenzierung in Frage zu stellen. Damit sehen sich Menschen mit dem Aufruf konfrontiert, zu fragen und auch zu hinterfragen, wie sie ›angemessen‹, ›richtig‹ und ›passend‹ einerseits, aber auch ›widerständig‹ andererseits Geschlechtlichkeit leben und erleben (können).[16] Es gilt als ›dispositive Anforderung‹, das geschlechtliche (Er-)Leben ›selbstbestimmt‹ zu gestalten. Insofern rückt die Frage, ob man etwa alles beim ›alten‹ Geschlecht belässt, es für immer wechselt, oder aber bisweilen zwischen beiden Geschlechtern oszilliert, in das Feld des Entscheidbaren und zu Entscheidenden. Hierzu liegen mittlerweile einige Forschungsbeiträge vor, die inspiriert von den Postcolonial und Queer Studies eine Verhältnisbestimmung zwischen Diskurs und alltagsweltlichen (Aus-)Wirkungen verfolgen und dabei die Frage nach Subjektivation/Subjektivierung als praktische Machteffekte spezifischer Diskurse zu beantworten suchen. Die in diesen Studien angesprochene De-Konstruktion von Mann- oder auch Frau-Sein – als normatives Programm und entsprechend ›materialisiert‹ z.B. in diversen Ausweisformularen bis hin zu architektonischen (Um-)Gestaltungen – zielt sicherlich zunächst darauf, den Einzelnen ein möglichst individuelles, scheinbar zwangloses, weil selbstbestimmbares und dadurch auch bewusstes (Er-)Leben des ›eigenen‹ Geschlechts zu ermöglichen. Jedoch erfordert eine solche De-Naturalisierung wie De-Konstruktion des Geschlechts auch eine bestimmte, wenn nicht gar neue Form bzw. gar einen neuen Typus von Subjektivierung. Denn Menschen sehen sich nun damit konfrontiert, ihr Geschlecht als sozialen Prozess begreifen zu können bzw. zu müssen, und dies fordert nicht mehr nur nach der Geburt medizinische, sondern – zumindest bisweilen – auch persönliche Entscheidungen. Vor allem aber – so könnte man denken – zielt eine solche De-Konstruktion auch darauf, zum einen die faktische Dis-

---

16 | Damit soll nicht einem schon erwähnten Textualismus oder linguistischen Idealismus das Wort geredet und von gesellschaftlichen Strukturbedingungen abstrahiert werden. Es geht darum, deutlich zu machen, dass sich für Menschen vermehrt spätestens an der Wende vom 20. zum 21. Jahrhundert ein Entscheidungsraum öffnet, der zuvor so als nicht gegeben galt.

kriminierung eines Geschlechts zu de-thematisieren und so zu verbergen. Hierauf stellt dann auch die schon erwähnte Rede von einer bloß rhetorischen Modernisierung des Geschlechterverhältnisses ab. Hier wird unterstellt, man folgte im Interdiskurs zwar den Tendenzen einer De-Naturalisierung und De-Konstruktion der modernen Geschlechterordnung. Diese zögen aber – zumindest bisher – keine praktischen oder praxisrelevanten Konsequenzen nach sich, so dass sich etwa der geschlechtshierarchische Charakter der modernen Geschlechterordnung keineswegs ›wirklich‹ und ›nachhaltig‹ hin zu einem ›Mehr‹ an Geschlechterdemokratie wandelte. Zum anderen aber könnte diese De-Konstruktion auch als Teil einer zunehmenden Ökonomisierung des Sozialen betrachtet werden. In diese Richtung weisen einige Studien der Gouvernementalitätsforschung.[17] Mit Blick auf diese Fragestellung ist es nun wichtig, zu erforschen, nicht nur wie die Menschen sein *sollen*, sondern wie sie sein *wollen* – und hier vor allem, in welchem Verhältnis das vorherrschende Sollen zum je individuellen Wollen steht. Unabhängig davon, ob nun ein Wandel des modernen Geschlechterdispositivs diagnostiziert werden kann oder nicht, ergibt sich in gesellschaftstheoretischer Perspektive weiterhin die Frage nach dem Anlass, aber auch den (un-)beabsichtigten (Neben-)Folgen der Formierung bzw. Transformierung des Geschlechterdispositivs.

---

17 | Denn – so erläutert Andreas Hetzel (2005) etwa am Beispiel fordistischer und post-fordistischer Produktionsweisen – es geht nicht nur um die Produktion bestimmter Waren, sondern auch um die Produktion bestimmter Subjektivierungsweisen. »So produzieren die Fließbänder, Werkzeuge und Maschinen im Automobilwerk nicht nur Autos, sondern vor allem auch einen bestimmten Typ von disziplinierten und erfahrungsberaubten und tendenziell angepassten Arbeitern sowie eine ganze Lebensform, die wiederum diesen Arbeitern entspricht. Ebenso prozessieren Computer nicht nur Informationen, sondern produzieren bzw. subjektivieren immer auch einen bestimmten Typus von Nutzer sowie eine diesem Nutzer korrespondierende Welt.« (Ebd.: 289; vgl. dazu auch Miller/Rose 1995; Bröckling 2007; zusammenfassend Bührmann/Mehlmann 2008).

4.2.2 Das Sterbe-/Todesdispositiv

Problemexplikation und Forschungsfrage(n)

Eine in den Medien häufig wiederholte – und sich allein schon dadurch selbst konterkarierende, zumeist mit kulturkritischem Unterton versehene Gegenwartsdiagnose lautet, Sterben und Tod seien in der modernen Gesellschaft an den Rand geschoben, tabuisiert, das Wissen um die eigene Sterblichkeit sei aus dem Bewusstsein der Menschen verdrängt (zusammenfassend z.B. Feldmann 1997; Nassehi/Weber 1989). Dem entgegen lassen sich jedoch vor allem seit der zweiten Hälfte des 20. Jahrhunderts verstärkt kontroverse öffentliche Diskussionen rund um Sterben und Tod erkennen, die auf eine voranschreitende Verwissenschaftlichung, Politisierung, Ökonomisierung, Medikalisierung, Juridifizierung dieses Feldes verweisen (Schneider 1999; Nassehi 2003: 287ff.). Die dabei identifizierbaren Themen sind u.a. das Problem der Bestimmung des Todeszeitpunkts (wann ist der Mensch tot?) und die Grenzen der Verfügbarkeit menschlichen Lebens (wer darf z.B. über Organentnahmen bestimmen?); die Frage nach lebensverlängernden Maßnahmen versus Behandlungsabbruch und wer darüber zu entscheiden hat; oder ganz grundlegend die Kontroverse um Sterbehilfe versus Sterbebegleitung.

Doch anstatt bei dieser Zunahme öffentlicher Diskussionen (aus einer kommunikationssoziologischen Perspektive nach Luhmann) nur eine wachsende »Geschwätzigkeit des Todes« (Nassehi 2003: 301) zu diagnostizieren, die womöglich die behauptete (öffentliche) Tabuisierung von Sterben und Tod relativiert oder gänzlich aufhebt, ist aus einer diskurstheoretischen Perspektive von einer spezial- und interdiskursiven Intensivierung der Wissens-/Macht-Formierung des Lebensendes auszugehen. Die diskurstheoretisch folgenreiche Implikation dieser zweiten Sichtweise, zumal wenn sie zu einer dispositivanalytischen Herangehensweise erweitert wird, lautet: Die angedeuteten diskursiven Prozesse verweisen möglicherweise auf einen umfassenderen, weil sowohl auf symbolischer als auch praktischer Ebene sich vollziehenden Wandel der institutionellen Ordnung des Lebensendes in modernen Gesellschaften. Empirisch erkennbar wäre dieser Wandel dann, wenn er einen veränderten Umgang mit Sterben und Tod nicht nur auf der Ebene seiner Diskursivierung, sondern auch auf der institutionell-praktischen Ebene im konkreten Umgang mit Sterbenden und Toten sowie in der alltäglichen Bewältigung des antizipierten eigenen Sterbens und Todes ebenso wie in der Bearbeitung des wahrgenommenen Sterbens und Todes von anderen ausweist. Von dieser

Perspektivierung aus eröffnet ein an die genannten Themen und Phänomene angelegter dispositivanalytischer Blick eine Reihe von aufeinander verweisenden *Problemstellungen*, die durch folgende *Leitfragen* adressiert werden können:

- Inwieweit zeugt die zunehmende Diskursivierung des Lebensendes von einem möglichen grundlegenden Wandel der modernen Wissensordnung zu Sterben und Tod? D.h.: Welche Wissenspolitiken mit welchen Machtwirkungen kennzeichnen die diesbezüglichen diskursiven Praktiken und welche Neuordnung der institutionellen Praxis von Sterben und Tod (insbesondere in jenen institutionellen Feldern, in denen gestorben wird: in der Klinik, im Altenheim, in Hospizen, zu Hause) geht damit einher? In den Blick zu nehmen ist hier folglich die Verhältnisbestimmung zwischen diskursiven und nicht-diskursiven Praktiken.
- Welche Subjektpositionierungen/-formierungen und Subjektivierungsweisen im Umgang mit dem eigenen Sterben und dem Sterben anderer sowie mit dem Tod schlechthin sind identifizierbar?
- Schließlich: An welchen (symbolischen und materialen) Vergegenständlichungen von welchen (institutionellen) Praktiken lässt sich der mögliche Wandel empirisch festmachen? Damit ist das Verhältnis zwischen Diskurs und symbolischen wie materialen Vergegenständlichungen adressiert.
- In welchem Zusammenhang steht die mögliche Transformation des modernen Sterbe-/Todesdispositivs mit der gegenwärtigen gesellschaftlichen Situation, welche Ursachen sind erkennbar, was sind die möglichen (biopolitischen) Folgen für den zukünftigen Umgang mit Sterben und Tod insbesondere auch hinsichtlich der damit verbundenen Machtrelationen und Herrschaftsstrukturen?

Diese Forschungsfragen – zielend auf: die Diskursivierung von Sterben und Tod, die institutionelle Praxis im Umgang mit Sterben und Tod, die damit einhergehenden Subjektivationen/Subjektivierungen sowie den damit verbundenen symbolischen wie materialen Objektivationen – umreißen ein als analytische Heuristik gesetztes Sterbe-/Todesdispositiv, welches als Zusammenspiel der in den Fragen adressierten Analysedimensionen zu verstehen ist.

Theoretische und methodologische Fundierung

Auf der Grundlage der genannten, sich aus der dispositivanalytischen Perspektive ergebenden Forschungsfragen ist für die Entwicklung eines tragfähigen Forschungsdesigns in einem nächsten Schritt die (gesellschafts-/gegenstands-)theoretische und methodologische Fundierung des eigenen Forschungsansatzes erforderlich. Für die hier verfolgte Thematik nur kurz angedeutet, kann dies in drei Argumentationsschritten erfolgen:

Zum (erkenntnis-)theoretischen Ausgangspunkt: Entgegen einer biologisch-physiologischen Sichtweise, die den medizinischen Blick auf Sterben und Tod dominiert, begreift die (Thanato-)Soziologie Sterben als einen sozialen Prozess. In diesem Prozess wird anhand kulturell vorgegebener Kriterien – der herrschenden Vorstellungen von Leben und Tod, des jeweils als ›wahr‹ geltenden Todeswissens – ein als sterbend definiertes Individuum aus einer sozialen Gemeinschaft unwiederbringlich ›ausgegliedert‹, indem es ›als sterbend‹ behandelt wird. Der Tod bzw. genauer: die (wie auch immer praktizierte) Feststellung des Todes markiert dabei jenen Punkt, von dem an dem Betreffenden die Mitgliedschaft in dieser Gemeinschaft als ›lebender Akteur‹ endgültig entzogen ist, indem es nun ›als gestorben‹ behandelt wird (Schmied 1988: 116f.; Schneider 1999: 17ff., 57ff.; Weber 1994). Alle Gesellschaften – gleichgültig in welcher Kultur und in welcher historischen Epoche – stehen vor der Aufgabe, Handlungssicherheit darüber herzustellen, wann menschliches Leben endet, d.h. wann jemand für seine jeweilige Mitgliedsgruppe ›praktisch‹ als sterbend, als tot zu gelten hat und somit entsprechend zu behandeln ist und anhand welcher Kriterien dies zu erfolgen hat. Und sie muss Deutungsgewissheit darüber herstellen, wie mit dem Lebensende symbolisch umzugehen ist, indem der antizipierte eigene Tod sowie der wahrgenommene Tod des Anderen für die (Noch-)Weiterlebenden mit Sinn ausgestattet werden kann, damit das individuelle wie kollektive Weiterleben im Hier und Jetzt angesichts der radikalen Diskontinuitätserfahrung des Todes für die Lebenden möglich bleibt.

Demzufolge ist zu klären, wie – mit welchen ›Wissenspolitiken‹ des ›wahren Todeswissens‹ – Gesellschaften diese Handlungssicherheiten und Deutungsgewissheiten herzustellen suchen, wie sich welche gesellschaftliche Ordnung des Todes praktisch durchsetzt und mit welchen kulturellen und sozialen Folgen für die Frage nach der Grenzziehung zwischen Leben und Tod, zwischen (existenzieller) (Nicht-)Mitgliedschaft dies einhergeht? Diskurstheoretisch zielt der Begriff ›Wissenspolitik‹ auf jene hegemonialisierend wirkende ›Wahrheitspolitik‹ als machtvolle institutionelle Durchsetzung von als ›wahr‹ geltendem Wissen, welches sowohl im sozialen Austausch, in den sozialen Bezügen der Menschen handlungswirksam wird als auch ihre

Selbst- und Fremdwahrnehmung als Subjekte bestimmt (Foucault 1978; Hirseland/Schneider 2006). Denn das, was wir als Sterben, als Tod ›für-wahr-nehmen‹ und in und durch unser Handeln als ›Wahrheit des Todes‹ ›wirklich‹ werden lassen, gründet nicht in der scheinbaren Faktizität des Gegenständlichen, wie etwa dem sterbenden Körper, dem nicht mehr schlagenden Herz oder dem verwesenden Leichnam. Sondern umgekehrt: Entsprechende (spezial-/inter-)diskursive Prozesse produzieren, formen entlang der darin entwickelten und durchgesetzten Kategorisierungen von ›lebendig‹ und ›tot‹ ihre ›Objektivationen‹, ihre ›Gegenstände‹ – das Sterben, das Tot-Sein, den Sterbenden, die Leiche –, indem sie entlang ›machtvoller Regeln‹ über sie sprechen. Und dabei bestimmen die jeweils herrschenden (Aussage-)Regeln, über was in welchem Diskurs (Medizin, Recht, Bioethik, Religion etc.) wie gesprochen, was als wahr anerkannt und als falsch verworfen wird (Foucault 1978, Schneider 1999: 79ff.).

Zur methodologischen Rahmung: Diskurse erzeugen und entfalten ihre Effekte und Machtwirkungen – und zwar sowohl ›in‹ wie ›zwischen‹ den Individuen als Selbst-Verhältnisse sowie als Formierungen des sozialen Austauschs von Individuen – nicht nur über Wissens- und Wahrheitspolitiken in diskursiven Prozessen, sondern auch in den institutionell-vergegenständlichten Alltagspraktiken des Umgehens mit Sterbenden, Toten, mit deren Angehörigen. Damit ist gemeint: Das Sterben eines Menschen vollzieht sich (bis hin zu seinem Endpunkt, dem Tot-Sein) immer im Rahmen der für die Beteiligten gegebenen sozialen Bezüge und institutionellen Kontexte sowie entlang der vorherrschenden gesellschaftlichen Normen und Leitvorstellungen zu Sterben und Tod. So markiert im Kontext unserer modernen westlich-abendländischen Kultur z.B. die ärztliche Todesfeststellung die Grenze zwischen dem Aufrechterhalten oder dem Entzug des Status einer (mit bestimmten Grundrechten ausgestatteten) ›Person‹. Dabei werden körperliche Zustände des Betreffenden, identifiziert als Lebens- oder Todeszeichen, von den beteiligten Akteuren als Noch-Vorhandensein oder bereits als Abwesenheit von ›Personalität‹ gedeutet. Entsprechend differieren die – gemäß den in Anschlag gebrachten normativen Vorgaben – jeweils als legitim erachteten Handlungen, adressiert z.B. an einen Sterbenden, dessen Leben es zu retten gilt oder dessen Sterben nicht unnötig zu verzögern, aber auf jeden Fall möglichst schmerzfrei zu gestalten ist, oder an eine ›Leiche‹, deren z.B. maschinelle Weiterbeatmung sinnlos ist, außer für den Fall einer beabsichtigten Organentnahme.

Damit vollzieht sich das Sterben und – mit Blick auf den Hirntod – sogar das Tot-Sein eines Individuums immer schon ungleich, je nachdem, in welche Bezüge, institutionellen Kontexte, symbolische wie materiale Vergegenständlichungen man hineingezwungen wird oder über sie verfügen kann, welche Normen und Werte für einen gelten, welchen man unterstellt wird oder welche einem nicht zuerkannt werden. Z.B. Gesetzestexte wie das Transplantationsgesetz oder Diagnostik-Richtlinien zur Hirntod-Feststellung, Formulare wie Totenschein, Organspende-Ausweis oder Patientenverfügung, spezifische Gebäude und Räume mit entsprechender Geräteausstattung wie die Beatmungsmaschine auf der Intensivstation oder das Pflegebett im heimischen Wohnzimmer des Sterbenden etc. – all das sind Vergegenständlichungen diskursiver wie nicht-diskursiver Praktiken, die gleichermaßen Bedingungen wie Effekte von Diskursen bilden. Sie ermöglichen, erzwingen oder beschränken das konkrete Handeln von Akteuren, d.h. sie bilden den materialen Ausdruck von mehr oder weniger weiten oder engen Handlungsspielräumen. Und sie präformieren die Art und Weise, wie Individuen sich selbst und wechselseitig als ›Subjekte‹ adressieren können, welche Selbstdeutungen ihnen als ›eigene Identität‹ institutionell zuerkannt oder aufoktroyiert werden und wie sie sich jeweils als ›Selbst‹ zu anderen zu positionieren haben: z.B. als (noch) Lebende zu Sterbenden, zu Toten, als Angehörige eines Sterbenden zu medizinischen Professionellen etc. (Schneider 1999, 2007b).

Zur (gesellschafts-)theoretischen Kontextualisierung: Das Lebensende, der Tod ist immer ein ›Problem der Lebenden‹ (Feldmann/Fuchs-Heinritz 1995). Dabei ist es das Sterben des Anderen, welches das größte ›Problem‹ für die (noch) Weiterlebenden darstellt, nicht nur weil es grundsätzlich auf das eigene zukünftige Sterben verweist, dem Einzelnen also seine eigene Sterblichkeit bewusst werden lässt. Sondern weil sich in diesem Verweis ganz existenziell die soziale Situation offenbart, in der das je individuelle Sterben des Anderen (und damit das antizipierte eigene) sich in seiner kulturellen Rahmung und gesellschaftlichen Bestimmtheit vollzieht (bzw. vollziehen wird).

Der hierbei in Anschlag gebrachte Begriff des ›Problems‹ steht jedoch bereits selbst innerhalb einer spezifisch modernen Diskursformation zu Sterben und Tod, die den besonderen, dem modernen Denken so vertrauten Problemcharakter des Lebensendes erst konstituiert hat und bis heute mehr oder weniger bruchlos reproduziert. Dieser modernen Diskursformation gilt Sterben und Tod schlechthin als zu lösendes, zu bewältigendes Problem im Diesseits – und dies umso mehr, je ›unsicherer‹ und ›ungewisser‹ Sterben und Tod, scheinbar zwangsläufig verursacht durch einen unaufhaltsamen medizinisch-technischen Fortschritt, in unserer Wahrnehmung werden.

Exemplarisch zeigt sich das Uneindeutigwerden der Grenzziehungspraxis zwischen Leben und Tod am Thema ›Hirntod‹ bzw. der entsprechenden Kontroverse rund um das Transplantationsgesetz in den 1990er Jahren (Schneider 1999): Handelt es sich bei ›Hirntoten‹ um Tote, gekennzeichnet durch den irreversiblen Ausfall sämtlicher Hirnfunktionen, auch wenn deren Körper Merkmale wie z.B. sich bewegen, schwitzen, Stoffwechsel etc. aufweisen kann. Oder ist der ›Hirntote‹ ein noch lebender, aber unvermeidlich sterbender Mensch, der sich im irreversiblen Koma befindet und damit einen Punkt im Sterbensprozess erreicht hat, an dem nur noch dieses Sterben maschinell verzögert, aber nicht mehr aufgehalten werden kann. Je nach Definition, je nach als gültig, als ›wahr‹ gesetztem Todeswissen werden die Beteiligten – Ärzte, Pflegende, Angehörige u.a. – diesen Menschen als schon tot oder noch lebend behandeln und z.B. hinsichtlich der Frage nach Organentnahme diese oder jene Handlungen für wünschenswert oder verwerflich halten, als nützlich akzeptieren oder als unannehmbar ablehnen.

Damit wäre ein erster Hinweis zu dem – mit Foucault formuliert – moderne Gesellschaften kennzeichnenden ›Notstand‹ gegeben, indem die fortschreitende medizinischtechnische Ingriffnahme des Lebens bis hin zu den Grenzen Lebensende (und auch am Lebensbeginn) als unbeabsichtigte Nebenfolgen das Uneindeutigwerden, die ›Problematisierung‹ dieser Grenzziehungen mit sich bringt (Schneider/Nieder 2007). Allerdings wäre dispositivanalytisch zu fragen, inwiefern der technische Fortschritt als Praxisfeld oder die mit der Moderne durchgesetzten Wissenspolitiken mit ihrer neuen symbolischen Ordnung zu Leben und Tod oder deren – empirisch noch näher aufzuklärendes – Zusammenspiel zu dieser Kennzeichnung geführt haben. Denn für moderne, differenzierte Gesellschaften ist es (in Abgrenzung zur traditionalen) nicht mehr der religiöse Glaube, der das richtige, weil ›Wahrheit‹ produzierende Wissen um Leben und Tod garantieren und in dieser (Werte-)Gewissheit auch (Handlungs-) Sicherheit bieten kann. Jetzt ist es der säkularisierte Glaube an das als ›wertfrei‹ gedachte, weil allein der Rationalität verpflichtete und deshalb ›wahre‹ Wissen. Als aufgeklärter Rationalitäts-Glaube produziert dieses Wissen in der vermeintlichen Gewissheit seiner Wertfreiheit erst jene (Handlungs-)Sicherheit, die der moderne Mensch für sein ›Projekt der Moderne‹ benötigt: die Austreibung von Lebensunsicherheit im Diesseits – und zwar bis hin zur Bearbeitung der Lebensgrenzen als solchen.

Die angedeutete dispositivanalytische Perspektive erlaubt die Rekonstruktion der gesellschaftlichen Ordnung des Lebensendes als relationale Machtanalyse, die den Zusammenhang zwischen diskursiv vermitteltem Todeswissen, den institutionell-vergegenständlichten Praktiken sowie den mit Sterben und Tod verbundenen Normierungen für die sozialen Bezüge und die Selbstwahrnehmung der Subjekte ausweist (z.B. als ›guter‹ Tod versus dem ›schlechten‹ Sterben, als ›sinnvoller‹ Opfertod versus dem ›sinnlosen‹ Todesopfer etc.). Mit einem solchen dispositivanalytischen Zugriff wird die Frage nach einem grundlegenden Wandel des Umgangs mit Sterben und Tod in der Moderne und seinen kulturellen und sozialen Folgen umfassend – d.h. theoretisch aufeinander beziehbar, aber von verschiedenen Seiten mit unterschiedlichen empirischen Zugriffen – bearbeitbar.

Methodisch-forschungspraktische Umsetzungen: Strategien und Techniken der Datenerhebung und -auswertung

Je nach eigener Schwerpunktsetzung sowie den gegebenen empirischen Zugriffsmöglichkeiten und verfügbaren Ressourcen können Dispositivanalysen nun an verschiedenen ›Ecken‹ des Dispositivs (vgl. Abb. 11, S. 146, die Kennzeichnungen 1 bis 4) ansetzen und gleichsam von dort aus entsprechende empirische Verhältnisbestimmungen in den Blick nehmen.

Mit dem Fokus auf ❶ diskursive Praktiken wäre denkbar, von den Spezialdiskursen auszugehen und anhand einer Sammlung entsprechender Diskursfragmente (Fachzeitschriften, fachwissenschaftliche Stellungnahmen, Tagungsprotokolle usw.) ihre interdiskursive Vermittlung (z.B. in Medienbeiträgen) zu rekonstruieren. Umgekehrt könnten bei der Analyse von interdiskursiven Prozessen (z.B. im Bereich von Politik entsprechende Bundestagsdebatten zum Thema Organspende, zu Sterbehilfe, zur Patientenverfügung) deren spezialdiskursive Fundierungen sowie deren Aufnahme, Sedimentierung oder eben auch Wirkungslosigkeit im Elementardiskurs inklusive der korrespondierenden ❷ Subjektformierungen sowie Subjektivierungsweisen der Akteure in den Blick genommen werden. Hier wäre insgesamt mit Diskursfragmenten zu arbeiten, die sowohl aus ›natürlichen‹ Textdaten bestehen können wie auch aus ›künstlichen‹ Daten oder auch – soweit möglich – aus ›natürlich gewonnenen‹ Gesprächsprotokollen; also z.B.: aus vom Feld selbst produzierten ›Textvergegenständlichungen‹ wie Zeitschriftenartikeln, Protokollen von Medienberichten etc. oder im Forschungsprozess gezielt erzeugten Daten wie Experten-Interviews oder Gruppendiskussionen mit Laien oder aus

Protokollen von Beratungs- und Aufklärungsgesprächen zwischen Experten bzw. Expertinnen und Laien, von Alltagsgesprächen am Familientisch. Die Methodik der Datenauswertung wäre gemäß den Vorgaben qualitativer Textanalyse aus dem Spektrum von Inhaltsanalyse, Codieren oder Sequenzanalyse zu wählen, denkbar wären grundsätzlich auch quantifizierende Vorgehensweisen, deren Passung untereinander jedoch zu gewährleisten wäre.

Ebenso möglich ist der methodisch-forschungspraktische Ansatz an den ❸ Objektivationen der diskursiven Praxis. Als Beispiele hierfür wären bauliche Merkmale von Intensivstationen im Vergleich zu Palliativstationen und stationären Hospizen genauso wie unterschiedliche sozial- und wohnungsräumliche Charakteristika von privaten Lebenswelten von Klienten bzw. Klientinnen in der ambulanten Hospizarbeit zu nennen, die konkrete Ausgestaltung und der Einsatz von Formularen wie etwa Patientenverfügungen oder Organspende-Ausweis ebenso wie das Überlassen von medizinischen Ausrüstungen und Instrumenten ›für zuhause‹ (z.B.: Installation eines Pflegebetts in der Wohnung, Überlassung eines Sauerstoffbehälters, Einrichten einer Notrufanlage usw.). Das methodische Arbeitsprogramm umfasst bei diesem Ansatzpunkt demzufolge neben Interviews insbesondere teilnehmende Beobachtungen mit Artefaktanalysen, die – insbesondere wiederum in Verbindung mit der Frage nach den jeweiligen ❷ Subjektkonstitutionen – danach Ausschau halten, wie durch die Praxis ›vor Ort‹ jene Subjekte ›als Akteure‹ hervor- und zueinander in Position gebracht werden, die das Sterben als sozialen Prozess bestimmen. Sei es, dass sie ihn durch aktive Teilnahme gestalten oder durch passives Erleiden kennzeichnen oder von vornherein davon ausgeschlossen bzw. abgeschottet bleiben. Empirisch zu prüfen wäre dabei auch, welche Widerständigkeiten ›der Dinge‹ (des Körpers, der technischen Apparatur etc.) zu erkennen sind, die sich in ihrem Zusammenspiel womöglich dem jeweils ›rechten‹ Gebrauch verweigern oder jedes für sich ihn einfordert, ohne dass Handlungsspielräume für ihre Nutzer bleiben (etwa wenn bei der Sterbendenbegleitung zu Hause medizinische Gerätschaften in die private Ordnung der Dinge eingreifen).

Schließlich kann eine differenzierte Empirie zu ❶ nicht-diskursiven institutionellen Praktiken – z.B. über Institutionenanalysen als ethnographische Forschung – prüfen, inwieweit normative Programmatiken als Diskurseffekte im institutionellen Alltag aufgegriffen, umgesetzt oder dem dort vorherrschenden Erfahrungswissen und damit verbundenen Alltagsroutinen entgegenstehen. So erscheint z.B. bei der Sterbebegleitung in der stationären wie ambulanten Betreuung der Wille der Patienten zunehmend als oberstes Gebot für alle Beteiligten. Dabei fordert bereits – vermittels der diskursiv hergestellten Wirkmächtigkeit der Patientenverfügung – als Medium dieser ›selbstbestimmten‹ Selbst-Sorge-Botschaft die bloße Existenz eines Formulars ›Patientenverfügung‹ jeden dazu auf, sich zu seinem zukünftigen Sterben (eventuell mit seinen Angehörigen) zu befragen und damit sich bereits heute im Gesellschaftsgefüge ›verantwortungsvoll‹ zu positionieren (und um z.B. überhaupt in einer Einrichtung aufgenommen zu werden); und das obwohl noch gar nicht abzusehen ist, wie diese ›Verantwortung‹ in zukünftigen Diskursszenarien symbolisch aufgeladen und normativ ausbuchstabiert werden mag: als Widerstand gegen eine scheinbar übermächtige Technik-Medizin, als Maßgabe einer weitestgehenden ›Kostenneutralität‹ am Lebensende, als Verpflichtung zum ›sozialverträglichen Frühableben‹? Empirisch weitgehend unklar ist jedoch noch immer, wie solche Patientenverfügungen – je nach institutionellem Kontext des Sterbens – von wem eingesetzt werden und die soziale Ausgestaltung des Sterbensprozesses beeinflussen. Als ein weiteres Beispiel für solche praktischen Unsicherheiten und Widerständigkeiten zeigen die Ergebnisse der ethnographischen Forschung zur Praxis der Hirntod-Diagnostik von Gesa Lindemann, wie die institutionellen Vorgaben und die konkrete Durchführung der Hirntod-Feststellung in ihrer Ablauflogik im Klinikalltag den diskursiv vermittelten, medizinischen Erkenntnisprinzipien des ›Festgestellt wird, was der Fall ist‹ zuwiderlaufen. Denn in der konkreten Durchführung der Diagnostik erscheint der Hirntod für die beteiligten Akteure nicht als festgestellter, bereits eingetretener Tod des Menschen, sondern als Effekt der eigenen Diagnose-Praxis: Die Diagnose selbst konstituiert in der Wahrnehmung der Akteure also erst das Phänomen (Lindemann 2002).

Zu fragen ist mit Blick auf das moderne Sterbe-/Todesdispositiv vor allem auch, ❹ welche gesellschaftliche Umbruchsituation, welche ›Urgence‹ hinter den aktuellen Entwicklungen stehen könnte. Im Vergleich zur Transformation eines traditionalen Sterbe-Todesdispositivs hin zum modernen wird deutlich: Das vormoderne Weltbild, gekennzeichnet als gegebene göttliche Ordnung von Diesseits und Jenseits, umfasste als ›Leben‹ die diesseitige, zeitlich begrenzte sowie die jenseitige, ewige Existenz mit ihrer dortigen Erlösungsverheißung. Krankheit und Leiden wurde als Prüfung verstanden und diente der Vorbereitung der moralischen Existenz im Jenseits, auf die der Sterbende, der Tote für die Weiterlebenden verwies. Das ›gute, möglichst religiös begleitete Sterben‹ mit seinem Bezugsrahmen der jenseitigen Existenz diente wie das Leiden zur Vorbereitung auf diese jenseitige Existenz, das ›schlechte Sterben‹ war das unvorbereitende, weil plötzliche Sterben. Der Tod symbolisierte als Endpunkt des diesseitigen

Lebens die Vergänglichkeit des Menschen und gleichzeitig als Durchgangsstadium Erlösung oder Verdammnis im Jenseits.

Im modernen Weltbild, gekennzeichnet als vom Menschen gestaltbare Gesellschaftsordnung, umfasst ›Leben‹ die diesseitige Existenz, orientiert an der individuellen Verwirklichung der Verheißungen der Moderne im je eigenen Leben. Krankheit und Leiden verweisen nun auf die Defizite individueller oder kollektiver Existenz einschließlich der gleichzeitigen Aufforderung zu deren Vermeidung oder Beseitigung, denn das Projekt der Moderne zielt auf die Austreibung von Lebensunsicherheit im Diesseits. Sterben mit seinem Bezugsrahmen der diesseitigen subjektiven Erfahrung wird dabei als biologischer (natürlicher) Vorgang verstanden; das ›gute Sterben‹ verläuft deshalb nach einem möglichst langen Leben schnell und plötzlich, das ›schlechte Sterben‹ sollte nie ›früh‹ sein und schon gar nicht langsam und qualvoll. Der (entdramatisierte, entzauberte, weil natürliche) Tod gilt schließlich nur noch als Endpunkt des je eigenen Lebens.

Die ❹ intendierten wie nicht-intendierten Folgen des Wandels vom traditionalen zum modernen Sterbe-Todesdispositiv lauten: Mit der Moderne werden Sterben und Tod einer säkularisierenden ›Entmoralisierung‹ unterzogen, und sie werden zu ihrer ›problemlösenden‹ Bewältigung und professionalisierten Bearbeitung im Diesseits in die institutionalisierten Nischen der wissenschaftlichen Spezialdisziplinen (v.a. der Medizin) geschoben. Die Sterbenden und die Toten werden symbolisch entgemeinschaftet, d.h. sie verlieren ihren kollektivierten Sinn- und Deutungshorizont für ›das Leben‹. ›Der Tod‹ als der jetzt von der Natur gesetzte ›Feind des Lebens‹ verliert seine kollektiv verbindlichen, transzendenten Sinngewissheiten. Er wird in dem Sinne ›privatisiert‹, ›individualisiert‹, als das je eigene Sterben, der (antizipierte) je eigene Tod oder der eines signifikanten Anderen der je eigenen biographischen Sinnbearbeitung überlassen bleibt bzw. (in der Regel) dem je eigenen sozialen Nahraum zugerechnet wird. Das allgemein akzeptierte Ziel des modernen Umgangs mit Sterben und Tod ist – gemäß dem modernen Wertekanon von universalistischer Rationalität und Individualismus – die Verwirklichung des leidfreien, späten Sterbens als ›natürlichem Tod‹ für alle – unbesehen ihrer sozialen Herkunft und Position. Doch dem entgegen ist mit Blick auf die institutionelle Praxis des ›Sterben-Machens‹ zu fragen, welche Wirkungen, welche Folgen und Machteffekte mit den aktuellen Veränderungen, mit der zunehmenden Diskursivierung in Verbindung mit einem institutionellen Wandel im Umgang mit Sterben und Tod einhergehen?

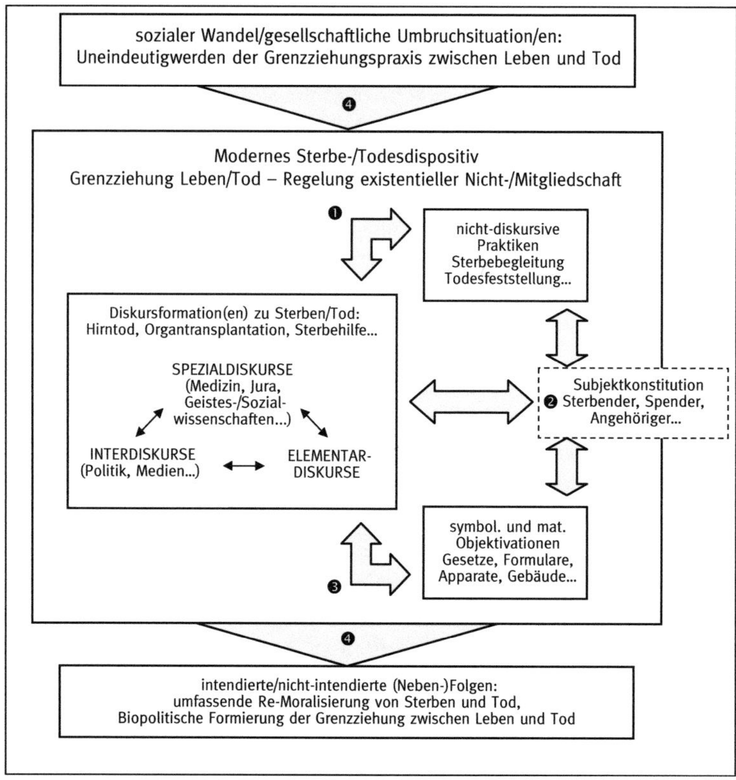

Abbildung 11: Das moderne Sterbe-/Todesdispositiv

Empirische Befunde des dispositivanalytischen Blicks

Der dispositivanalytische Blick auf die zunehmende Diskursivierung von Sterben und Tod seit den 1980er Jahren und der parallel dazu verlaufenden Entwicklung in den verschiedenen institutionellen Bereichen, in denen gestorben wird (Klinik, Altenheim, Hospiz), zeigt, wie sich in der Praxis und um die Maßgabe des selbstbestimmten, eigenverantwortlich gestalteten und deshalb ›guten Sterbens‹ eine neue ›Sterberolle‹ ausbildet.

Entlang eines neuen, säkularen ›post-modernen Memento Mori‹ als machtvoller normativer Rahmen für das von jedem selbst vorzubereitende Lebensende vollzieht sich so ein grundlegender Wandel in der bislang vorherrschenden modernen Wissensordnung zu Sterben und Tod (Schneider 1999, 2005). Wir leben zunehmend in einer Gesellschaft, in der der (nicht nur medizinisch zu führende) Kampf gegen Leiden, Sterben und Tod mit einem gesellschaftlichen Diskurs einhergeht, der uns unentwegt mit dem richtigen Umgang mit Sterben und Tod, mit Sterbenden und Toten vertraut machen möchte. D.h.: Man stirbt nicht einfach so und ist dann tot, sondern – so die damit verbundene diskursive Botschaft – man sollte sich um sein (zukünftiges) Sterben und Tot-Sein zu Lebzeiten kümmern. Wie wollen wir ›gestorben werden‹? Mit dieser Frage tritt in unser Bewusstsein als gesellschaftliche Vorgabe an jeden Lebenden immer mehr das Projekt, das eigene Lebensende zu organisieren, es selbstbestimmt zu planen, zu organisieren, zu gestalten, d.h. umfassend vorzusorgen.

Somit erscheinen ›das Sterben‹, ›der Tod‹ keinesfalls mehr einfach als im Leben weitgehend zu ignorierender, zwangsläufiger Endpunkt des Lebens. Und es ist auch nicht mehr nur der (eine!) Tod als ›der Feind des Lebens‹, wie ihn die Moderne als ›natürliche Gegebenheit‹ erst konstituiert hat, um ihn mit allen ihr zur Verfügung stehenden Mitteln zu bekämpfen, ihn längstmöglich vom Leben fernzuhalten, indem sich ihm die modernen Institutionen der Lebenssicherung (von der Medizin bis zum TÜV) entgegenstellen. Sondern das zu erwartende ›eigene Sterben‹ gilt es nun als letzte Lebensphase ›selbstbestimmt‹ vorsorglich zu organisieren, zu planen und zu gestalten. Der zu antizipierende ›eigene Tod‹ ist von jedem zu Lebzeiten hinsichtlich seiner möglichen Folgen für die Gemeinschaft der (noch) Weiter-Lebenden zu bedenken; z.B. von der Pflegeversicherung bis hin zur Patientenverfügung; von der Lebens- und Sterbeversicherung, die die nächsten Angehörigen von den durch das eigene Ableben verursachten finanziellen Belastungen möglichst freizuhalten sucht, bis hin zum Organspende-Ausweis, der für die virtuelle ›Gemeinschaft‹ aller potenziellen Organspender und -empfänger durch das Sterben des Einen die Chance zu einer besseren Lebensqualität für den todkranken Anderen verheißt.

Eine solche Institutionalisierung des guten Sterbens – als normatives Programm und entsprechend ›materialisiert‹ z.B. in diversen Formularen bis hin zu architektonischen Umgestaltungen in den jeweiligen Einrichtungen – zielt an seiner Oberfläche darauf, dem oder der Einzelnen ein möglichst individuelles, schmerzfreies und dennoch bewusstes Erleben des eigenen Sterbensprozesses als letzter Lebensphase zu gewährleisten. Doch sie erfordert damit einen bestimmten Typus von Sterbenden, die z.B. entweder bei klarem Bewusstsein oder mit Patientenverfügung/Vorsorgevollmacht ausgestattet sind, über eine ›eigene‹ Biographie und kommunikative Kompetenzen verfügen, um die eingeforderte Individuierung bis zum Ende zu vermitteln und eine entsprechende ›individualisierte Individualität‹ noch im Sterben zu bewahren. Vor allem zielt diese Institutionalisierung aber auf die flexibel normierende Ökonomisierung im Sinne einer *biopolitischen ›Bewirtschaftung‹ des Lebensendes*, die nun von der Transplantations- bis zur Palliativmedizin, von Sterbehilfeorganisationen bis zu privaten Pflegediensten für jeden Einzelnen organisationale Aktivitäten gleichermaßen zulassen wie von ihm einfordern. Gefordert ist also mehr als ein rechtzeitiges ›Regeln der letzten Dinge‹, was als Vorgabe das bürgerliche Subjekt als solches schon immer kennzeichnete. Ganz im Zuge der biopolitisch wirksamen Selbst-Aktivierung geht es nun um die diesseitige Sorge um das eigene Selbst, die bis zum letzten Atemzug voranzutreiben ist.

Hierin wird deutlich, wie die heutige Vorstellung des aufgeklärten, selbstbestimmten, nur seinem eigenen Willen folgenden Subjekts – eng verbunden mit der Vorgabe einer allseits möglichen und notwendigen Kommunikation ›über alles‹, über ›das ganze Leben‹ – auch bei Sterben und Tod dem modernen Willen zum Wissen, dem Zwang zur Wahrheit als gesellschaftlichen Zwang zur ›Selbst-Verantwortung‹ folgt. Denn was geschieht mit einem gerade am Lebensende möglichen prinzipiellen Nicht-Wissen-Können oder vielleicht sogar einem Nicht-Wissen-Wollen? War es nicht gerade dieser moderne Mythos des selbst bestimmten Subjekts, das autonom in freiem Willen sein Schicksal in die Hand nimmt und ausgestaltet, der bislang als ›vernunftzentrierter Adultismus‹ nicht nur Kindern, sondern auch Alten, Kranken, Sterbenden Selbstverantwortung absprach, um Andere – Eltern, Ärzte, Priester – für sie verantwortlich machen zu können? Doch genau dieser ›Autonomie-Mythos‹ legitimiert nun die neuen Vorstellungen vom ›guten Sterben‹, wo eine seiner möglichen Ausdrucksformen – nämlich als kollektivierter Zwang zum gelingenden, weil bewussten, selbstbestimmten und damit eigens zu verantwortenden Sterben – nur allzu leicht die Gemeinschaft von der Übernahme von Verantwortung für dieses Sterben entheben könnte. Somit besteht gerade auch hier – wie in anderen gesellschaftlichen Feldern derzeit beobachtbar – die Gefahr, dass die Rede von der Selbstbestimmung, der Selbstverantwortung als Legitimation für Entsolidarisierung und Entpflichtung der Gemeinschaft gegenüber dem Einzelnen missbraucht werden kann. Und damit rückt letztlich auch ›der Tod‹, der – einer in unserer Kultur langen historischen Tradition zufolge – als ›großer Gleichmacher‹ jeden gleichermaßen unausweichlich trifft, zunehmend in den Hintergrund. In den Vordergrund tritt mit dem unterschiedlichen ›Wie‹ des Sterbens immer mehr die Frage nach sozialer Ungleichheit: Der Tod (das Tot-Sein) selbst mag schließlich alle gleich machen, aber in Zukunft bedeutsamer erscheint der ›Ungleichheitsgenerator Sterben‹.

Konfrontiert man diese Befunde mit der schematischen Übersicht und den formulierten Forschungsfragen zum modernen Sterbe-/Todesdispositiv, fehlen aus dispositivanalytischer Perspektive in diesem Themenfeld derzeit – neben Diskursanalysen z.B. zum Themenfeld Sterbehilfe/Sterbebegleitung – vor allem noch weitere ethnographische Forschungen zur praktischen Ausgestaltung von Sterbeprozessen. Hierzu findet sich ein weites Feld von unterschiedlichen organisatorisch-institutionellen Bereichen, in denen in modernen, funktional differenzierten Gesellschaften gestorben wird: von Intensivstationen über Altenheime bis hin zu stationären Hospizen sowie den privaten Lebenswelten, teilweise betreut von medizinischen Experten wie Ärzten, Pflegekräften oder auch ehrenamtlichen Laien wie z.B. vor allem in der ambulanten Hospizarbeit. Empirisch gesicherte Befunde liegen bislang hierzu – bis auf das Sterben im Krankenhaus – kaum vor (vgl. zusammenfassend z.B. Schneider 2006). Insbesondere wären dabei solche empirische Arbeiten fruchtbar, die sich explizit unter dispositivanalytischer Perspektive mit den Alltagswelten von ›Todesarbeitern‹ und deren Klientel beschäftigen sowie vor allem Analysen, die den Elementardiskurs zu Sterben und Tod sowie die Todesbilder aus der alltagsweltlichen Sicht von Subjekten – je nach Milieu und Lebensphase – beleuchten (vgl. hierzu z.B. Nassehi/Saake 2005; Saake 2007). Empirisch noch weitgehend offen ist dabei, inwieweit die Subjektformierung/-positionierung des ›guten‹ Sterbenden, nach der z.B. in Betreuungssituationen der bzw. die Sterbende selbst den Lauf der Dinge bestimmen soll und damit de facto Verantwortung und Entscheidungslast von den Betreuenden bzw. der Gesellschaft der Weiterlebenden nimmt, von den Sterbenden als Zugewinn für das eigene, als autonom gedachte Selbst erlebt wird. Oder ob nicht vielleicht in dieser Lebensphase gerade das Gegenteil – z.B. Überforderung, fehlende Unterstützung – erfahren wird (Schneider 2005, 2007).

5. Dispositivforschung – Zusammenfassung und Ausblick

Der Begriff des Dispositivs ist mehr als nur eine blanke Hülse, die diskursstrategisch gleichsam als ›leerer Signifikant‹ fungiert, um jegliches Forschungsanliegen, welches sich im Rahmen eines – im weitesten Sinn poststrukturalistischen – Diskursbegriffs und darum herum bewegt, aufnehmen und positionieren zu können. Die Dispositivforschung eröffnet eine theoretisch ertragreich erscheinende und empirisch flexible (Er-)Weiterung (in) der sozialwissenschaftlichen Diskursforschung, die eine Reihe von bis dato immer wieder diskutierten Problemstellungen umfassender als in einer diskurstheoretischen Engführung verstehbar und damit auch bearbeitbar macht; so z.B. das Verhältnis von Diskurs und Nicht-Diskurs, die Fragen nach den symbolischen wie materialen Vergegenständlichungen/Objektivationen und nach Akteuren bzw. Subjekten.

Um diese Weiterung noch einmal auszuweisen und zu begründen, wird das letzte Kapitel dieser Einführung eine kurze Zusammenfassung der vorangegangenen Ausführungen bieten und anschließend die aus unserer Sicht derzeit bestehenden theoretischen und empirischen Forschungsdesiderata benennen.

5.1 Zum Diskurs um das Dispositiv – Zusammenfassung

Wir wollen die Zusammenfassung im Stil einer knappen ›Quasi-Diskursanalyse‹ vornehmen, d.h. den Diskurs um Dispositive so kennzeichnen, dass – entlang der Begriffe Gegenstand/Erkenntnisbereich,

Begriffskonzeption, Äußerungsmodalität und Ziele/Interessen – die wichtigen Bestandteile der Dispositivforschung, wie wir sie hier dargelegt haben, deutlich konturiert werden.

- *Gegenstand/Erkenntnisbereich der Dispositivforschung*: Die Dispositivforschung richtet sich nicht auf Dispositive, die es in der Empirie zu identifizieren gilt und die dann mehr oder minder systematisch unter Zuhilfenahme eines bestimmten Sets von Methoden zu untersuchen sind. Vielmehr geht es um die Auseinandersetzung mit der Frage, welche (Wissens-)Elemente aus diskursiv vermittelten Wissensordnungen inwieweit ›wirk-liche‹ (und insofern ›machtvolle‹) Effekte zeitigen, als dass sie in der kollektiven wie individuellen Vermittlung im Selbst- wie Weltbezug handlungswirksam werden und dadurch (erst) auf jene Wissensordnungen rückwirken können. Eine solche Erforschung von Dispositiven erfordert die folgenden vier, analytisch zu trennenden und keineswegs zwangsläufig immer vollständig zu bearbeitenden Leitfragen:
  1. In welchem Verhältnis stehen diskursive Praktiken in Gestalt z.B. von Spezialdiskurs(en), Interdiskurs(en) und/oder Elementar- bzw. Alltagsdiskurs(en) und (alltagsweltliche) nicht-diskursive Praktiken?
  2. In welchem Verhältnis stehen diskursive Praktiken, nicht-diskursive Praktiken, symbolische wie materiale Objektivierungen und Subjektivation/Subjektivierung?
  3. In welchem Verhältnis stehen diskursive Praktiken mit den vorherrschenden Wissensordnungen, die sich in der ›Ordnung der Dinge‹ manifestieren (im Sinne von symbolischen wie materialen Objektivationen insbesondere in Alltags-/Elementarkulturen)?
  4. In welchem Verhältnis stehen diskursive Praktiken, nicht-diskursive Praktiken und Objektivationen – kurzum: Dispositive – mit gesellschaftlichem Wandel (Umbruchsituationen) und dispositiven (nicht-)intendierten (Neben-)Folgen?

  Diesen Fragen vorgeschaltet ist eine Verhältnisbestimmung unterschiedlicher und mit Blick auf die je interessierende und zu erforschende Problemstellung wichtiger Diskurse, diskursiver Formationen bzw. diskursiver Praktiken. Das bedeutet freilich nicht, dass unabdingbar eine wie auch immer ausgerichtete – und etwa gar durch die Dispositivforschenden selbst und vorab durchzuführende – Diskursanalyse erfolgen muss, bevor eine Dispositivanalyse konzipiert werden kann. Jedoch ist es notwendig, dass das Verhältnis zwischen den thematisch für das eigene dispositivanalytische Erkenntnisinteresse je interessierenden Spezialdiskursen, Interdiskursen, Elementardiskursen zumindest soweit konzeptionell geklärt wird, dass der konkrete empirische Ansatzpunkt der Dispositivanalyse (z.B. bei den nicht-diskursiven Alltagspraktiken, Objektivationen, Subjektivierungen) mit Blick auf die dabei relevanten Diskurse ausgewiesen und begründet werden kann.

- *Begriffskonzeption:* Die wichtigen Begriffe bei der Erforschung von Dispositiven und die dabei möglichen analytischen Unterscheidungen – Diskurs und Dispositiv, diskursive/nicht-diskursive Praktiken, Subjektivation/Subjektivierung und Objektivation/Vergegenständlichung – sind im Verlauf der vorangegangenen Überlegungen sukzessive geklärt worden. Zu beachten bleibt aber die grundlegendere Frage, nach welchem Konstruktionsmodus die terminologische Architektur dieser Begriffe organisiert ist. Bei allen diesen Begriffen sind wir zunächst davon ausgegangen, dass keine ›eigentlichen‹, gar ›richtigen‹ bzw. ›wahren‹ Definitionen fixiert werden können. Denn auch die hier formulierten Begriffe bzw. begrifflichen Differenzierungen sind erst im Diskurs über die Diskurs- und Dispositivforschung, also über diskursive Praktiken hervorgebracht worden. Es handelt sich also – wenn man so will – um symbolische Objektivationen von spezialdiskursiven Praktiken. Generell werden Begriffe bekanntlich diskursiv hervorgebracht und – als Effekt der Aussagefunktion – mit Bedeutung ›gefüllt‹, sie müssen aber nicht alle ›objektiviert‹ werden und z.B. in bestimmten Diskursen als relevant gelten. Andererseits aber können, vermittelt über unterschiedliche (nicht-diskursive) Praktiken, ›Dinge‹ – z.B. beobachtbare Handlungsergebnisse, materiale Erscheinungen – als Objektivationen dispositiver Herstellungs- und Hervorbringungsprozesse dem diskursiven Prozess vorenthalten bleiben oder entzogen werden, und dennoch oder gerade deshalb strukturierend wirken oder strukturiert werden, indem sie gleichsam als gelebte Praxis auf diskursive Konstruktionsprozesse einwirken. Insofern erscheint uns eine begriffliche Differenzierung zwischen Gegenstand, den ihn (strukturierten/strukturierenden) Praktiken und seine Konstruktion über diskursive und/oder nicht-diskursive Praktiken als hilfreich. Entlang dieser Sichtweise sind auch die hier verwendeten Begriffe konstruiert. So sprechen wir etwa von diskursiver Hervorbringung eines Gegenstands, den nicht-diskursiven Praktiken seiner Vergegenständlichung/Objektivation und den dadurch entstandenen ›Dingen‹.

- *Äußerungsmodalität*: Welche spezifische (erkenntnis-)theoretische Grundhaltung ist bei einer Dispositivanalyse erforderlich? Hier erscheint uns eine re-konstruktive Analyse – verstanden als Erweiterung einer ›interpretativen Analyse‹ – für den Forschungsstil der Dispositivforschung als zentral. Eine solche Haltung basiert auf einem ›epistemologischen Bruch‹, der im Rahmen einer kritischen Ontologie vermeintliche Gewissheiten und Evidenzen hinterfragt und zugleich deren Herkunft erforscht. Ausgehend von dieser Forschungsperspektive sind die Forschenden aufgefordert, sich als forschende Subjekte zu verstehen und die methodologische Position des Verstehenden, des Re-Konstruierenden einzunehmen, der zugleich immer auch selbst Teil des Konstruktionsprozesses ist. Diese Analysehaltung kennzeichnet die Erforschung der je über Wissen vermittelten Verhältnisse von Diskurs, Macht und dem ›gesellschaftlichen Sein‹ – verstanden als sinnlich-materiale gesellschaftliche Praxis, die die sozialen Beziehungen zwischen Menschen, ihren Umgang mit den sie umgebenden ›Dingen‹ bzw. Objektivationen sowie ihre damit jeweils verbundenen (Selbst-)Erfahrungen konstituiert und formiert. Dabei können im Sinne des dispositivanalytischen Forschungsstils bei der Datengenerierung wie auch bei der Datenauswertung unterschiedliche methodische Verfahren zum Einsatz kommen. Wichtig ist es, dass diese Verfahren dem Forschungsgegenstand bzw. der Forschungsfrage angemessen und bei Bedarf auch im Sinne einer Ver- oder auch Umkehrung ihres bisher ›üblichen‹, ›ursprünglichen‹ oder gar ›normalen‹ Gebrauchs angepasst werden können. Dabei sind als Kriterien ›guter‹ Forschung die Visibilität und Viabilität des Forschungsprozesses sowie interne und externe Validität der Forschung zu beachten.
- *Ziele/Interessen der Dispositivforschung*: Das übergeordnete Ziel der Erforschung von Dispositiven besteht darin, Macht-/Wissen-Relationen in ihren sozialen Auswirkungen, aber auch ihren Anlässen zu erforschen. Insofern ist also das Dispositivkonzept und seine Erforschung nicht nur auf der Meso-Ebene zu verorten, sondern es ermöglicht eine Vermittlung zwischen Makro- und Mikro-Ebene. Dabei ist dann auf der einen Seite interessant, weshalb, aus welchem Grund, weswegen sich ein bestimmtes Dispositiv formiert oder auch verändert. Auf der anderen Seite gilt es zu erforschen, welche Auswirkungen und beabsichtigten oder unbeabsichtigten Folgen wie auch Nebenfolgen ein Dispositiv für wen und in welchem Ausmaße hat oder haben könnte. Ausgestattet mit dieser Analyseprogrammatik werden die bestehenden Macht- und Herr-

schaftsverhältnisse, die damit verbundenen Objektivationen wie auch Subjektivationen als machtvolle dispositive Effekte erkennbar und können so in einem umfassenden Sinne de-ontologiert, dekonstruiert und de-naturalisiert zum Gegenstand kritischer Soziaforschung werden.

Diese kurze und schematisch gehaltene Zusammenfassung verweist auf eine Reihe von erkennbaren Leerstellen und Forschungsdesiderata sowohl in der Theoriearbeit als auch in der Empirie, die in der zukünftigen Debatte um die Dispositivforschung zu bearbeiten bleiben.

5.2 Zukünftige Forschungsdesiderata im Feld der Dispositivforschung

Desiderata in der Theoriearbeit

Für die zukünftige Entwicklung der Dispositivforschung erscheint vor allem notwendig, weitere Theoriearbeit im Verhältnis von Diskurs- und Dispositivbegriff zu leisten, neuere Theorieanschlüsse zu prüfen und ggf. auszuarbeiten sowie dementsprechende erkenntnistheoretische wie methodologische (In-)Kompatibilitäten zwischen verschiedenen Theorietraditionen zu beachten und – wo möglich und theoretisch ertragreich – zu überwinden.

Der wohl vordringlichste Forschungsbedarf mit Blick auf die Theoriearbeit besteht in Bezug auf die stärker machttheoretisch auszubuchstabierende *Verhältnisbestimmung zwischen Diskurs bzw. diskursiven Praktiken und nicht-diskursiven Praktiken*. Dabei muss es vor allem auch darum gehen, den *Subjekt-/Akteursbegriff* theoretisch so zu fassen, dass die doppelte Dimensionierung der Handelnden als – wie Link es fasst – Disponierte und Disponierende enthalten ist und ›das Subjekt‹ als erkenntnistheoretische/handlungspraktische ›Dublette‹, wie Foucault (1988c) formuliert, in ihren je historisch-konkreten Vermittlungen analytisch in den Blick genommen und empirisch erforscht werden kann. Ausgehend davon könnten Akteure sowohl in ihrer Potenzialität als aktiv Handelnde (also als Disponierende) wie auch als passiv Erleidende (also als Disponierte) begriffen werden, um Subjektivation/Subjektivierung als Effekt unterschiedlicher diskursiver und nicht-diskursiver Praktiken ebenso in den Blick zu nehmen wie die Widerständigkeiten, Eigen-Sinnigkeiten der Handelnden, falls sie sich dem Disponiert-Sein widersetzen oder es zumindest zu unterlaufen suchen. In enger Verbindung dazu steht eine intensive theoretische Auseinandersetzung mit dem Verhältnis zwischen diskursiven/nicht-diskursiven Praktiken und ihren Objektivationen/Vergegenständlichungen einschließlich der damit verbundenen Ausgestaltung der alltäglichen ›Ordnung der Dinge‹ und der daran geknüpften Alltagsroutinen.

Schließlich bleibt auch grundlegend zu diskutieren, in welchem Verhältnis die Dispositivforschung zu gesellschaftstheoretischen Entwürfen steht, die mehr oder weniger erfolgreich die Kluft zwischen einer Mikro- und Makro-Perspektive zu überwinden suchen. Welche Anschlüsse an solche sozialwissenschaftliche Theorien sind dabei möglich und/oder weiterführend bzw. können hinsichtlich der gesellschaftstheoretischen Deutung von Dispositiven als Referenzrahmen dienen? Können Dispositive, so wie sie hier begrifflich-theoretisch konzipiert und methodologisch fundiert wurden, erforscht werden, beispielsweise

- mit Pierre Bourdieu nicht nur als Feldmerkmale und -konstituenten, sondern als das, was gesellschaftliche/soziale Felder, ihre Merkmale und -konstituenten hervorbringt und strukturierend auf sie einwirkt?
- mit Anthony Giddens als strukturierende und strukturierte Netze, Ensembles, die letztlich als ›Modernisierungsmotoren‹ wirken?
- mit Bruno Latour u.a. nicht nur als Elemente in Akteur-Netzwerk-Konstellationen, sondern als Produzenten historisch konkreter Akteur-Netzwerk-Konstellationen?
- mit Norbert Elias als Figurationen in einem dann grundlegend zu erweiternden Figurationskonzept?
- im Sinne Niklas Luhmanns als umfassende gesellschaftliche Problemlösungsoperatoren?
- in der Perspektive neo-institutioneller Forschungsansätze nicht nur als Infrastrukturen für übergreifende Erwartungsmuster und Handlungsformen, sondern als deren generative Operatoren?

Desiderata in der empirischen Forschungspraxis

Unabhängig von diesen Bestimmungen erscheint es aber auch unabdingbar, den Diskurs über die methodologischen Fundamente und Methoden einer Dispositivanalyse zu intensivieren und genauer auf die Möglichkeiten, Grenzen und potenziellen (Un-)Vereinbarkeiten konkreter methodischer Herangehensweise an die gesellschaftliche Wirklichkeit einzugehen, als es im Rahmen dieser kurzen Einführung möglich war. Es bleibt abzuwarten, ob und wie die bisher angestellten und fruchtbar erscheinenden methodologischen Reflexionen forschungspraktisch eingeholt und wie sie – z.B. mit der Entwicklung von multimethodischen Forschungsansätzen und Konzepten der Triangulation – weiter ausgebaut werden können.

Generell ist eine Intensivierung dispositivanalytischer Forschung zu wünschen, die insbesondere und explizit das Verhältnis von diskursiven und nicht-diskursiven Praktiken in den Blick nimmt, indem sie von den institutionellen Ordnungen, den darin enthaltenen Dingen und Alltagsroutinen ausgehend die Frage nach den Machtwirkungen von Wissensordnungen und deren Transformationen untersucht. Denn je plausibler die Annahme wird, von zunehmend konfliktreicher, offener und vielfältiger werdenden diskursiven ›Deutungskämpfen‹ in sich weiter modernisierenden und globalisierenden Gesellschaften auszugehen, je mehr wir also von einer diskursiven Unordnung des zuvor vermeintlich ›geordneten‹ Wissens und seiner Spezialisierungen ausgehen können, umso wichtiger wird eine Empirie, die sich nicht mehr nur auf Diskurse, auf öffentliche Diskussionen oder den Vorgängen auf den institutionellen Vorderbühnen widmet. Eine – wie mit dem Dispositivkonzept vorgeschlagene – umfassendere, weil direkt an Praktiken, Subjekten, Vergegenständlichungen ansetzende Empirie könnte dann systematisch sich jenen Verhältnisbestimmungen zuwenden, die Aufschluss über das Verhältnis von Diskurs und Praxis, von Vorder- und Hinterbühne, von Hegemonie, Marginalisierungen und auch Widerständigkeiten geben können.

Ein weiteres Desiderat ist somit nicht nur in der allfälligen Reflexion von methodisch-methodologischen Verknüpfungsmöglichkeiten zu sehen, sondern sowohl in der methodologischen Reflexion als auch in der Entwicklung von Verfahren der Reflexivität von Forschungspraxis und der Frage nach der Konstitution der forschenden Subjekte. Der Frage nach der Herstellung, Kontinuierung und Transformation von Forschung und Forschenden durch Dispositive gilt es mehr Aufmerksamkeit zu schenken als bislang, nicht zuletzt, um die empirisch erkennbaren Problematisierungen hinsichtlich der Fragen nach den Techniken und Technologien des Selbst auch in der Wissenschaft als einem zentralen Praxisfeld dessen, was viele als voranschreitende Wissensgesellschaft identifizieren, in den Vordergrund zu rücken.

5.3 Schluss

Mit der hier vorgelegten einführenden Übersichtsdarstellung des Dispositivkonzepts als Forschungsperspektive und der Dispositivanalyse als Forschungsstil ist – wie bereits einleitend erwähnt – weder der Anspruch erhoben, einen umfassenden und vollständigen Überblick über das Feld der Dispositivforschung zu geben. Noch soll(te) damit ein bestimmtes empirisches Vorgehen in der sozialwissenschaftlichen Forschungspraxis so ›methodisiert‹ und ›standardisiert‹ werden, dass es gleichsam ›kanonisiert‹ beansprucht, als die einzig mögliche dispositivanalytische Methodik zu gelten. Vor dem Hintergrund der hier vorgeschlagenen konzeptionellen Dimensionierung und den zu verfolgenden Leitfragen wäre dies auch ein unmögliches Unterfangen. Dies wohl nicht zuletzt deshalb, weil deutlich geworden sein sollte, dass die dispositivanalytische Forschungsperspektive als eine Erweiterung im Feld der sozialwissenschaftlichen Diskursforschung bzw. gar über das Feld der Diskursforschung hinausgehend zu sehen ist, was eine methodische Engführung von vornherein verhindert.

Der mit diesem Buch verfolgte Anspruch lautet vielmehr, einen ersten einführenden und konturierenden Reflexions- wie Orientierungsrahmen der Dispositivforschung sowie eine methodologisch-methodische Präzisierung des dispositiven Analysekonzepts zur Verfügung zu stellen. Diese Rahmung der Dispositivforschung dient dazu, den Begriff des Dispositivs näher zu bestimmen und ihn davor zu bewahren, zu einem unbestimmten ›One Concept Fits All‹, zu einem ›entleerten Signifikanten‹ zu werden. Zu hoffen bleibt, dass aus dem sich in Zukunft vielleicht intensivierenden Diskurs über die Dispositivforschung nicht selbst ein die theoretische wie empirische Forschungsarbeit einschränkendes, sondern eher produktiv wirkendes, ermöglichendes Dispositiv entwickeln möge und so – im Kuhn'schen Sinne – die Normalisierung der Dispositivforschung fortschreiten könnte. Dieses sozialwissenschaftliche Dispositiv wäre dann wohl auch in der Lage, auf die Forschungsherausforderungen in zunehmend komplexer werdenden Gesellschaften zu reagieren und vielleicht tatsächlich machtvolles sozialwissenschaftliches Wissen zu produzieren, das hilft, heutige Gesellschaften und ihre zukünftigen Entwicklungen kritisch zu reflektieren.

Literatur

Althusser, Louis (1970): Ideologie und ideologische Staatsapparate. Aufsätze zur marxistischen Theorie, Hamburg: VSA.

Andresen, Sabine (2004): »Kindheit als Dispositiv. Ein Zugang erziehungswissenschaftlicher und historischer Kindheitsforschung«. In: Ludwig A. Pongratz/Michael Wimmer/Wolfgang Nieke/Jan Maschelein (Hg.), Nach Foucault. Diskurs- und machtanalytische Perspektiven der Pädagogik. (Schriftenreihe der Kommission Bildungs- und Erziehungsphilosophie der DGFE), Wiesbaden: VS, S. 158-175.

Angermüller, Johannes (2001): »Diskursanalyse: Strömungen, Tendenzen, Perspektiven. Eine Einführung«. In: Johannes Angermüller/Katharina Bunzmann/Martin Nonhoff (Hg.), Diskursanalyse: Theorien, Methoden, Anwendungen, Berlin: Argument, S. 7-22.

Angermüller, Johannes (2005): »Sozialwissenschaftliche Diskursanalyse in Deutschland. Zwischen Rekonstruktion und Dekonstruktion«. In: Reiner Keller/Andreas Hirseland/Werner Schneider/Willy Viehöver (Hg.), Die diskursive Konstruktion von Wirklichkeit. Zum Verhältnis von Wissenssoziologie und Diskursforschung, Konstanz: UVK, S. 23-48.

Angermüller, Johannes (2007): Nach dem Strukturalismus. Theoriediskurs und intellektuelles Feld in Frankreich, Bielefeld: transcript.

Angermüller, Johannes/Bunzmann, Katharina/Nonhoff, Martin (Hg.) (2001): Diskursanalyse: Theorien, Methoden, Anwendungen, Berlin: Argument.

Ashcroft, Bill/Griffiths, Gareth/Tiffin, Helen (Hg.) (2007): The Postcolonial Studies Reader, 2. Aufl., London: Routledge.

Augé, Marc (1994): Orte und Nicht-Orte. Vorüberlegungen zu einer Ethnologie der Einsamkeit, 2.Aufl., Frankfurt a.M.: Fischer.

Balibar, Étienne (1991): »Foucault und Marx. Der Einsatz des Nominalismus«. In: François Ewald/Bernhard Waldenfels (Hg.), Spiele der Wahrheit. Michel Foucaults Denken, Frankfurt a.M.: Suhrkamp, S. 39-65.

Baudry, Jean-Louis (1986): »Ideological effects of the basic cinematographic apparatus«. In: Philip Rosen (Hg.), Narrative, apparatus, ideology. A film theory reader, New York: Columbia University Press, S. 286-298.

Beck, Ulrich (2007): Weltrisikogesellschaft. Auf der Suche nach der verlorenen Sicherheit, Frankfurt a.M.: Suhrkamp.

Becker, Peter (2004): »Der Verbrecher zwischen Dämonisierung und Normalisierung. Überlegungen zur Kriminologie des 19. Jahrhunderts«. In: Wiener Zeitschrift zur Geschichte der Neuzeit, 4. Jg., Heft 1, S. 53-78.

Belliger, Andrea/Krieger, David J. (Hg.) (2006): ANThology: Ein einführendes Handbuch zur Akteur-Netzwerk-Theorie, Bielefeld: transcript.

Berger, Peter L./Luckmann, Thomas (1987) [1966]: Die gesellschaftliche Konstruktion der Wirklichkeit. Eine Theorie der Wissenssoziologie, Frankfurt a.M.: Fischer.

Blumer, Herbert (1981) [1969]: »Der methodologische Standort des Symbolischen Interaktionismus«. In: Arbeitsgruppe Bielefelder Soziologen (Hg.), Alltagswissen, Interaktion und gesellschaftliche Wirklichkeit, 5. Aufl., Opladen: Westdeutscher Verlag, S. 80-146.

Bohnsack, Ralf (2003): Rekonstruktive Sozialforschung – Einführung in qualitative Methoden, Opladen: Leske + Budrich.

Bourdieu, Pierre/Chamboredon, Jean-Claude/Passeron, Jean-Claude (1991): Soziologie als Beruf. Wissenschaftstheoretische Voraussetzungen soziologischer Erkenntnis, Berlin: Walter de Gruyter.

Bourdieu, Pierre/Wacquant, Loïc J. D. (1996): »Die Ziele der reflexiven Anthropologie«. In: Dies., Reflexive Anthropologie, Frankfurt a.M.: Suhrkamp, S. 95-249.

Brieler, Ulrich (1998): Die Unerbittlichkeit der Historizität. Foucault als Historiker, Köln: Böhlau.

Brinkmöller-Becker, Heinrich (1994): »Kino und die Wahrnehmung von Filmen: das Kino-Dispositiv in 100jähriger Entwicklung«. In: Medien und Erziehung. Zeitschrift für Medienpädagogik, 38, 6, S. 327-332.

Bröckling, Ulrich (2007): Das unternehmerische Selbst: Soziologie einer Subjektivierungsform, Frankfurt a.M.: Suhrkamp.

Bröckling, Ulrich/Krasmann, Susanne/Lemke, Thomas (Hg.) (2000): Gouvernementalität der Gegenwart. Studien zur Ökonomisierung des Sozialen, Frankfurt a.M.: Suhrkamp.

Bublitz, Hannelore (1999): Foucaults Archäologie des Unbewußten. Zum Wissensarchiv und Wissensbegehren moderner Gesellschaften, Frankfurt a.M.: Campus.

Bublitz, Hannelore (2001): »Archäologie und Genealogie«. In: Marcus S. Kleiner (Hg.), Michel Foucault. Eine Einführung in sein Denken, Frankfurt a.M.: Campus, S. 27-39.

Bublitz, Hannelore (2003): Diskurs, Bielefeld: transcript.

Bublitz, Hannelore (2006): »Differenz und Integration. Zur diskursanalytischen Rekonstruktion der Regelstrukturen sozialer Wirklichkeit«. In: Reiner Keller/Andreas Hirseland/Werner Schneider/Willy Viehöver (Hg.), Handbuch Sozialwissenschaftliche Diskursanalyse, Bd. 1: Theorien und Methoden, 2., akt. u. erw. Aufl., Wiesbaden: VS, S. 227-262.

Bublitz, Hannelore/Bührmann, Andrea D./Hanke, Christine/Seier, Andrea (Hg.) (1999): Das Wuchern der Diskurse. Perspektiven der Diskursanalyse Foucaults, Frankfurt a.M.: Campus.

Bublitz, Hannelore/Hanke, Christine/Seier, Andrea (Hg.) (2000): Der Gesellschaftskörper. Zur Neuordnung von Kultur und Geschlecht um 1900, Frankfurt a.M.: Campus.

Bührmann, Andrea D. (1995): Das authentische Geschlecht. Die Sexualitätsdebatte der Neuen Frauenbewegung und die Foucaultsche Machtanalyse, Münster: Westfälisches Dampfboot.

Bührmann, Andrea D. (1997): »Geschlecht als Dispositiv«. In: Andreas Disselnkötter/Siegfried Jäger/Helmut Kellershohn/Susanne Slobodzian (Hg.), Evidenzen im Fluß. Demokratieverluste in Deutschland, Duisburg: Unrast Verlag, S. 135-152.

Bührmann, Andrea D. (1998): »Die Normalisierung der Geschlechter in Geschlechterdispositiven«. In: Hannelore Bublitz (Hg.), Das Geschlecht der Moderne, Frankfurt a.M.: Campus, S. 71-94.

Bührmann, Andrea D. (1999): »Der Diskurs als Diskursgegenstand im Horizont der kritischen Ontologie der Gegenwart«. In: Hannelore Bublitz/Andrea D. Bührmann/Christine Hanke/Andrea Seier (Hg.), Das Wuchern der Diskurse. Perspektiven der Diskursanalyse Foucaults, Frankfurt a.M.: Campus, S. 49-62.

Bührmann, Andrea D. (2004): Der Kampf um weibliche Individualität. Zur Transformation moderner Subjektivierungsweisen in Deutschland um 1900, Münster: Westfälisches Dampfboot.

Bührmann, Andrea D. (2005): »The Emerging of the Enterprising Self and it's Contemporary Hegemonic Status: Some Fundamental

Observations for an Analysis of the (Trans-)Formational Process of Modern Forms of Subjectivation [49 paragraphes]«. In: Forum Qualitative Social Research [Online Journal], 6 (1), Art. 16.

Bührmann, Andrea D. (2007): »Subjektivierungsweise«. In: Werner Fuchs-Heinritz/Rüdiger Lautmann/Otthein Rammstedt/Hanns Wienold (Hg.), Lexikon zur Soziologie, 4., grundlegend überarbeitete Auflage, Wiesbaden: VS, S. 642.

Bührmann, Andrea D./Diaz-Bone, Rainer/Gutiérrez Rodriguez, Encarnación/Kendall, Gavin/Schneider, Werner/Tirado, Francisco J. (Hg.) (2007): »From Michel Foucault's Theory of Discourse to Empirical Discourse Research. Current Methodological Trends and Practices in Social Research«. In: Forum Qualitative Sozialforschung/Forum: Qualitative Social Research (FQS), 8, 2 (www.qualitative-research.net/fqs/fqs-d/inhalt2-07-d.htm).

Bührmann, Andrea D./Diaz-Bone, Rainer/Gutiérrez Rodriguez, Encarnación/Kendall, Gavin/Schneider, Werner/Tirado, Francisco J. (Hg.) (2008): Historical Social Research. Special Issue: Discourse Analysis in the Social Sciences, 33, 1.

Bührmann, Andrea D./Fischer, Ute (2008): »Türkin, Unternehmerin, Frau? – Aspekte der Selbstthematisierung und Identifikation von Existenzgründerinnen mit türkischem Migrationshintergrund«. In: Kulturwissenschaftliches Jahrbuch »Moderne«, 4. Jg., Innsbruck: Studienverlag (im Erscheinen).

Bührmann, Andrea D./Mehlmann, Sabine (2008): »Vom Begehrens-Subjekt zum unternehmerischen Selbst?« In: Ruth Becker/Beate Kortendiek (Hg.), Handbuch Frauen- und Geschlechterforschung – Theorie, Methoden, Empirie, 2., erweiterte Aufl., Wiesbaden: VS, Herbst 2008.

Bührmann, Andrea D./Schneider, Werner (2007): »Mehr als nur diskursive Praxis? – Konzeptionelle Grundlagen und methodische Aspekte der Dispositivanalyse«. In: Forum Qualitative Sozialforschung/Forum: Qualitative Social Research, 8, 2 (www.qualitative-research.net/fqs-texte/2-07/07-2-28-d.htm) (abgedruckt auch in: Bührmann, Andrea D./Diaz-Bone, Rainer/Gutiérrez Rodriguez, Encarnación/Kendall, Gavin/Schneider, Werner/Tirado, Francisco J. (Hg.) (2008), Historical Social Research, 33, 1, S. 108-141).

Butler, Judith (1991): Das Unbehagen der Geschlechter, Frankfurt a.M.: Suhrkamp.

Butler, Judith (2004): Undoing Gender, New York: Routledge.

Caborn, Joannah (2007): »On the Methodology of Dispositive Analysis«. In: Critical Approaches to Discourse Analysis Across Disciplines, 1, 1, S. 115-123. http://cadaad.org/files/CADAAD1-1-Caborn-

2007-On_The_Methodology_Of_Dispositive_Analysis.pdf [Zugriff: 4.5.2008].

Deleuze, Gilles (1991): »Was ist ein Dispositiv?« In: François Ewald/Bernhard Waldenfels (Hg.), Spiele der Wahrheit. Michel Foucaults Denken, Frankfurt a.M.: Suhrkamp, S. 153-162.

Deleuze, Gilles (1992): Foucault, Frankfurt a.M.: Suhrkamp.

Denzin, Norman K. (1989): The Research Act, 3. Aufl., Eaglewood Cliffs, N. J.: Prentice Hall.

Diaz-Bone, Rainer (2002): Kulturwelt, Diskurs und Lebensstil. Eine diskurstheoretische Erweiterung der bourdieuschen Distinktionstheorie, Opladen: Leske + Budrich.

Diaz-Bone, Rainer (2006): »Zur Methodologisierung der Foucaultschen Diskursanalyse«. In: Forum Qualitative Sozialforschung/Forum: Qualitative Social Research, 7, 1 (www.qualitative-research.net/fqs-texte/1-06/06-1-6-d.htm).

Diaz-Bone, Rainer (2007): »Die französische Epistemologie und ihre Revisionen. Zur Rekonstruktion des methodologischen Standorts der FOUCAULTschen Diskursanalyse«. In: Andrea D. Bührmann/Rainer Diaz-Bone/Gavin Kendall/Encarnacion Guiterréz Rodríguez/Werner Schneider/Francisco Tirado (Hg.), From Michel Foucault's Theory of Discourse to Empirical Discourse Research. Current Methodological Trends and Practices in Social Research. Forum Qualitative Social Research (fqs), 8, 2.

Diaz-Bone, Rainer/Schneider, Werner (2004): »Zum Einsatz qualitativer Datenanalysesoftware in der sozialwissenschaftlichen Diskursanalyse«. In: Reiner Keller/Andreas Hirseland/Werner Schneider/Willy Viehöver (Hg.), Handbuch Sozialwissenschaftliche Diskursanalyse, Bd. 2: Forschungspraxis, 2. Aufl., Wiesbaden: VS, S. 457-494.

Dreyfus, Hubert L./Rabinow, Paul (1987): Michel Foucault: Jenseits von Strukturalismus und Hermeneutik, München: Ätheneum.

Ewald, François (1978): »Einleitung. Foucault – Ein vagabundierendes Denken«. In: Michel Foucault. Dispositive der Macht. Über Sexualität, Wissen und Wahrheit, Berlin: Merve, S. 7-20.

Fairclough, Norman (2003): Analysing Discourse. Textual Analysis for Social Research, London: Routledge.

Feldmann, Klaus (1997): Sterben und Tod. Sozialwissenschaftliche Theorien und Forschungsergebnisse, Opladen: Leske + Budrich.

Feldmann, Klaus/Fuchs-Heinritz, Werner (Hg.) (1995): Der Tod ist ein Problem der Lebenden. Beiträge zur Soziologie des Todes, Frankfurt a.M.: Suhrkamp.

Fleck, Ludwik (1935): Entstehung und Entwicklung einer wissenschaftlichen Tatsache: Einführung in die Lehre vom Denkstil und Denkkollektiv, Basel: Benno Schwabe.

Flick, Uwe (1995): Qualitative Forschung. Theorie, Methoden, Anwendung in Psychologie und Sozialwissenschaften, Reinbek: Rowohlt.

Flick, Uwe (2004): Triangulation. Eine Einführung, Wiesbaden: VS.

Flick, Uwe/v. Kardorff, Ernst/Steinke, Ines (Hg.) (2004): Qualitative Forschung. Ein Handbuch, Reinbek: Rowohlt.

Foucault, Michel (1978): Dispositive der Macht. Über Sexualität, Wissen und Wahrheit, Berlin: Merve.

Foucault, Michel (1988a): Der Wille zum Wissen (Sexualität und Wahrheit Bd. 1), 2. Aufl., Frankfurt a.M.: Suhrkamp.

Foucault, Michel (1988b): Die Archäologie des Wissens, Frankfurt a.M.: Suhrkamp.

Foucault, Michel (1988c): Die Ordnung der Dinge, Frankfurt a.M.: Suhrkamp.

Foucault, Michel (1989a): Der Gebrauch der Lüste (Sexualität und Wahrheit Bd. 2), Frankfurt a.M.: Suhrkamp.

Foucault, Michel (1989b): Die Sorge um sich (Sexualität und Wahrheit Bd. 3), Frankfurt a.M.: Suhrkamp.

Foucault, Michel (1990a): »Was ist Aufklärung?« In: Eva Erdmann/Rainer Forst/Axel Honneth (Hg.), Ethos der Moderne. Foucaults Kritik der Aufklärung, Frankfurt a.M.: Campus, S. 35-54.

Foucault, Michel (1990b): »Die Rückkehr der Moral«. In: Eva Erdmann/Rainer Forst/Axel Honneth (Hg.), Ethos der Moderne. Foucaults Kritik der Aufklärung. Frankfurt a.M.: Campus, S. 133-145.

Foucault, Michel (1991a): Die Ordnung des Diskurses (mit einem Essay von Ralf Konersmann), Frankfurt a.M.: Fischer.

Foucault, Michel (1991b): Überwachen und Strafen. Die Geburt des Gefängnisses, 9. Aufl., Frankfurt a.M.: Suhrkamp.

Foucault, Michel (1994): »Genealogie der Ethik«. In: Hubert L. Dreyfus/Paul Rabinow (Hg.), Michel Foucault. Jenseits von Strukturalismus und Hermeneutik, Frankfurt a.M.: Athenäum, S. 265-292.

Foucault, Michel (2004a): Geschichte der Gouvernementalität I: Sicherheit, Territorium, Bevölkerung. Vorlesung am Collège de France 1977/1978, Frankfurt a.M.: Suhrkamp.

Foucault, Michel (2004b): Geschichte der Gouvernementalität II: Die Geburt der Biopolitik. Vorlesung am College de France 1978/1979, Frankfurt a.M.: Suhrkamp.

Freitag, Walburga (2005): Contergan. Eine genealogische Studie des Zusammenhangs wissenschaftlicher Diskurse und biographischer Erfahrungen, Münster: Waxmann.

Frers, Lars (2007): Einhüllende Materialitäten. Eine Phänomenologie des Wahrnehmens und Handelns an Bahnhöfen und Fährterminals, Bielefeld: transcript.

Froschauer, Ulrike (2002): »Artefaktanalyse«. In: Stefan Kühl/Petra Strodtholz (Hg.), Methoden der Organisationsforschung, Hamburg: Rororo, S. 361-395.

Gander, Hans-Helmuth (1998): »Ich weiß nicht, ob wir jemals mündig werden: Anmerkungen zu Foucaults Aufklärungskritik«. In: Monika Fludernik (Hg.), Das 18. Jahrhundert, Trier: WVT, S. 199-213.

Giddens, Anthony (1995): Die Konstitution der Gesellschaft. Grundzüge einer Theorie der Strukturierung, 3. Aufl., Frankfurt a.M.: Campus.

Gugutzer, Robert/Schneider, Werner (2007): »Der ›behinderte‹ Körper in den Disability Studies. Eine körpersoziologische Grundlegung«. In: Anne Waldschmidt/Werner Schneider (Hg.), Disability Studies, Kultursoziologie und Soziologie der Behinderung. Erkundungen in einem neuen Forschungsfeld, Bielefeld: transcript, S. 31-53.

Gukenbiehl, Hermann L. (2006): »Institution und Organisation«. In: Hermann Korte/Bernhard Schäfers (Hg.), Einführung in Hauptbegriffe der Soziologie, 6. Aufl., Wiesbaden:VS, S. 143-159.

Harré, Rom/van Langenhove, Luk (Hg.) (1999): Positioning Theory: Moral Contexts of Intentional Action, Oxford: Blackwell.

Heintz, Bettina/Nadai, Eva (1998): »Geschlecht und Kontext. De-Institutionalisierungsprozesse und geschlechtliche Differenzierung«. In: Zeitschrift für Soziologie 27, 2, S. 75-93.

Hetzel, Andreas (2005): »Technik als Technikvermittlung und Dispositiv: über die vielfältige Wirksamkeit der Maschinen«. In: Gerhard Gamm/Andreas Hetzel (Hg.), Unbestimmtheitssignaturen der Technik: eine Deutung der technisierten Welt, Bielefeld: transcript, S. 275-296.

Hickethier, Knut (1992): »Kommunikationsgeschichte: Geschichte der Mediendispositive«. In: Medien und Zeit: Forum für historische Kommunikationsforschung (Vierteljahresschrift des Arbeitskreises für Historische Kommunikationsforschung), 7, 2, S. 26-28.

Hickethier, Knut (2003): »Der politische Blick im Dispositiv Fernsehen. Der Unterhaltungswert der Politik in der medialen Republik«. In: Bernd Weisbrod (Hg.), Die Politik der Öffentlichkeit – Die Öffentlichkeit der Politik. Politische Medialisierung in der Geschichte der Bundesrepublik, Göttingen: Wallstein, S. 79-96.

Hirschauer, Stefan (2001): »Das Vergessen des Geschlechts. Zur Praxeologie einer Kategorie sozialer Ordnung«. In: Bettina Heintz (Hg.), Geschlechtersoziologie. Sonderheft 41 der Kölner Zeitschrift für Soziologie und Sozialpsychologie, S. 208-235.

Hirschauer, Stefan/Amann, Klaus (Hg.) (1997): Die Befremdung der eigenen Kultur, Frankfurt a.M.: Suhrkamp.

Hirseland, Andreas/Schneider, Werner (2006): »Wahrheit, Ideologie und Diskurse – Zum Verhältnis von Diskursanalyse und Ideologiekritik«. In: Reiner Keller/Andreas Hirseland/Werner Schneider/Willy Viehöver (Hg.), Handbuch Sozialwissenschaftliche Diskursanalyse. Bd. 1: Theorien und Methoden, 2., akt. u. erw. Aufl., Wiesbaden: VS, S. 377-406.

Hitzler, Ronald (1991): »Dummheit als Methode. Eine dramatologische Textinterpretation«. In: Detlef Garz/Klaus Kraimer (Hg.), Qualitativ-empirische Sozialforschung. Konzepte, Methoden, Analysen, Opladen: Westdeutscher Verlag, S. 295-318.

Hitzler, Ronald/Honer, Anne (1997): »Hermeneutik in der deutschsprachigen Soziologie heute«. In: Ronald Hitzler/Anne Honer (Hg.), Sozialwissenschaftliche Hermeneutik, Opladen: Leske + Budrich, S. 7-27.

Honegger, Claudia (1991): Die Ordnung der Geschlechter – Die Wissenschaften vom Menschen und das Weib, Frankfurt a.M.: Campus.

Honer, Anne (1994): »Das explorative Interview. Zur Rekonstruktion der Relevanzen von Expertinnen und anderen Leuten«. In: Schweizerische Zeitschrift für Soziologie 4, S. 623-640.

Hörning, Karl H. (2004): »Soziale Praxis zwischen Beharrung und Neuschöpfung. Ein Erkenntnis- und Theorieproblem«. In: Karl H. Hörning/Julia Reuter (Hg.), Doing Culture. Neue Positionen zum Verhältnis von Kultur und sozialer Praxis, Bielefeld: transcript, S. 19-39.

Hörning, Karl H./Reuter, Julia (Hg.) (2004): Doing Culture. Neue Positionen zum Verhältnis von Kultur und sozialer Praxis, Bielefeld: transcript.

Jäger, Margret/Jäger, Siegfried (2002a): »Von der Diskurs- zur Dispositivanalyse. Überlegungen zur Weiterführung eines Stadtteilprojekts« (Manuskript zu einem Vortrag, gehalten auf dem Workshop des DISS (in Verbindung mit der FES) am 27. Mai 2000 in Freudenberg), Duisburger Institut für Sprach- und Sozialforschung, www.diss-duisburg.de/Internetbibliothek/Artikel/Diskurs-_Diapositivanalyse.htm (Stand: 10. Dezember 2002).

Jäger, Siegfried (1999): Kritische Diskursanalyse. Eine Einführung, 2. überarb. u. erw. Aufl., Duisburg: DISS.

Jäger, Siegfried (2001): »Dispositiv«. In: Marcus Kleiner (Hg.), Michel Foucault. Eine Einführung in sein Denken, Frankfurt a.M.: Campus, S. 72-89.

Jäger, Siegfried (2006): »Diskurs und Wissen«. In: Reiner Keller/Andreas Hirseland/Werner Schneider/Willy Viehöver (Hg.), Handbuch Sozialwissenschaftliche Diskursanalyse. Bd. 1: Theorien und Methoden, 2., akt. u. erw. Aufl., Wiesbaden: VS, S. 83-114.

Jäger, Siegfried/Jäger, Margret (2002b): »Das Dispositiv des Institutionellen Rassismus. Eine diskurstheoretische Annäherung«. In: Alex Demirovic/Manuela Bojadzijev (Hg.), Konjunkturen des Rassismus, Münster: Westfälisches Dampfboot, S. 212-224.

Kajetzke, Laura (2008): Wissen im Diskurs. Ein Theorievergleich von Bourdieu und Foucault, Wiesbaden: VS.

Kammler, Clemens (1986): Michel Foucault. Eine kritische Analyse seines Werks, Bonn: Bouvier Verlag.

Kammler, Clemens (1990): »Historische Diskursanalyse (Michel Foucault)«. In: Klaus-Michael Bogdal (Hg.): Neue Literaturtheorien. Eine Einführung, Opladen: Leske + Budrich, S. 31-55.

Kant, Immanuel (2004 [1787, 2. Aufl.]): Kritik der reinen Vernunft. Werkausgabe Band 3 (hg. v. Wilhelm Weischedel), 16. Aufl., Frankfurt a.M.: Suhrkamp.

Kelle, Udo/Erzberger, Christian (2004): »Qualitative und quantitative Methode: kein Gegensatz«. In: Uwe Flick/Ernst v. Kardoff/Ines Steinke (Hg.), Qualitative Sozialforschung. Ein Handbuch, Reinbek: Rowohlt, S. 299-309.

Keller, Reiner (1998): Müll – Die gesellschaftliche Konstruktion des Wertvollen, Opladen: Westdeutscher Verlag.

Keller, Reiner (2005): Wissenssoziologische Diskursanalyse. Grundlegung eines Forschungsprogramms, Wiesbaden: VS.

Keller, Reiner (2007a): Diskursforschung. Eine Einführung für SozialwissenschaftlerInnen, 3., akt. Aufl., Wiesbaden: VS.

Keller, Reiner (2007b): »Diskurse und Dispositive analysieren. Die Wissenssoziologische Diskursanalyse als Beitrag zu einer wissensanalytischen Profilierung der Diskursforschung«. In: Forum Qualitative Sozialforschung/Forum: Qualitative Social Research, 8, 2 (www.qualitative-research.net/fqs-texte/2-07/07-2-19-d.htm). (Abgedruckt auch in: Andrea D. Bührmann/Rainer Diaz-Bone/Encarnación Gutiérrez Rodriguez/Gavin Kendall/Werner Schneider/Francisco J. Tirado (Hg.) (2008), Historical Social Research, 33, 1, S. 73-107.)

Keller, Reiner/Hirseland, Andreas/Schneider, Werner/Viehöver, Willy (Hg.) (2004): Handbuch Sozialwissenschaftliche Diskursanalyse. Bd. 2: Forschungspraxis, 3., akt. u. erw. Aufl., Wiesbaden: VS.

Keller, Reiner/Hirseland, Andreas/Schneider, Werner/Viehöver, Willy (Hg.) (2006): Handbuch Sozialwissenschaftliche Diskursanalyse. Bd. 1: Theorien und Methoden, 2., akt. u. erw. Aufl., Wiesbaden: VS.

Keller, Reiner/Hirseland, Andreas/Schneider, Werner/Viehöver, Willy (2005): »Die diskursive Konstruktion von Wirklichkeit. Einleitende Bemerkungen zum Verhältnis von Wissenssoziologie und Diskursforschung«. In: Dies. (Hg.), Die diskursive Konstruktion von Wirklichkeit. Zum Verhältnis von Wissenssoziologie und Diskursforschung, Konstanz: UVK, S. 7-21.

Klawitter, Arne (2005): »Das Situationspotential im chinesischen Autoritätsdispositiv. Ein Versuch zur Topographie der Macht«. In: Michael Schultze/Jörg Meyer/Britta Krause/Dietmar Fricke (Hg.), Diskurs der Gewalt – Gewalt der Diskurse, Frankfurt a.M.: Peter Lang, S. 211-225.

Knapp, Gudrun-Axeli (1992): Traditionenbrüche: Entwicklungen feministischer Theorie, Freiburg: Kore-Verlag.

Knoblauch, Hubert (1995): Kommunikationskultur. Die kommunikative Konstruktion kultureller Kontexte, Berlin: Walter de Gruyter.

Knoblauch, Hubert (2004): »Subjektivität, Intersubjektivität und persönliche Identität. Zum Subjektverständnis der sozialkonstruktivistischen Wissenssoziologie«. In: Matthias Grundmann/Raphael Beer (Hg.), Subjekttheorien interdisziplinär. Diskussionsbeiträge aus Sozialwissenschaften, Philosophie und Neurowissenschaften, Münster: Lit, S. 37-58.

Knoblauch, Hubert/Schnettler, Bernt/Raab, Jürgen/Soeffner, Hans-Georg (Hg.) (2006): Video Analysis: Methodology and Methods. Qualitative Audiovisual Data Analysis in Sociology, Frankfurt a.M.: Peter Lang.

Konersmann, Ralf (1998): »Der Philosoph mit der Maske. Michel Foucaults L'ordre du discours«. In: Michel Foucault, Die Ordnung des Diskurses, Frankfurt a.M.: Fischer, S. 51-91.

Kraß, Andreas (2003): Queer Denken. Gegen die Ordnung der Sexualität (Queer Studies), Frankfurt a.M.: Suhrkamp.

Kuhn, Thomas S. (1967): Die Struktur wissenschaftlicher Revolutionen, Frankfurt a.M.: Suhrkamp.

Laclau, Ernesto (1981): Politik und Ideologie im Marxismus (Politics and ideology in Marxist theory, dt.). Kapitalismus, Faschismus, Populismus, Berlin: Argument-Verlag.

Laclau, Ernesto (1990): New reflections on the revolutions of our time. London: Verso.

Laclau, Ernesto (1996): Emancipation(s). London: Verso.

Laclau, Ernesto/Mouffe, Chantal (1987): »Post-Marxism without Apology«. New Left Review, 166, S. 79-106.

Laclau, Ernesto/Mouffe, Chantal (1991): Hegemonie und radikale Demokratie. Zur Dekonstruktion des Marxismus, Wien: Böhlau.

Laclau, Ernesto/Zac, Lillian (1994): »Minding the gap: The subject of politics«. In: Ernesto Laclau (Hg.), The Making of political identities, London: Verso, S. 11-39.

Latour, Bruno (1996): Der Berliner Schlüssel. Erkundungen eines Liebhabers der Wissenschaften, Berlin: Akademie Verlag.

Lemke, Thomas (1997): Eine Kritik der politischen Vernunft. Foucaults Analyse der modernen Gouvernementatlität, Hamburg: Argument-Verlag.

Lindemann, Gesa (2002): Die Grenzen des Sozialen. Zur sozio-technischen Konstruktion von Leben und Tod in der Intensivmedizin, München: Fink.

Link, Jürgen (1986): »Noch einmal: Diskurs, Interdiskurs, Macht«. In: KultuRRevolution, 11, S. 4-7.

Link, Jürgen (2005): »Warum Diskurse nicht von personalen Subjekten ›ausgehandelt‹ werden. Von der Diskurs- zur Interdiskurstheorie«. In: Reiner Keller/Andreas Hirseland/Werner Schneider/Willy Viehöver (Hg.), Die diskursive Konstruktion von Wirklichkeit. Zum Verhältnis von Wissenssoziologie und Diskursforschung, Konstanz: UVK, S. 77-100.

Link, Jürgen (2007): »Dispositiv und Interdiskurs. Mit Überlegungen zum Dreieck Foucault – Bourdieu – Luhmann«. In: Clemens Kammler/Rolf Parr (Hg.), Foucault in den Kulturwissenschaften. Eine Bestandsaufnahme, Frankfurt a.M.: Suhrkamp, S. 219-238.

Luckmann, Thomas (1992): Theorie des sozialen Handelns, Berlin: Walter de Gruyter.

Lüders, Christian (2003): »Gütekriterien«. In: Ralf Bohnsack/Winfried Marotzki/Michael Meuser (Hg.), Hauptbegriffe qualitativer Sozialforschung, Opladen: Leske + Budrich, S. 80-82.

Lueger, Manfred (2000): Grundlagen qualitativer Feldforschung. Methodologie – Organisierung – Materialanalyse, Wien: WUV-Universitätsverlag.

Lyotard, Jean-Francois (1978): Intensitäten, Berlin: Merve.

Maasen, Sabine/Mayerhauser, Torsten/Renggli, Cornelia (2006): Bilder als Diskurse – Bilddiskurse, Weilerswist: Velbrück.

Maihofer, Andrea (1995): Geschlecht als Existenzweise. Macht, Moral und Geschlechterdifferenz, Frankfurt a.M.: Suhrkamp.

Mannheim, Karl (1952) [1929]: Ideologie und Utopie, 3. Aufl., Frankfurt a.M.: Vittorio Klostermann.

Mannheim, Karl (1964) [1925]: »Das Problem einer Soziologie des Wissens«. In: Ders., Wissenssoziologie. Auswahl aus dem Werk (eingel. und hg. von Kurt H. Wolff), Berlin: Luchterhand, S. 308-387.

Mannheim, Karl (1980) [1924/1925]: Strukturen des Denkens, Frankfurt a.M.: Suhrkamp.

Maraguan Pintos, Begona/Vega Solis, Cristina (2003): »Feministische Praxis und Gouvernementalität. Das Regieren der Gewalt gegen Frauen«. In: Marianne Pieper/Encarnacion Gutierrez Rodriguez (Hg.), Gouvernementalität: Ein sozialwissenschaftliches Konzept im Anschluss an Foucault, Frankfurt a.M.: Campus, S. 90-110.

Mauss, Marcel (2004) [1925]: Die Gabe – Form und Funktion des Austauschs in archaischen Gesellschaften, Frankfurt a.M.: Suhrkamp.

Miles, Matthew B./Huberman, Michael A. (1994): Qualitative Data Analysis – An Expanded Sourcebook, Thousend Oaks, 2. Aufl., London: Sage.

Miller, Paul/Rose, Niklas (1995): »Production, Identity, and Democracy«. In: Theory and Society 24, S. 27-54.

Mruck, Katja/Mey, Günter (2005): »Qualitative Forschung: Zur Einführung in einen prosperierenden Wissenschaftszweig«. In: Historical Research 30, 1, S. 5-27.

Nassehi, Armin (2003): Geschlossenheit und Offenheit. Studien zur Theorie der modernen Gesellschaft, Frankfurt a.M.: Suhrkamp.

Nassehi, Armin/Saake, Irmhild (2005): »Kontexturen des Todes. Eine Neubestimmung soziologischer Thanatologie«. In: Hubert Knoblauch/Arnold Zingerle (Hg.), Thanatosoziologie. Tod, Hospiz und die Institutionalisierung des Sterbens, Berlin: Duncker & Humblot, S. 32-54.

Nassehi, Armin/Weber, Georg (1989): Tod, Modernität und Gesellschaft. Entwurf einer Theorie der Todesverdrängung, Opladen: Westdeutscher Verlag.

Neumeister, Bernd (2001): »Kritik und Aufklärung«. In: Marcus S. Kleiner (Hg.), Michel Foucault. Eine Einführung in sein Denken, Frankfurt a.M.: Campus, S. 191-202.

Nonhoff, Martin (2006): Politischer Diskurs und Hegemonie. Das Projekt ›soziale Marktwirtschaft‹, Bielefeld: transcript.

Opitz, Sven (2004): Gouvernementalität im Postfordismus: Macht, Wissen und Techniken des Selbst im Feld unternehmerischer Rationalität, Hamburg: Argument-Verlag.

Parr, Rolf/Thiele, Matthias (2007): »Foucault in den Medienwissenschaften«. In: Clemens Kammler/Rolf Parr (Hg.), Foucault in den Kulturwissenschaften – Eine Bestandsaufnahme, Heidelberg: Synchron Wissenschaftsverlag der Autoren, S. 83-112.

Pieper, Richard (1992): »Institution«. In: Gerd Reinhold/Siegfried Lamnek/Helga Recker (Hg.), Soziologie-Lexikon, 2., überarb. Aufl., München: Oldenbourg, S. 265-268.

Reckwitz, Andreas (2000): Die Transformation der Kulturtheorien, Weilerswist: Velbrück.

Reckwitz, Andreas (2003): »Grundelemente einer Theorie sozialer Praktiken«. In: Zeitschrift für Soziologie 32, 4, S. 282-301.

Reckwitz, Andreas (2006): Das hybride Subjekt. Eine Theorie der Subjektkulturen von der bürgerlichen Moderne zur Postmoderne, Weilerswist: Velbrück.

Reckwitz, Andreas (2008): Subjekt, Bielefeld: transcript.

Reemtsema, Reemt (2003): »Vom Waschbrettbauch zum Online-Broker. Das Ästhetik-Dispositiv am Beispiel der Zeitschrift »fit for fun«. In: Renate Luca (Hg.), Medien – Sozialisation – Geschlecht. Fallstudien aus der sozialwissenschaftlichen Forschungspraxis, München: KoPäd, S. 85-98.

Rehberg, Karl-Siegbert (2003): »Normalitätsfiktion als institutioneller Mechanismus«. In: Jürgen Link/Thomas Loer/Hartmut Neuendorff (Hg.), ›Normalität‹ im Diskursnetz soziologischer Begriffe, Heidelberg: Synchron Wissenschaftsverlag der Autoren, S. 163-181.

Saake, Irmhild (2007): »Moderne Todessemantiken. Die Biographisierung des Sterbenden«. In: Irmhild Saake/Werner Vogd (Hg.), Moderne Mythen der Medizin. Studien zu Problemen der organisierten Medizin, Wiesbaden: VS.

Sarasin, Philipp (2003): Geschichtswissenschaft und Diskursanalyse, Frankfurt a.M.: Suhrkamp.

Schäfer, Thomas (1995): Reflektierte Vernunft. Michel Foucaults philosophisches Projekt einer antitotalisierenden Macht- und Wissenskritik, Frankfurt a.M.: Suhrkamp.

Schäfer, Thomas/Völter, Bettina (2005): »Subjekt-Positionen. Michel Foucault und die Biographieforschung«. In: Bettina Völter/Bettina Dausien/Helma Lutz/Gabriele Rosenthal (Hg.), Biographieforschung im Diskurs, Wiesbaden: VS, S. 161-188.

Schatzki, Theodore (1996): Social Practices. A Wittgensteinian Approach to Human Activity and the Social, New York: Cambridge University Press.

Schatzki, Theodore R./Knorr-Cetina, Karin/von Savigny, Eike (Hg.) (2001): The Practice turn in Contemporary Theory, London: Routledge.

Schiffrin, Deborah/Tannen, Deborah/Hamilton, Heidi E. (Hg.) (2000): The Handbook of Discourse Analysis, Oxford: Blackwell.

Schmied, Gerhard (1988): Sterben und Trauern in der modernen Gesellschaft, München: Piper.

Schneider, Werner (1994): Streitende Liebe. Zur Soziologie familialer Konflikte, Opladen: Leske + Budrich.

Schneider, Werner (1999): »So tot wie nötig – so lebendig wie möglich!« Sterben und Tod in der fortgeschrittenen Moderne. Eine Diskursanalyse der öffentlichen Diskussion um den Hirntod in Deutschland (Studien zur interdisziplinären Thanatologie, Band 6), Münster: Lit.

Schneider, Werner (2005): »Der ›gesicherte‹ Tod – Zur diskursiven Ordnung des Lebensendes in der Moderne«. In: Hubert Knoblauch/Arnold Zingerle (Hg.), Thanatosoziologie: Tod, Hospiz und die Institutionalisierung des Sterbens, Berlin: Duncker & Humblot, S. 55-79.

Schneider, Werner (2006): »Sammelrezension: Das ›gute Sterben‹ – Neue Befunde der Thanatosoziologie«. In: Soziologische Revue 4, S. 425-434.

Schneider, Werner (2007a): »Gesagtes und Ungesagtes, Sagbares und Unsagbares – beidseitige ›(Un-)Aufrichtigkeit‹ im wissenschaftlichen Interview«. In: Wolfgang Reinhard (Hg.), Krumme Touren. Anthropologie kommunikativer Umwege (Veröffentlichungen des Instituts für Historische Anthropologie, Bd. 10), Wien: Böhlau, S. 395-420.

Schneider, Werner (2007b): »Vom Wissen um den Tod – Diskursive Wissenspolitiken am Beispiel von Hirntoddefinition und Organtransplantation«. In: Sabine Ammon/Corinna Heineke/Kirsten Selbmann (Hg.), Wissen in Bewegung. Vielfalt und Hegemonie in der Wissensgesellschaft, Weilerswist: Velbrück, S. 200-220.

Schneider, Werner/Hirseland, Andreas (2005): »Macht – Wissen – gesellschaftliche Praxis. Dispositivanalyse und Wissenssoziologie«. In: Reiner Keller/Andreas Hirseland/Werner Schneider/Willy Viehöver (Hg.), Die diskursive Konstruktion von Wirklichkeit. Zum Verhältnis von Wissenssoziologie und Diskursforschung, Konstanz: UVK, S. 251-275.

Schneider, Werner/Nieder, Ludwig (2007): »Grenzfragen menschlichen Lebens: Lebensbeginn und Lebensende aus kultursoziologischer Sicht – Einleitung«. In: Dies. (Hg.), Die Grenzen des menschlichen Lebens aus kulturwissenschaftlicher Sicht, Münster: Lit, S. 7-24.

Schneider, Werner/v. Hayek, Julia (2005): »›Sterben dort, wo man zuhause ist ...‹ – Zur institutionellen Ordnung des Lebensendes in der ambulanten Hospizarbeit«. In: Michael Ewers/Doris Schaeffer (Hg.), Am Ende des Lebens. Versorgung und Pflege von Menschen in der letzten Lebensphase, Bern: Verlag Hans Huber, S. 117-138.

Schrage, Dominik (1999): »Was ist ein Diskurs? Zu Michel Foucaults Versprechen, ›mehr‹ ans Licht zu bringen«. In: Hannelore Bublitz/Andrea D. Bührmann/Christine Hanke/Andrea Seier (Hg.), Das Wuchern der Diskurse: Perspektiven der Diskursanalyse Foucaults, Frankfurt a.M.: Campus, S. 63-74.

Schrage, Dominik (2006): »Kultur als Materialität oder Material – Diskurstheorie oder Diskursanalyse?«. In: Karl-Siegbert Rehberg (Hg.), Soziale Ungleichheit, Kulturelle Unterschiede (Verhandlungen des 32. Kongresses der Deutschen Gesellschaft für Soziologie in München 2004), Frankfurt a.M.: Campus, S. 1806-1813 (CD-ROM).

Schroeter, Klaus R. (2002): »Zur Allodoxie des ›erfolgreichen‹ und ›produktiven Alterns‹«. In: Gertrud M. Backes/Wolfgang Clemens (Hg.), Zukunft der Soziologie des Alter(n)s, Wiesbaden: VS, S. 85-109.

Schroeter, Klaus R. (2005): »Pflege als Dispositiv: Zur Ambivalenz von Macht, Hilfe und Kontrolle im Pflegediskurs«. In: Klaus R. Schroeter/Thomas Rosenthal (Hg.), Soziologie der Pflege. Grundlagen, Wissensbestände und Perspektiven, Weinheim: Juventa, S. 385-404.

Schütz, Alfred (1971): Gesammelte Aufsätze, Bd. 1: Das Problem der sozialen Wirklichkeit, Den Haag: Nifhoff.

Schütz, Alfred/Luckmann, Thomas (1979): Strukturen der Lebenswelt, Frankfurt a.M.: Suhrkamp.

Schwab-Trapp, Michael (1996): Konflikt, Kultur und Interpretation: Eine Diskursanalyse des öffentlichen Umgangs mit dem Nationalsozialismus, Opladen: Westdeutscher Verlag.

Seier, Andrea (1999): »Kategorien der Entzifferung: Macht und Diskurs als Analyseraster«. In: Hannelore Bublitz/Andrea D. Bührmann/Christine Hanke/Andrea Seier (Hg.), Das Wuchern der Diskurse. Perspektiven der Diskursanalyse Foucaults, Frankfurt a.M.: Campus, S. 75-86.

Soeffner, Hans-Georg (1992): »Rekonstruktion statt Konstruktivismus. 25 Jahre ›Social Construction of Reality‹«. In: Soziale Welt 4, S. 476-481.

Soeffner, Hans-Georg/Hitzler, Ronald (1994): »Hermeneutik als Haltung und Handlung«. In: Norbert Schröer (Hg.), Interpretative Sozialforschung, Opladen: Westdeutscher Verlag, S. 28-55.

Spangenberg, Peter M. (2003): »›Weltempfang‹ im Mediendispositiv der 60er Jahre«. In: Irmela Schneider/Thorsten Hahn/Christina Bartz (Hg.), Medienkultur der 60er Jahre. Diskursgeschichte der Medien nach 1945 (Bd. 2), Wiesbaden: Westdeutscher Verlag, S. 149-158.

Stäheli, Urs (1999): »Die politische Theorie der Hegemonie: Ernesto Laclau und Chantal Mouffe«. In: André Brodocz/Gary S. Schaal (Hg.), Politische Theorien der Gegenwart, Opladen: Leske + Budrich, S. 143-166.

Stehr, Nico (1994): Arbeit, Eigentum und Wissen. Zur Theorie von Wissensgesellschaften, Frankfurt a.M.: Suhrkamp.

Steinke, Ines (1999): Kriterien qualitativer Sozialforschung. Ansätze zur Bewertung qualitativ-empirischer Sozialforschung, Weinheim: Juventa.

Steinke, Ines (2004): »Gütekriterien qualitativer Sozialforschung«. In: Uwe Flick/Ernst v. Kardoff/Ines Steinke (Hg.), Qualitative Forschung. Ein Handbuch, 3. Aufl., Reinbek: Rowohlt, S. 319-331.

Strauss, Anselm L. (1994): Grundlagen qualitativer Sozialforschung, München: Fink (UTB).

Strauss, Anselm L./Corbin, Juliet (1996): Grounded Theory: Grundlagen qualitativer Sozialforschung, Weinheim: Beltz.

Stroot, Thea (2004): Praktiken der Sexisierung in Führungspositionen. Geschlechterkonstrukte in der Schulleitung, Wiesbaden: VS.

Strübing, Jörg (2004): Grounded Theory. Zur sozialtheoretischen und epistemologischen Fundierung des Verfahrens der empirisch begründeten Theoriebildung, Wiesbaden: VS.

Timpf, Siegfried (2003): »Im Fadenkreuz. Dispositiv und Gouvernementalität der Nachhaltigkeit«. In: Peripherie, 23, 92, S. 430-451.

Torfing, Jacob (1999): New Theories of Discourse. Laclau, Mouffe and Zizek, Oxford: Blackwell.

Treusch-Dieter, Gerburg (1990): Von der sexuellen Rebellion zur Gen- und Reprodebatte, Tübingen: Edition Discord.

Treusch-Dieter, Gerburg (2004): »Judith Butler. Die Politik der Verwandtschaft im Kontext einer Diskursgeschichte der Neuen Frauenbewegung«. In: Martin L. Hofmann/Tobias F. Korta/Sibylle

Niekisch (Hg.), Culture Club: Klassiker der Kulturtheorie, Frankfurt a.M.: Suhrkamp, S. 276-296.

Van Dijk, Teun (1985): Handbook of discourse analysis, London: Academic Press.

Waldenfels, Bernhard (1991): »Michel Foucault. Ordnung in Diskursen«. In: François Ewald/Bernhard Waldenfels (Hg.), Spiele der Wahrheit. Michel Foucaults Denken, Frankfurt a.M.: Suhrkamp, S. 277-297.

Waldschmidt, Anne (1999): Selbstbestimmung als Konstruktion. Alltagstheorien behinderter Frauen und Männer, Opladen: Leske + Budrich.

Waldschmidt, Anne/Klein, Anne/Tamayo Korte, Miguel/Dalman-Eken, Sibel (2007): »Diskurs im Alltag – Alltag im Diskurs: Ein Beitrag zu einer empirisch begründeten Methodologie sozialwissenschaftlicher Diskursforschung«. In: Forum Qualitative Sozialforschung/Forum: Qualitative Social Research, 8, 2, Art. 15.

Waldschmidt, Anne/Schneider, Werner (Hg.) (2007): Disability Studies, Kultursoziologie und Soziologie der Behinderung. Erkundungen in einem neuen Forschungsfeld, Bielefeld: transcript.

Weber, Hans Joachim (1994): Der Soziale Tod. Zur Soziogenese von Todesbildern, Frankfurt a.M.: Peter Lang.

Wernet, Andreas (2000): Einführung in die Interpretationstechnik der Objektiven Hermeneutik, Opladen: Leske + Budrich.

West, Candace/Zimmerman, Don H. (1987): »Doing Gender«. In: Gender & Society, 1, S. 125-151.

Wetterer, Angelika (2003): »Rhetorische Modernisierung. Das Verschwinden der Ungleichheit aus dem zeitgenössischen Differenzwissen«. In: Gudrun Axeli-Knapp/Angelika Wetterer (Hg), Achsen der Differenz. Gesellschaftstheorie und feministische Kritik, Bd. 2., Münster: Westfälisches Dampfboot, S. 286-319.

Wetzel, Dietmar J. (2004): »Macht und Subjektivierung im flexibilisierten Kapitalismus – nach Foucault und Butler«. In: Ulrich Bröckling/Axel T. Paul/Stefan Kaufmann (Hg.), Vernunft-Entwicklung-Leben. Schlüsselbegriffe der Moderne. Festschrift für Wolfgang Eßbach, München: Wilhelm Fink Verlag, S. 245-259.

Wienold, Hanns (2000): Empirische Sozialforschung. Praxis und Methode, Münster: Verlag Westfälisches Dampfboot.

Wodak, Ruth/Meyer, Michael (Hg.) (2004): Methods of Critical Discourse Analysis, London: Sage.

Wrana, Daniel/Langer, Antje (2007): »On the Edge of Discourse. Beyond the Differentiation of Discursive and Non-discursive Practices«. In: Forum Qualitative Sozialforschung/Forum: Qualitative Social Research 8, 2, Art. 20.

Ziai, Aram (2005): Poststrukturalistische Sozialforschung? Triadische Dispositivanalyse als methodische Vorgehensweise im Anschluss an Foucault. Rote Reihe Nr. 43, RWTH Aachen, Institut für Soziologie.

Zima, Peter V. (1989): Ideologie und Theorie. Eine Diskurskritik, Tübingen: Francke Verlag.

Zima, Peter V. (1992): »Ideologie und Theorie: Zum Verhältnis von ideologische(m)n und theoretische(m)n Diskurs«. In: Kurt Salamun (Hg.), Ideologien und Ideologiekritik: Ideologiekritische Reflexionen, Darmstadt: Wissenschaftliche Buchgesellschaft, S. 50-62.

Zima, Peter V. (2000): Theorie des Subjekts. Subjektivität und Identität zwischen Moderne und Postmoderne, Tübingen: Francke Verlag.

Sozialtheorie

Ekaterina Svetlova
Sinnstiftung in der Ökonomik
Wirtschaftliches Handeln aus sozialphilosophischer Sicht

Februar 2008, 220 Seiten,
kart., 23,80 €,
ISBN: 978-3-89942-869-8

Franz Kasper Krönig
Die Ökonomisierung der Gesellschaft
Systemtheoretische Perspektiven

2007, 164 Seiten,
kart., 20,80 €,
ISBN: 978-3-89942-841-4

Tanja Bogusz
Institution und Utopie
Ost-West-Transformationen an der Berliner Volksbühne

2007, 354 Seiten,
kart., 32,80 €,
ISBN: 978-3-89942-782-0

Andreas Pott
Orte des Tourismus
Eine raum- und gesellschaftstheoretische Untersuchung

2007, 328 Seiten,
kart., 28,80 €,
ISBN: 978-3-89942-763-9

Johannes Angermüller
Nach dem Strukturalismus
Theoriediskurs und intellektuelles Feld in Frankreich

2007, 290 Seiten,
kart., 28,80 €,
ISBN: 978-3-89942-810-0

Markus Holzinger
Kontingenz in der Gegenwartsgesellschaft
Dimensionen eines Leitbegriffs moderner Sozialtheorie

2007, 370 Seiten,
kart., 29,80 €,
ISBN: 978-3-89942-543-7

Daniel Suber
Die soziologische Kritik der philosophischen Vernunft
Zum Verhältnis von Soziologie und Philosophie um 1900

2007, 524 Seiten,
kart., 39,80 €,
ISBN: 978-3-89942-727-1

Susanne Krasmann, Jürgen Martschukat (Hg.)
Rationalitäten der Gewalt
Staatliche Neuordnungen vom 19. bis zum 21. Jahrhundert

2007, 294 Seiten,
kart., 26,80 €,
ISBN: 978-3-89942-680-9

Sandra Petermann
Rituale machen Räume
Zum kollektiven Gedenken der Schlacht von Verdun und der Landung in der Normandie

2007, 364 Seiten,
kart., zahlr. Abb., 33,80 €,
ISBN: 978-3-89942-750-9

Jochen Dreher, Peter Stegmaier (Hg.)
Zur Unüberwindbarkeit kultureller Differenz
Grundlagentheoretische Reflexionen

2007, 302 Seiten,
kart., 28,80 €,
ISBN: 978-3-89942-477-5

Leseproben und weitere Informationen finden Sie unter:
www.transcript-verlag.de

Sozialtheorie

Benjamin Jörissen
Beobachtungen der Realität
Die Frage nach der Wirklichkeit im Zeitalter der Neuen Medien

2007, 282 Seiten,
kart., 27,80 €,
ISBN: 978-3-89942-586-4

Susanne Krasmann,
Michael Volkmer (Hg.)
Michel Foucaults »Geschichte der Gouvernementalität« in den Sozialwissenschaften
Internationale Beiträge

2007, 314 Seiten,
kart., 28,80 €,
ISBN: 978-3-89942-488-1

Hans-Joachim Lincke
Doing Time
Die zeitliche Ästhetik von Essen, Trinken und Lebensstilen

2007, 296 Seiten,
kart., 28,80 €,
ISBN: 978-3-89942-685-4

Anne Peters
Politikverlust?
Eine Fahndung mit Peirce und Žižek

2007, 326 Seiten,
kart., 29,80 €,
ISBN: 978-3-89942-655-7

Nina Oelkers
Aktivierung von Elternverantwortung
Zur Aufgabenwahrnehmung in Jugendämtern nach dem neuen Kindschaftsrecht

2007, 466 Seiten,
kart., 34,80 €,
ISBN: 978-3-89942-632-8

Ingrid Jungwirth
Zum Identitätsdiskurs in den Sozialwissenschaften
Eine postkolonial und queer informierte Kritik an George H. Mead, Erik H. Erikson und Erving Goffman

2007, 410 Seiten,
kart., 33,80 €,
ISBN: 978-3-89942-571-0

Christine Matter
»New World Horizon«
Religion, Moderne und amerikanische Individualität

2007, 260 Seiten,
kart., 25,80 €,
ISBN: 978-3-89942-625-0

Thomas Jung
Die Seinsgebundenheit des Denkens
Karl Mannheim und die Grundlegung einer Denksoziologie

2007, 324 Seiten,
kart., 29,80 €,
ISBN: 978-3-89942-636-6

Petra Jacoby
Kollektivierung der Phantasie?
Künstlergruppen in der DDR zwischen Vereinnahmung und Erfindungsgabe

2007, 276 Seiten,
kart., 27,80 €,
ISBN: 978-3-89942-627-4

Leseproben und weitere Informationen finden Sie unter:
www.transcript-verlag.de